富家益
Fortuneasy
富家益股市精讲系列

K线精讲
从入门到精通

张永彬 ◎ 著

第3版

27种K线组合，看**买入**信号

27种K线组合，**看卖出信号**；14种K线组合，看反转信号

7种K线顶部形态，找卖点

7种K线底部形态，**找买点**；10种K线**整理形态**，找买卖点

中国劳动社会保障出版社

图书在版编目（CIP）数据

K线精讲：从入门到精通/张永彬著. —3版. —北京：中国劳动社会保障出版社，2017

（富家益股市精讲系列）

ISBN 978-7-5167-3083-6

Ⅰ.①K… Ⅱ.①张… Ⅲ.①股票投资-基本知识 Ⅳ.①F830.91

中国版本图书馆CIP数据核字（2017）第175533号

中国劳动社会保障出版社出版发行

（北京市惠新东街1号　邮政编码：100029）

*

北京北苑印刷有限责任公司印刷装订　　新华书店经销
787毫米×1092毫米　16开本　20.25印张　345千字
2017年8月第3版　　2017年8月第1次印刷

定价：40.00元

读者服务部电话：（010）64929211/64921644/84626437

营销部电话：（010）64961894

出版社网址：http://www.class.com.cn

版权专有　　侵权必究

如有印装差错，请与本社联系调换：（010）50948191

我社将与版权执法机关配合，大力打击盗印、销售和使用盗版图书活动，敬请广大读者协助举报，经查实将给予举报者奖励。

举报电话：（010）64954652

改 版 说 明

《K线精讲——从入门到精通》是弗迪思锐出品的"富家益股票入门系列"图书中的一本，2010年一经出版就登上当年股票理财类图书畅销榜，2012年我们推出了本书的第2版，继续深受广大读者的欢迎。广大读者在对本书给予高度评价的同时，也对书中存在的问题提出了客观的批评和建议。在此，我们衷心地感谢大家多年来对富家益系列图书的支持！

6年来，中国股票市场发生了巨大的变化。上证指数从3 000点左右一度跌到1 900点以下，然后又在一年内涨到了5 000点之上，现在（2017年4月）又重新回到3 000点上方。

股市每天起起伏伏，犹如太阳每天东升西落一般，本属平常，但对每一个参与市场的股民来说，股市的每一点跳动都代表着财富的变化，想要以平常心对待并不是一件容易的事情，这需要丰富的知识和持续的训练。在这轮大循环中，很多新入市的投资者对此都有感悟，深刻认识到股票市场所蕴含的风险，越来越多的投资者开始主动学习炒股知识。为了给投资者提供一本更加全面、实用、易读的炒股参考书，我们结合最近几年的市场行情，对第2版内容进行了修订，从而形成本书的第3版。

在修订过程中，我们特别注意以下两点：

1. 保持实用、易读的特点

内容实用、简单易读是富家益系列图书的一贯特点，也深受广大读者的欢迎。本书在改版过程中，充分保留了第2版图书的这个特点。投资者阅读本书，可以明确地知道股票应该在什么时候买，在什么时候卖，并且很容易地就能将学到的知识应用到实战中。

2. 案例更具及时性

鉴于本书第 2 版完成后市场行情的转变，很多经典形态的出现位置、出现频率等都有了一定转变，在改版过程中，笔者特意结合最近几年的走势，替换了原书中的大量案例。通过这些案例，投资者可以更加清楚地了解当前市场的特点，能更好地将所学知识应用于实战。

弗迪思锐·富家益投资理财研究中心

2017 年 7 月

前　言

古人云："工欲善其事，必先利其器。"也就是说，一个人要想把事情做好，首先必须有一个非常好的工具。同样，一个投资者要想获得投资的成功，也必须借助一定的投资分析工具，而K线图就是最基本、最重要的投资分析工具。从某种意义上说，看懂K线图已经成为从事投资工作的必备技能。一个人如果看不懂K线图，那么就难以成为投资领域的赢家。

其实，K线图本身就是一门最美妙的股市语言。如果你非常精通这门股市语言，那么K线图就会告诉你什么时候适合买股票、什么时候适合卖股票、接下来股票是涨还是跌，等等。为了让读者在短时间内掌握这门股市语言，本书在体例编排上充分考虑了读者的差异，具体编排如下：

1. K线组合及其信号

投资者如果要学习K线知识，那么首先必须了解最基本的K线及K线组合。本书内容从最简单的单根K线讲起，延展到两根K线、多根K线等。读者通过本书内容的学习可以了解各种简单的K线组合所发出的买入信号、卖出信号以及反转信号等，从而在股票交易中做到游刃有余。

2. K线形态及其买卖点

本书中的K线形态都是由多根K线构成的，因而，买入、卖出的指示信号比简单的K线组合有更强的可靠性。

3. K线与成交量综合分析

人们常说，量为价先。投资者在对K线形态进行分析时，如果能结合成交量数据进行综合分析，则可能收到事半功倍的效果。也就是说，如果成交量指标与K线发出的买入或卖出信号相吻合，那么无疑会增加判断的准确性。

4. K线与均线综合分析

均线指标是反映价格运行趋势的重要指标，其运行趋势一旦形成，将在一段时间内继续保持，因此，均线指标所在的点位往往是十分重要的支撑位或阻力位。如果均线指标与K线同时发出某一交易指令，那么交易的成功率将会大大提升。

本书详细列举了近百种 K 线形态的操作技巧以及数十种 K 线形态与其他指标的综合分析技巧，以便使读者在有限的时间内掌握尽可能多的 K 线操作技巧。同时，"形态解析+操作要点+实盘分析+应用规律"的技巧展示模式，也可以最大限度地方便读者的学习。

本书在修订过程中得到了多位同事的帮助，才得以顺利出版。邓长发、廖应涵、王建霞、王玉凤、任玉珍、李苏洋、庄惠欢、唐娟、孙立宏、宫小龙、孙宗坤、刘井学、董建华制作了本书的图表，李金山、刘伟、程富建、杨彩、严刘建、沈小立、朱树健为个别章节的增删提供了参考性意见，在此一并表示感谢！

富家益
2012 年 7 月

目 录

第一章 炒股先要会看 K 线 …………………………………………（ 1 ）

 第一节 单根 K 线三大看点 ……………………………………（ 3 ）

 第二节 分时 K 线四大看点 ……………………………………（ 7 ）

 第三节 日 K 线三大看点 ………………………………………（ 11 ）

 第四节 周 K 线四大看点 ………………………………………（ 14 ）

 第五节 月 K 线两大看点 ………………………………………（ 17 ）

第二章 发出买入信号的 K 线组合 ……………………………（ 19 ）

 第一节 早晨之星的买入点 ……………………………………（ 21 ）

 第二节 上涨强调的买入点 ……………………………………（ 24 ）

 第三节 好友反攻的买入点 ……………………………………（ 26 ）

 第四节 上涨分手的买入点 ……………………………………（ 29 ）

 第五节 曙光初现的买入点 ……………………………………（ 31 ）

 第六节 旭日东升的买入点 ……………………………………（ 33 ）

 第七节 锤头线的买入点 ………………………………………（ 35 ）

 第八节 倒锤头的买入点 ………………………………………（ 37 ）

 第九节 红三兵的买入点 ………………………………………（ 39 ）

 第十节 三个白武士的买入点 …………………………………（ 41 ）

 第十一节 三阳开泰的买入点 …………………………………（ 44 ）

 第十二节 三空阴线的买入点 …………………………………（ 46 ）

 第十三节 平底的买入点 ………………………………………（ 48 ）

 第十四节 塔形底的买入点 ……………………………………（ 51 ）

 第十五节 圆底的买入点 ………………………………………（ 54 ）

 第十六节 高位并排阳线的买入点 ……………………………（ 57 ）

第十七节　升势鹤鸦缺口的买入点 ………………………………………（59）
第十八节　低位并排阳线的买入点 …………………………………………（61）
第十九节　跳空下跌三颗星的买入点 ………………………………………（64）
第二十节　多方尖兵的买入点 ………………………………………………（67）
第二十一节　低档五连阳的买入点 …………………………………………（70）
第二十二节　徐缓上升形态的买入点 ………………………………………（72）
第二十三节　冉冉上升形态的买入点 ………………………………………（74）
第二十四节　稳步上涨形态的买入点 ………………………………………（76）
第二十五节　弧形上涨形态的买入点 ………………………………………（78）
第二十六节　上升抵抗线的买入点 …………………………………………（80）
第二十七节　上升三部曲的买入点 …………………………………………（82）

第三章　发出卖出信号的K线组合 ………………………………………（85）

第一节　黄昏之星的卖出点 …………………………………………………（87）
第二节　下跌强调的卖出点 …………………………………………………（90）
第三节　淡友反攻的卖出点 …………………………………………………（92）
第四节　下跌分手线的卖出点 ………………………………………………（94）
第五节　乌云盖顶的卖出点 …………………………………………………（97）
第六节　倾盆大雨的卖出点 …………………………………………………（99）
第七节　流星线的卖出点 ……………………………………………………（101）
第八节　上吊线的卖出点 ……………………………………………………（103）
第九节　三只乌鸦的卖出点 …………………………………………………（105）
第十节　双飞乌鸦的卖出点 …………………………………………………（107）
第十一节　三空阳线的卖出点 ………………………………………………（109）
第十二节　升势受阻的卖出点 ………………………………………………（111）
第十三节　跛脚阳线的卖出点 ………………………………………………（113）
第十四节　下降覆盖线的卖出点 ……………………………………………（115）
第十五节　平顶的卖出点 ……………………………………………………（118）
第十六节　塔形顶的卖出点 …………………………………………………（121）
第十七节　圆顶的卖出点 ……………………………………………………（124）
第十八节　低位并排阴线的卖出点 …………………………………………（127）

第十九节　跌势鹤鸦缺口的卖出点 ………………………………………… (129)

第二十节　跳空上涨两颗星的卖出点 ……………………………………… (131)

第二十一节　高档五连阴的卖出点 ………………………………………… (133)

第二十二节　徐缓下跌形态的卖出点 ……………………………………… (135)

第二十三节　绵绵阴跌形态的卖出点 ……………………………………… (137)

第二十四节　下跌不止形态的卖出点 ……………………………………… (139)

第二十五节　下降抵抗线的卖出点 ………………………………………… (141)

第二十六节　空方尖兵的卖出点 …………………………………………… (143)

第二十七节　下降三部曲的卖出点 ………………………………………… (145)

第四章　发出反转信号的 K 线组合 ……………………………… (147)

第一节　大阳线的买卖点 …………………………………………………… (149)

第二节　大阴线的买卖点 …………………………………………………… (152)

第三节　捉腰带线的买卖点 ………………………………………………… (155)

第四节　十字线的买卖点 …………………………………………………… (158)

第五节　螺旋桨形态的买卖点 ……………………………………………… (161)

第六节　一字线的买卖点 …………………………………………………… (164)

第七节　T 字线的买卖点 …………………………………………………… (167)

第八节　倒 T 字线的买卖点 ………………………………………………… (170)

第九节　揉搓线的买卖点 …………………………………………………… (173)

第十节　尽头线的买卖点 …………………………………………………… (176)

第十一节　吞没形态的买卖点 ……………………………………………… (179)

第十二节　孕育形态的买卖点 ……………………………………………… (182)

第十三节　舍子线的买卖点 ………………………………………………… (185)

第十四节　镊子线的买卖点 ………………………………………………… (189)

第五章　泄露庄家玄机的 K 线组合 ……………………………… (193)

第一节　多方炮的买入点 …………………………………………………… (195)

第二节　超越覆盖线的买入点 ……………………………………………… (198)

第三节　下探上涨形态的买入点 …………………………………………… (200)

第四节　空方炮的卖出点 …………………………………………………… (202)

第五节　倒三阳的卖出点……………………………………………（205）

　　第六节　高开出逃形态的卖出点……………………………………（207）

第六章　K线顶部形态及卖出点……………………………………（209）

　　第一节　倒V形顶的卖出点…………………………………………（211）

　　第二节　M头的卖出点………………………………………………（213）

　　第三节　三重顶的卖出点……………………………………………（215）

　　第四节　头肩顶的卖出点……………………………………………（217）

　　第五节　圆弧顶的卖出点……………………………………………（220）

　　第六节　潜伏顶的卖出点……………………………………………（222）

　　第七节　顶部岛形反转的卖出点……………………………………（224）

第七章　K线底部形态及买入点……………………………………（227）

　　第一节　V形底的买入点……………………………………………（229）

　　第二节　W底的买入点………………………………………………（231）

　　第三节　三重底的买入点……………………………………………（233）

　　第四节　头肩底的买入点……………………………………………（235）

　　第五节　圆弧底的买入点……………………………………………（238）

　　第六节　潜伏底的买入点……………………………………………（240）

　　第七节　底部岛形反转的买入点……………………………………（242）

第八章　K线整理形态及买卖点……………………………………（245）

　　第一节　上升三角形的买入点………………………………………（247）

　　第二节　下降三角形的卖出点………………………………………（250）

　　第三节　扩散三角形的卖出点………………………………………（252）

　　第四节　收敛三角形的买卖点………………………………………（254）

　　第五节　上升楔形的卖出点…………………………………………（257）

　　第六节　下降楔形的买入点…………………………………………（259）

　　第七节　上升旗形的买入点…………………………………………（261）

　　第八节　下降旗形的卖出点…………………………………………（263）

　　第九节　矩形整理的买卖点…………………………………………（265）

第十节　菱形整理的卖出点 …………………………………………………… (268)

第九章　K线图与成交量综合分析技法 …………………………………… (271)

第一节　放量上涨的买入点 …………………………………………………… (273)
第二节　放量下跌的卖出点 …………………………………………………… (275)
第三节　顶部放量滞涨的卖出点 ……………………………………………… (277)
第四节　底部放量止跌的买入点 ……………………………………………… (279)
第五节　缩量上涨的卖出点 …………………………………………………… (281)
第六节　缩量下跌的买入点 …………………………………………………… (283)
第七节　一字K线和成交量 …………………………………………………… (285)

第十章　K线图与均线综合分析技法 ……………………………………… (289)

第一节　一阳穿多线的买入点 ………………………………………………… (291)
第二节　一阴破多线的卖出点 ………………………………………………… (293)
第三节　均线支撑位的买入点 ………………………………………………… (295)
第四节　均线阻力位的卖出点 ………………………………………………… (297)

第十一章　K线图综合实战技巧 …………………………………………… (299)

第一节　分时K线图实战技巧 ………………………………………………… (301)
第二节　日K线图实战技巧 …………………………………………………… (304)
第三节　周K线图实战技巧 …………………………………………………… (308)

第一章

炒股先要会看K线

第一节 单根K线三大看点

K线又称蜡烛线、日本线、阴阳线、棒线等。这种图形起源于日本德川幕府时代（1603—1867年），被用来记录米市的行情与价格波动。后来，K线被西方人引入股票市场和期货市场，用来标画证券价格的波动。

看点1：阳线、阴线和同价线

在每个交易时段（如交易日、交易周或交易月等）都会产生该时段的开盘价、收盘价、最高价和最低价四个价格，K线就是根据这四个价格绘制而成的。如图1—1所示，一根K线可以分成中间的矩形区域（实体部分）、矩形上方的线段（上影线）和矩形下方的线段（下影线）三个部分，分别代表以上四个价格。

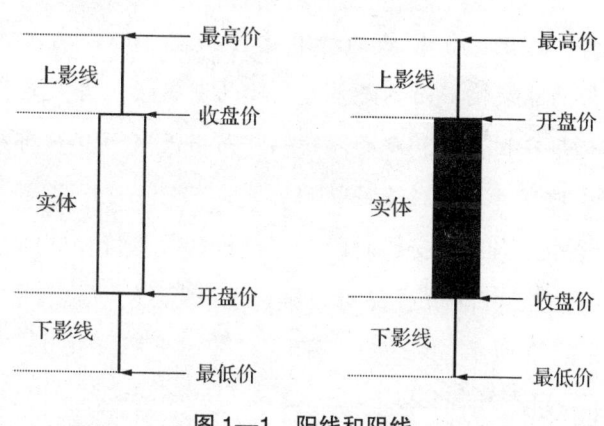

图1—1 阳线和阴线

K线的实体部分代表了这个交易时段（为叙述方便，以下均以当天为例）的开盘价和收盘价。如果当天的收盘价高于开盘价，那么这根K线就称为"阳线"（如图1—1中左图所示），其实体颜色为白色（国内炒股软件中用红色表示），实体的上端表示收盘价，下端表示开盘价，实体的大小代表了当天的收盘价相对于开盘价的涨幅大小。如果当天的收盘价低于开盘价，那么这根K线就称为"阴线"（如图1—1中右图所示），其实体颜色为黑色（国内炒股软件中用绿色表示），实体的上端表示开盘价，下端表示收盘价，实体的大小代表了当天的收盘价相对于开盘价的跌幅大小。从中可以看出，K线实体的颜色取决于当天的收盘价相对于开盘价的涨跌，而不是当天的收盘价与前一个交易日收盘价的涨跌。因此，如果某个交易日开盘时有大幅度的高开或者低开现象，那么就容易出现"收盘价相对于开盘价涨，但相对于上一个交易日收盘价跌"的"假阳线"，或者"收盘价相对于开盘价跌，但相对于上一个交易日收盘价涨"的"假阴线"。

K线上影线的最顶端代表了当天的最高价，K线下影线的最底端代表了当天的最低价。从中可以看出，上、下影线两端之间的距离，体现了当天股价的最大波动幅度。

如果某根K线没有上影线，那么就是所谓的光头K线。如果某根K线没有下影线，那么就是所谓的光脚K线。如果某根K线既没有上影线，也没有下影线，那么就是所谓的光头光脚K线。

按照实体大小，可以对K线进行一定的分类。以阳线为例，可以分为大阳线、中阳线和小阳线。在日K线图中，一般认为实体部分涨幅超过5%的为大阳线，实体部分涨幅超过2%但不足5%的为中阳线，实体部分涨幅小于2%的为小阳线。阴线以此类推。

投资者需要注意，这里区分K线的标准是K线实体部分的涨跌幅，即当天收盘价相对于当天开盘价的涨跌幅，而不是当天实际的涨跌幅。当天实际的涨跌幅是指当天收盘价与前一个交易日收盘价相比的涨跌幅，与当天K线实体部分的涨跌幅有时并不相同（如开盘价出现高开或者低开的情形）。

除了阳线和阴线外，当一个交易时段的开盘价和收盘价相同时，会形成一些特殊的K线形态，称为同价线。同价线又可以细分为十字线、一字线、T字线和倒T字线，如图1—2和图1—3所示。

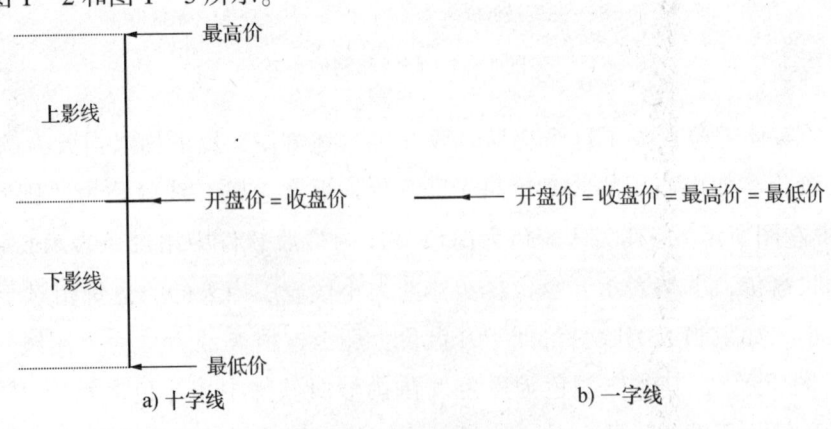

图1—2 十字线和一字线

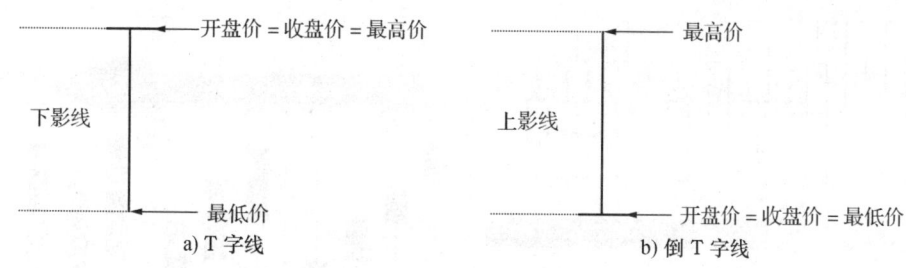

图1—3 T字线和倒T字线

十字线是指开盘价和收盘价相等,最高价略高、最低价略低的K线。这种K线的实体部分为一字形,有一定长度的上影线和下影线。

一字线是指开盘价、收盘价、最高价和最低价均相等的K线。这种K线只有一个一字形实体,没有上影线和下影线。

T字线是指开盘价、收盘价和最高价相等,最低价略低的K线。这种K线的实体部分为一字形,没有上影线,有一定长度的下影线。

倒T字线是指开盘价、收盘价和最低价相等,最高价略高的K线。这种K线的实体部分为一字形,有一定长度的上影线,没有下影线。

看点2:实体、影线和多空力量对比

K线中的"K"并不是英文字母缩写,而是日文"罫"(汉语读音guǎi,日语读音kei)的首字母。罫的意思是围棋棋盘上的方格。由此可见,K线刚出现时就与围棋有密切的联系。围棋分白黑两种棋子,而K线也分白色的阳线和黑色的阴线。围棋中的白黑两种棋子是对弈双方博弈的体现,而K线中的阴阳两种曲线则代表了多空双方的激烈争夺。

在K线图中,一般认为阳线的实体越长,则多方力量越强,阴线的实体越长,则空方力量越强。此外,下影线表示股价虽然有短暂的下跌,但最终被多方拉升。如果一根K线有较长的下影线,是多方力量较强的体现。而上影线表示股价虽然有短暂的上涨,但最终被空方打压。如果一根K线有较长的上影线,是空方力量较强的体现。

通过上面的分析,投资者可以看出,在衡量一根K线所代表的多空力量强弱的时候,应该先看阴阳,再看实体大小,最后考虑影线长短。图1—4中列出了20种常见K线所代表的多空力量对比。

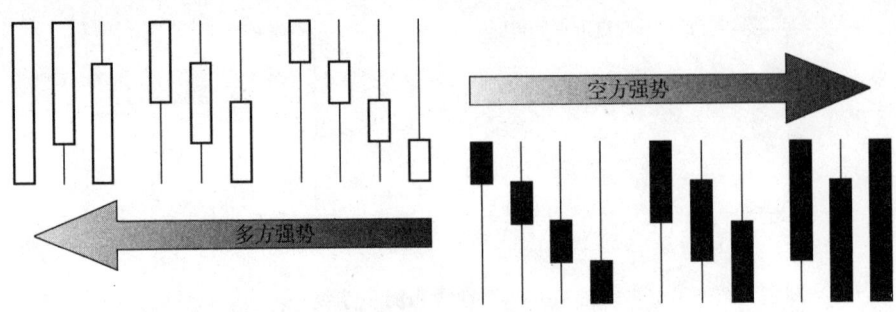

图1—4　20种常见K线所代表的多空力量对比

看点3：不同周期K线的综合运用

根据K线所代表的交易时段不同，可以将K线分为1分钟线、5分钟线、15分钟线、30分钟线、60分钟线和日K线、周K线、月K线、季K线、年K线等多种类型。

不同周期K线所统计的时间长度不同。例如，5分钟线每5分钟一根，表示股价在5分钟内的开盘价、收盘价、最高价和最低价。而日K线为每个交易日一根，表示股价在一个交易日内的开盘价、收盘价、最高价和最低价。

在实战操作中，投资者应该结合不同周期的K线进行综合分析。例如，在进行超短线日内交易时，可以选择15分钟线和日K线搭配分析；在进行持股几个交易日的短线交易时，可以选择60分钟线和日K线、周K线搭配分析；如果投资者想进行持股超过一个月的中长线操作，应选择日K线、周K线和月K线搭配分析。

第二节 分时 K 线四大看点

统计周期在一个交易日内的 K 线均可以称作分时 K 线。交易软件中提供的分时 K 线包括 60 分钟线、30 分钟线、15 分钟线、5 分钟线和 1 分钟线。在分析股票走势时，1 分钟线因其波动时间太短并不实用。因此，股票投资者常用的分时 K 线是前四种。

在股票操作过程中，很多投资者都认为分时 K 线的统计周期太短，只适合偏好日内交易的超短线投资者使用。然而，事实并非如此。在实战操作中，分时 K 线有四大看点。

看点 1：超短线买卖股票

超短线交易是指持股时间在一个或两个交易日内的交易。大多数超短线投资者都喜欢做 T+0 交易或者当天收盘前买进，第二天一开盘就卖出的交易。

在超短线交易过程中，日 K 线虽然能反映股价变动趋势，是非常重要的参考因素，但是在准确把握买卖时机方面，5 分钟线、15 分钟线和 30 分钟线则更加实用。

看点 2：更准确的短线买卖信号

短线交易是指持股时间在一周或两周内的交易。在短线投资过程中，投资者应该以对日 K 线的分析为主。为了做出更加准确的判断，分析日 K 线时，投资者还应同时观察分时 K 线。

如图 1—5 所示，一根日 K 线可以代表四根 60 分钟线。同样一根带有长下影线的日 K 线，可能代表不同的 60 分钟线组合。

在 60 分钟 K 线 A 中，股价下探后有一个比较明显的筑底过程，之后反转上涨。这个形态是早晨之星的变形，属于典型的买进信号。

而 60 分钟 K 线 B 中，股价连续下跌后出现反弹。这根阳线更像是庄家的诱多陷阱。此时投资者不但不能买进股票，相反，持有股票的投资者还应该适当减仓。

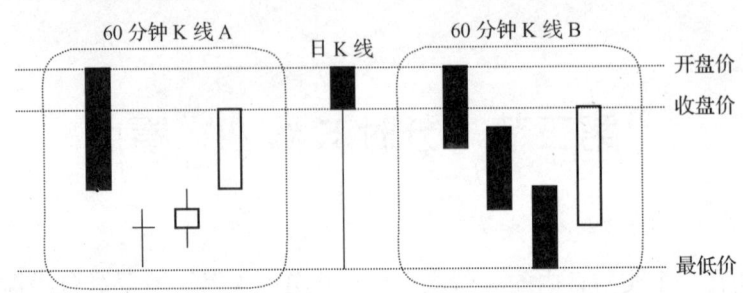

图1—5 同一根日K线对应不同的60分钟线

看点3：准确把握短线买卖时机

短线投资者可以根据日K线图发出的买卖信号买进或者卖出股票。实际买卖股票时，具体在一天中的哪个时间交易，则要借助分时K线图来判断。买卖点的高低会直接影响投资者的获利空间。在实战操作中，有时选择一个好的买卖点要比准确地抓住买卖信号更加重要。

如图1—6所示，2017年1月16日至2017年1月17日，峨眉山A（000888）日K线图上出现曙光初现形态。1月17日，当股价突破前根K线实体一半位置时，投资者可以买入股票。不过要确定在这个交易日内的什么时间买入，投资者需要借助分时K线图。

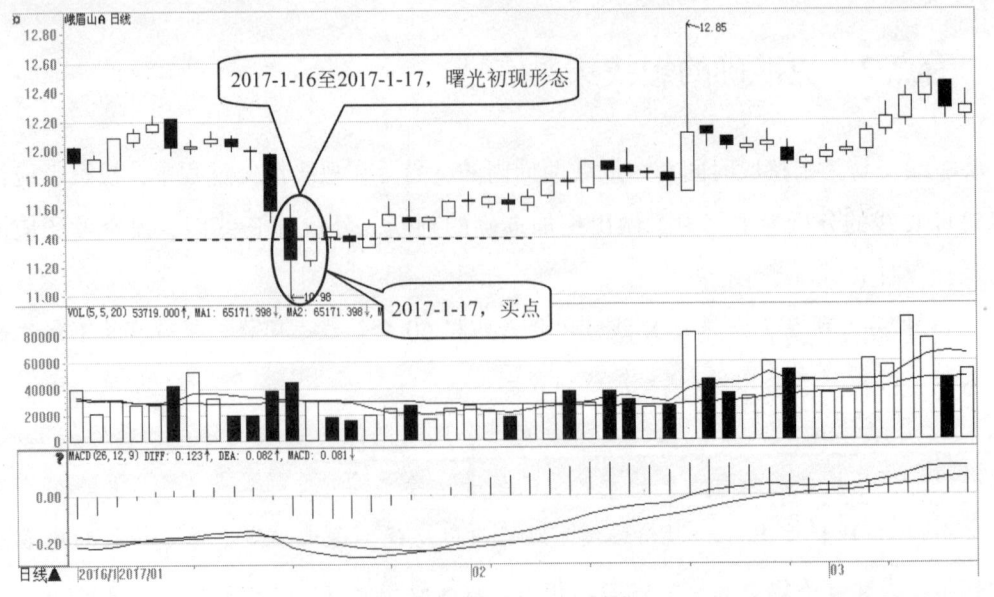

图1—6 峨眉山A日K线

如图1—7所示,从峨眉山A 60分钟K线图中可以看到,股价在1月17日15:00之前1小时才突破1月16日K线实体的一半位置,曙光初现形态完成。很明显,此时投资者可以更加准确地把握买入时机。

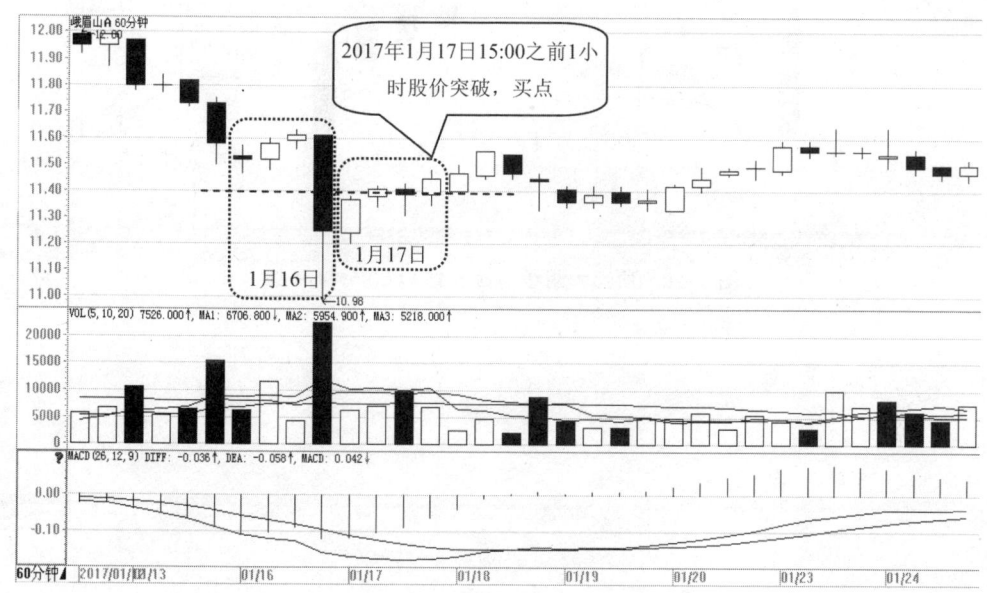

图1—7　峨眉山A 60分钟K线

看点4:更加及时的买卖信号

很多投资者在进行短线交易时都会遇到一个问题:当出现明确的买入信号时,股价已经上涨了很多;而当出现明确的卖出信号时,股价也已经下跌了不少。另外,日K线需要在收盘价出现后才能最终确立其形态。但是,如果在日K线上已经出现了潜在的看涨信号,此时是要等收盘价的最终确认,还是直接开始交易?

如果能有效地利用分时K线,就能够很好地解决这个问题。

分时K线的统计周期较短,在相同的时间内,分时K线图上的K线数量往往多于日K线。因此,分时K线图上的买卖信号经常会先于日K线出现。

如图1—8所示,左边的日K线为顶部大阴线形态,属于比较强烈的卖出信号。看到这个形态后,投资者可以在第二个交易日卖出股票。但在卖出点位置,股价已经下跌了不少。

假设当天的60分钟线如图1—8右侧所示,当出现第三根阴线时,K线图就已经发出了下跌卖出信号。如果投资者根据这个信号卖出股票的话,卖出价位明显要比日K线图的卖出价位高出不少。

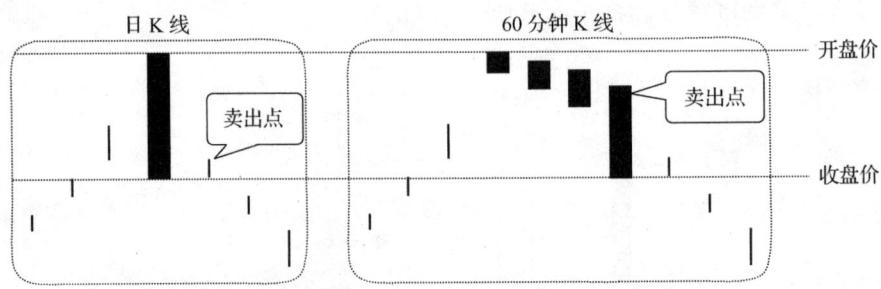

图1—8　顶部大阴线的日K线和60分钟K线

第三节　日K线三大看点

日K线是普通投资者最常用的图形。一根日K线可以表现出股价在一个交易日内的开盘价、收盘价、最高价和最低价。在使用日K线图分析股票时，投资者应该注意三大看点。

看点1：短线买卖信号

对于短线投资者而言，日K线是最重要的技术图形。分时K线对行情的反应十分灵敏，相应地，发出无效信号的概率也相对较高。尤其是在目前的T+1交易制度中，分时K线发出的买卖信号，有时根本无法实现。虽然周K线和月K线所发出信号的准确率较高，但是这些信号基本都属于中长期的交易信号，对于短线交易来说并不适用。

因此，对于短线投资者而言，日K线是最需要重点关注的。在综合考虑各种K线的基础上，短线投资者应该以日K线作为分析与交易的基础。

看点2：短线看组合，中线看形态

对于短线投资者而言，观察日K线的主要看点在于单根K线的形态以及2~3根K线的组合形态。由于单根K线发出的信号比较有限，准确率较差，而2~3根K线组成的K线组合，既能比较灵敏地反映短期趋势的变化，其发出的交易信号又具有较高的准确性，因此短线投资者在研判日K线时，应重点关注其K线组合。

如图1—9所示，2016年3月中旬，上峰水泥（000672）出现了一波短线上涨行情。这轮短线上涨开始于一个旭日东升形态（买入信号），结束于一个高位孕育形态（卖出信号）。如果短线投资者能够捕捉到这两个交易信号，就可以完成一次成功的短线交易。

对于中长线投资者而言，观察日K线的主要看点在于由一系列K线所组成的K线形态。在市场的中长期底部或者顶部，经常会出现某些特定的K线形态，如底部形

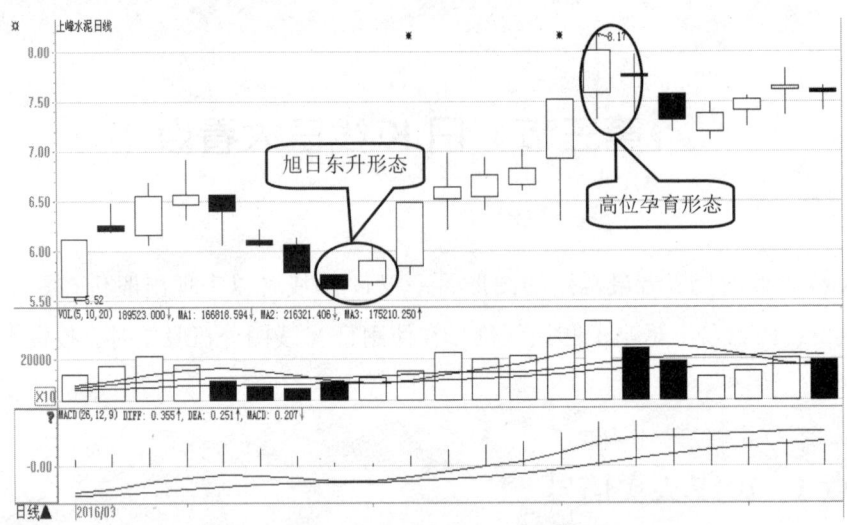

图1—9 上峰水泥日K线

态有双重底形态、头肩底形态、三重底形态等，顶部形态有双重顶形态、头肩顶形态、三重顶形态等。对于中长线投资者而言，能够准确识别各种底部和顶部的K线形态非常重要，在研判日K线时，应重点关注K线形态。

如图1—10所示，2016年11月至2016年12月，克明面业（002661）在18元区域构筑了一个双重顶形态，形态完成后，该股出现大幅下跌走势。对于中线投资者而言，如果能够识别出这个日K线的顶部形态，就可以把握住顶部的中线卖出时机。

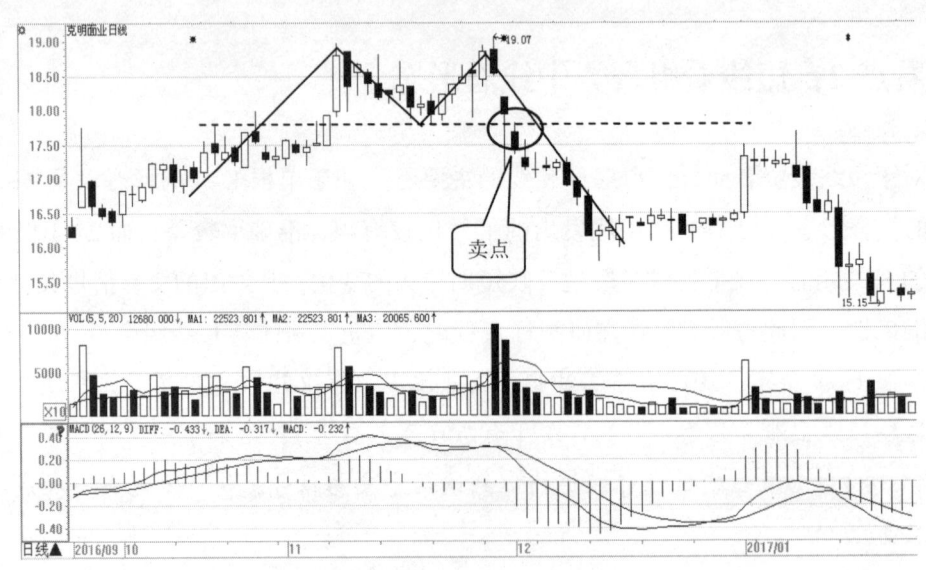

图1—10 克明面业日K线

看点3：结合分时走势，判断市场强弱

日K线的一大优势在于反映了市场每个交易日多空斗争的结果，并通过不同的形态记录下来。投资者通过对日K线的研判，能够连续、及时地跟踪多空力量的对比变化，从而判断市场强度，为交易提供重要参考。

当然，由于日K线只能表现出每个交易日的四个价格，而当天股价的分时走势，投资者在日K线上是无法看出来的。即使是同样的日K线，如果当天的分时走势差异很大的话，所体现出的市场强弱信息也并不相同。

如图1—11所示，同样是略带下影线、当天出现涨停的日K线，其分时走势可能会有很多种情形。例如，在分时线A中，股价开盘后很快就封上涨停，而在分时线B中，股价经过反复震荡后，临近收盘时才涨停。在这两种不同的分时走势中，分时线A所表现出来的多方强势程度明显要强于分时线B。如果投资者仅仅看日K线的话，会很难发现这种区别。

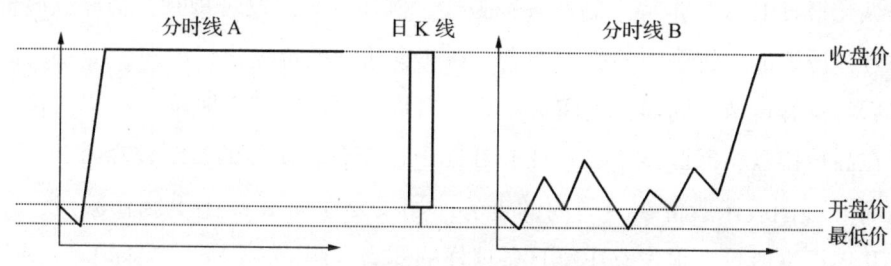

图1—11 相同的日K线，不同的分时走势

第四节　周K线四大看点

周K线是以单个交易周中的第一个交易日（一般是周一）的开盘价作为周K线的开盘价，该周最后一个交易日（一般是周五）的收盘价作为周K线的收盘价，全周的最高价和最低价作为周K线的最高价和最低价，并以此绘制出的K线图。

与日K线相比，周K线在实战中有四大看点。

看点1：买卖信号更加准确

股市上有各种各样的庄家，这些庄家总是喜欢用各种手段诱骗散户按照他们的想法买进或者卖出股票。日K线图表示一个交易日的股价走势，有足够实力的庄家可以轻易操纵几根日K线的走势来制作各种骗线。例如，当庄家吸货时，会操纵股价发出卖出信号，诱骗散户将手中的股票卖出。在庄家达到低价吸货目的时，受骗的散户会错过日后的拉升行情。同样，当庄家在顶部出货时，也会操纵股价发出买入信号，诱骗散户在高位接盘。因此，实战中日K线图上出现各种骗线的概率较高。

而周K线图表示股价在一周内的走势。如果要在周K线图上制作骗线，庄家需要连续几周操纵股价。很少有庄家具备这样的实力和耐心。因此，当周K线图上出现买卖信号时，其准确率要高于日K线图上的同样信号。即使是短线投资者，除了按照日K线图上的信号买卖股票外，也应将周K线图作为重要的参考。K线及其组合形态是周K线的一大看点。

看点2：过滤短线买卖信息

周K线在过滤掉一些庄家骗线信号的同时，也会过滤掉一些真实的短线买入或者卖出信号。因此，短线投资者在操作时应该以日K线为主，周K线只起辅助作用。

一根K线反映开盘价、收盘价、最高价和最低价四个数据，而一根周K线可以代表五根日K线。这就表示与日K线相比，每根周K线过滤了四个开盘价、四个收盘价、四个最高价和四个最低价。

如图1—12所示，右侧的日K线为多方尖兵形态，表示多方第一次上攻失败后，经过整理再次发力上攻，这属于典型的买入形态。而在左侧的周K线图上，只是一根带有下影线的阳线。这个形态所代表的买入信号并不强烈。

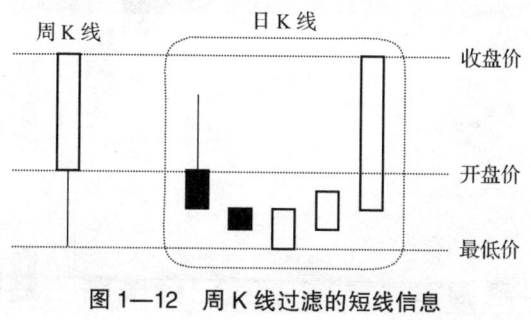

图1—12 周K线过滤的短线信息

看点3：反转信号的聚集

在市场的中长期顶部或者底部区域会出现很多的K线反转形态，因此，投资者在判断顶部或者底部时，一项重要的工作就是观察在这个区域是否出现了反转信号的聚集。

日K线对趋势的短期变化非常灵敏，因此各种反转形态出现的频率较高。当某个区域出现一系列日K线的反转形态时，这个区域可能是市场的一个中长期反转区域，也可能是一个阶段性的顶部或者底部。相对于日K线而言，周K线出现各种反转形态的频率要低得多，如果一旦在某个区域，周K线图上出现一系列反转形态，那么这个区域成为一个中长期顶部或者底部的概率就非常大。

另外，周K线的各种形态发出的信号具有更多的中长期意义，而日K线发出的信号则具有短线意义。这也决定了在判断市场中长期顶部或者底部时，周K线具有更重要的研判意义。

如图1—13所示，2015年5月、6月，当代东方（000673）股价涨至20元上方后，在其周K线图上出现看跌吞没的顶部反转形态（图中圆圈区域所示）。周K线顶部反转形态的出现，发出了中长期顶部即将来临的强烈信号，之后该股持续下跌。

看点4：减少技术指标的失效信号

由于日K线波动比较频繁，因此在日K线图上诸如MACD等技术指标经常会发出买卖信号，但是其中也包含了不少的无效信号。而周K线波动较为平缓，技术指标发出的交易信号少，其有效性也就大大提高。

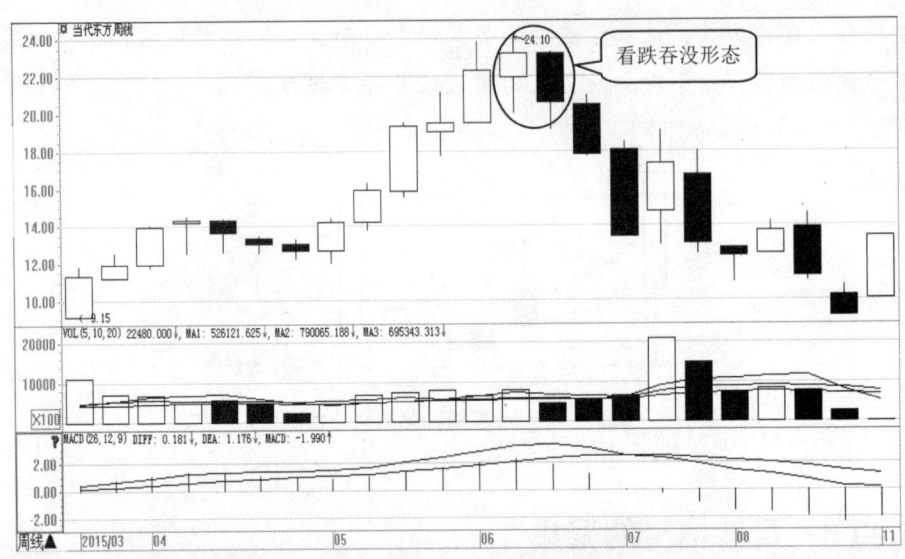

图1—13 当代东方周K线

当然,在月K线图上,技术指标发出信号的准确率更高,但滞后性过于明显。当月K线的某些技术指标发出交易信号时,可能行情已经持续了一段时间。因此,综合来看,在投资者使用技术指标判断中长期趋势的时候,周K线的技术指标更具有使用价值。

如图1—14所示,2015年7月至2015年9月,山推股份(000680)股价最低跌至4.47元。在这期间周K线的MACD指标先后出现了背离、金叉等见底反转信号,预示着走势即将出现较大的变化。

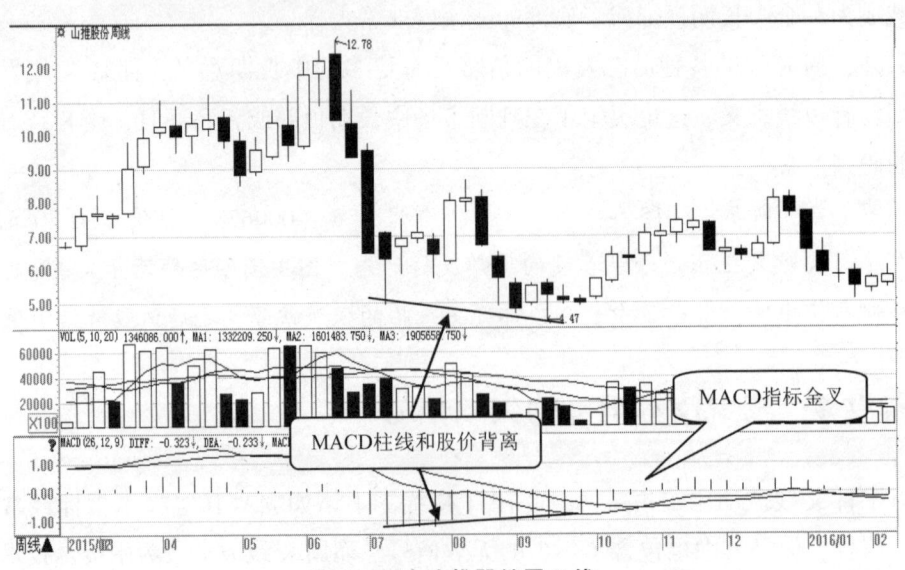

图1—14 山推股份周K线

第五节 月K线两大看点

月K线是以每个交易月中的首个交易日的开盘价作为月K线的开盘价,本月最后一个交易日的收盘价作为月K线的收盘价,全月的最高价和最低价作为月K线的最高价和最低价,并以此绘制出的K线图。

作为一种涵盖周期较长的K线,月K线在实战中有两大看点。

看点1:K线形态的信号准确率更高

一根月K线相当于23根日K线或者4根周K线。因此,月K线对短期波动的过滤要大大强于周K线,对市场长期方向的预示作用更加清晰。因此,当月K线图上出现某个明显的转势形态时,就需要引起投资者的高度重视。此时,往往不需要更多的形态或者信号,投资者即可判定市场的中长期趋势已经发生反转。

如图1—15所示,东江环保(002672)在2015年5月、6月的月K线呈现出乌云盖顶的反转形态。在高价位出现这种反转形态,预示着股价已经到达一个重要的长期顶部位置。

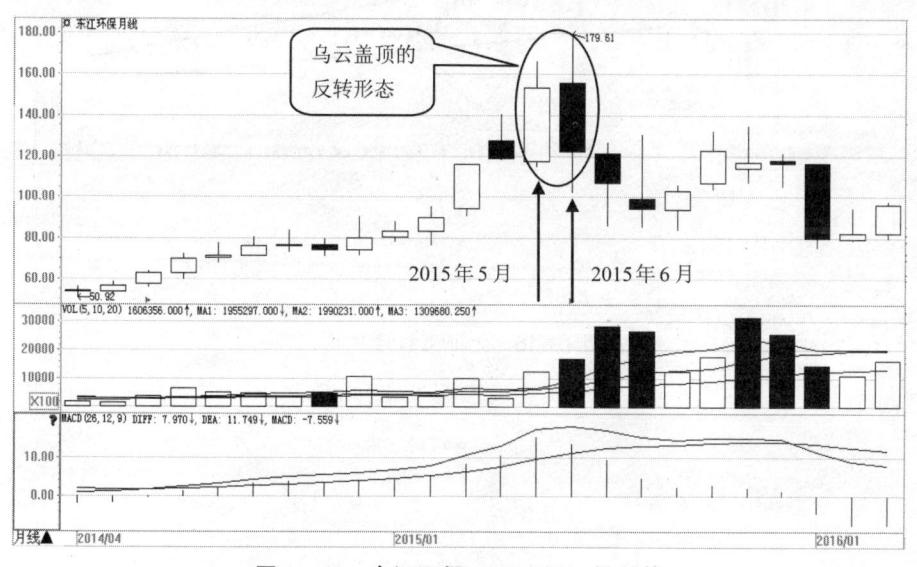

图1—15 东江环保(002672)月K线

看点2：更清楚地判断长期趋势

对于长线投资者而言，短期甚至中期的股价波动是可以忽略不计的。只有长期趋势已经出现明显的反转情形时，才会考虑买入或卖出操作。月K线能够极大地过滤掉短期波动，更为清晰地体现长期趋势，为长线投资者提供重要的参考依据。

在体现趋势发展的各种工具中，趋势线的应用非常广泛。以月K线绘制的趋势线，能够清晰地体现长期趋势的各种支撑阻力。下面以趋势线为例说明这一点。

图1—16是根据上证指数2009年8月至2014年7月的月K线绘制的两条趋势线。大盘自2009年8月的反弹最高点3 478.01点起，开始了长期下跌趋势。趋势线1是这段长期趋势的阻力线，下方的趋势线2是这段长期趋势的支撑线。

在图中的月K线上，投资者可以很轻松地看出，在这段长期下跌趋势中，趋势线1每次都造成了大盘的阶段性回落，趋势线2每次都造成了大盘的阶段性反弹。当大盘突破趋势线1时，彻底宣告这轮长期下跌趋势的终结。

图1—16　上证指数月K线

第二章

发出买入信号的K线组合

第一节 早晨之星的买入点

> 早晨之星又称希望之星、启明星,顾名思义,就是在太阳尚未升起的时候,黎明前最黑暗的时刻,一颗明亮的星星在天边出现,光明即将来临。

➲ 形态解析

早晨之星形态往往出现在下跌行情中,一般由三根K线组成,如图2—1所示。

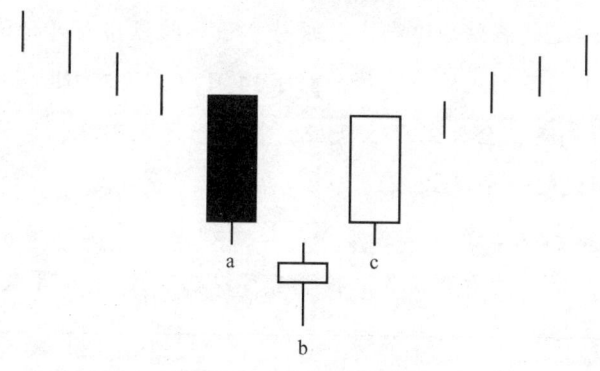

图2—1 早晨之星形态

在股价下跌行情中,首先出现一根中阴线或大阴线a,表示市场持续下跌,抛压巨大,空方占据主动。

紧跟阴线a之后,出现一根向下跳空的小星线b。星线b既可以是小阳线,也可以是小阴线,还可以是十字星,带有较长的上、下影线。这表示多空双方陷入僵持,股价有止跌反弹的趋势(星线是指实体较小的K线,同时,其实体与前一根K线的实体之间出现跳空)。

在星线b之后又出现一根中阳线或大阳线c。阳线c的实体深入阴线a中,甚至将其覆盖,这表示多方开始反攻并逐渐占据优势。

➲ 操作要点

1. 早晨之星形态表示多空双方力量转换,市场由空方主导行情变成多方主导行情,为买入信号。

2. 早晨之星形态的买入点在阳线c后。早晨之星形态一旦完成,表示行情已经转变,投资者可以积极买入。

3. 按照早晨之星形态买入后,投资者应该将止损位设定在星线b的下影线上。如果在出现早晨之星形态后几天内股价跌破星线b的下影线,表示形态失败,这时投资者必须马上卖出。

➡ 实盘分析

如图2—2所示,2016年3月10日至2016年3月14日,汇源通信(000586)日K线图上出现早晨之星形态。

3月10日,汇源通信在底部再次下跌,收出一根中阴线。3月11日,汇源通信小幅低开。股价经过反复震荡后逐渐止住跌势,最终收盘价与开盘价相同,在K线图上留下一根带有长上、下影线的小星线。3月14日(3月12日、3月13日为周末休市),汇源通信高开高走,全天上涨5.93%,收出一根大阳线。这根阳线的实体已经深入到3月11日阴线的一半以上。

至此,汇源通信完成了早晨之星形态。这个形态表示汇源通信多空力量已经转换,多方重新占据主动,为看涨信号。投资者可以在3月15日开盘后积极买入。

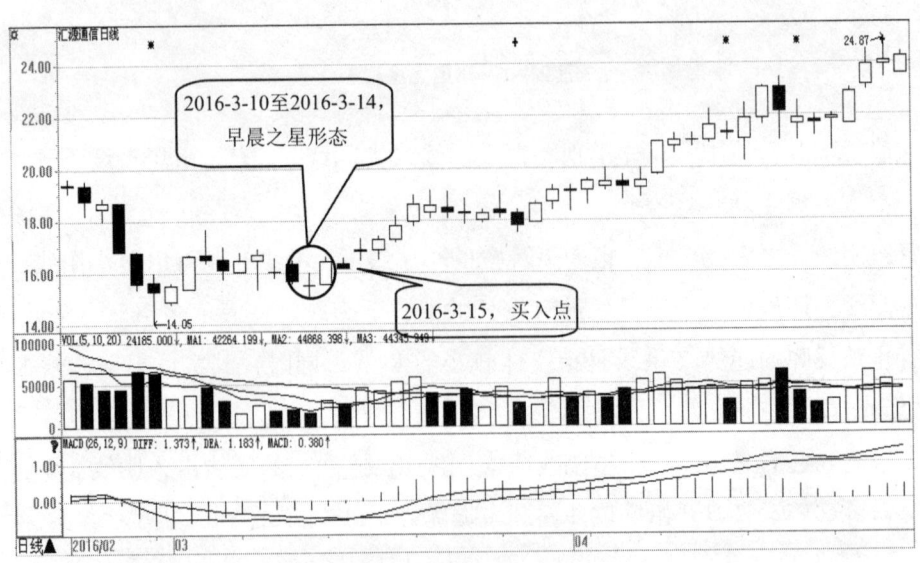

图2—2　汇源通信日K线

◯ **应 用 规 律**

　　1. 在早晨之星形态中，如果星线 b 是十字线，看涨信号的强度要超过小阴线或小阳线。

　　2. 如果早晨之星形态的星线 b 和 a、c 两根 K 线之间都有跳空缺口，看涨信号的强度更高。

　　3. 阳线 c 的实体部分越长，进入阴线 a 部分越深，该形态对反弹的指示作用就越强。如果能进入阴线 a 实体部分 50% 以上，看涨信号强度将大大升高。

　　4. 在实战中，早晨之星形态可能变形，阴线 a 和阳线 c 中间可能会夹杂多根星线。这种变形的早晨之星形态同样可以作为看涨信号。多根星线并不影响看涨信号的强度。

第二节 上涨强调的买入点

> 上涨强调形态是一种重复强调上涨趋势的 K 线组合。

➡ 形态解析

上涨强调形态一般出现在股价下跌行情或者横盘整理行情中,由两根并排的阳线组成,如图 2—3 所示。

在股价下跌过程中,首先出现一根阳线 a,表示股价有上涨的趋势。

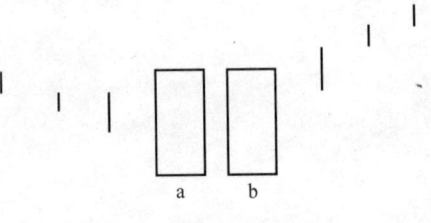

图 2—3　上涨强调形态

紧跟阳线 a 之后,股价大幅低开,几乎全部丧失掉阳线 a 实体部分的涨幅。不过,在开盘后股价持续上涨,最终收盘时已经完全弥补了开盘的跌幅,形成阳线 b。

阳线 a 和阳线 b 的开盘价和收盘价均大致相等,组成了并排的阳线组合。

➡ 操作要点

1. 在上涨强调形态中,阳线 b 是对阳线 a 上涨趋势的强调,表示股价上涨虽然还有一定阻力,但上涨动能充足,因而该形态是股价上涨的信号。

2. 在出现阳线 b 后,投资者可以积极买入股票,等待上涨。

3. 上涨强调形态的止损位应该设定在阳线 a 和阳线 b 的开盘价附近。一旦股价跌破这个价位,说明上涨趋势被破坏,投资者应尽快将股票卖出止损。

➡ 实盘分析

如图 2—4 所示,2015 年 9 月 1 日至 2015 年 9 月 2 日,招商证券(600999)日 K 线图上出现上涨强调形态。

9 月 1 日,招商证券低开高走,全天上涨 3.76%,收出阳线。9 月 2 日,招商证券的开盘价和收盘价与前一个交易日基本类似,收出阳线。

招商证券9月2日的阳线是对9月1日阳线的强调，表示上涨趋势仍将继续，是看涨信号。投资者可以在9月3日开盘后积极买入。

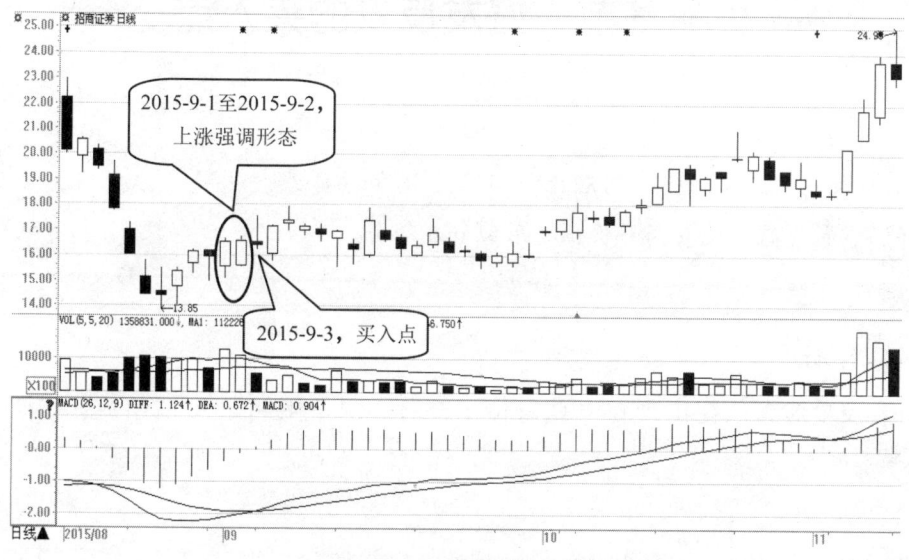

图2—4　招商证券日K线

⊃ 应用规律

1. 如果在股价出现上涨强调形态的同时成交量逐渐放大，则表示多方上攻有力，该形态发出的看涨信号更强烈。

2. 上涨强调形态的两根K线可以有上影线，但上影线长度不能超过实体长度。如果两根阳线均带有较长的上影线，则表示上方压力巨大，此时投资者最好继续观望。

3. 如果上涨强调形态出现在周K线图中，则形态的看涨信号会更加准确。

第三节 好友反攻的买入点

> 好友反攻形态是两根不同颜色、不同开盘价的K线（先是一根阴线，后是一根阳线），最终收盘处在同一价位，形似好友约会。

形态解析

好友反攻形态往往出现在下跌行情中，由一阴一阳两条K线组成，如图2—5所示。

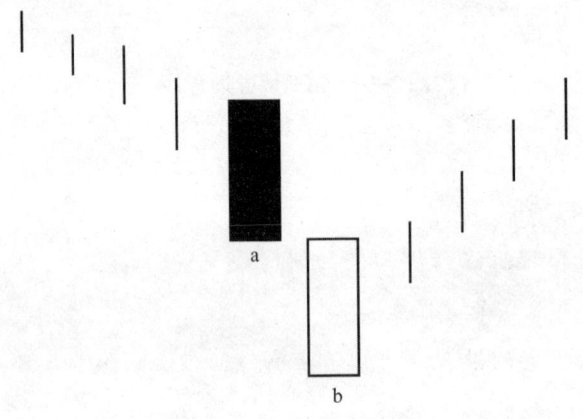

图2—5 好友反攻形态

在股价下跌过程中，先是出现一根中阴线或者大阴线a，这表示下跌行情还在持续。

紧跟阴线a之后，股价虽然跳空低开，但随即上涨，收出一根中阳线或者大阳线b，并且阳线b的收盘价和阴线a的收盘价在相同或相近的位置上。

操作要点

1. 好友反攻形态表示多方在开盘不利的情况下补回跳空缺口，预示着股价将见底反弹，是看涨信号。

2. 在好友反攻形态中，阳线b并未能深入阴线a的实体部分，所以这种形态的看涨信号并不强烈。阴线 a 和阳线 b "约会"的位置可能是股价上涨的一个压力位。因此，投资者在看到这种形态时，不必急于操作，可以待股价突破阳线 b 的收盘价后再买入股票。

➔ 实盘分析

如图 2—6 所示，2016 年 12 月 22 日至 2016 年 12 月 23 日，恒立液压（601100）日 K 线图上形成好友反攻形态。

12 月 22 日，恒立液压低开低走，最终股价下跌 1.76%，形成一根阴线。

12 月 23 日，恒立液压大幅低开，但随即反弹向上。最终收盘时，股价已经与前一个交易日的收盘价基本持平。

这一阴一阳两根 K 线的收盘价基本处在同一位置上，形成好友反攻形态，表示多方力量复苏，股价即将触底反弹。

12 月 26 日，股价向上突破前期阴线的收盘价，出现买入信号，投资者要注意把握这个买点。

图 2—6　恒立液压日 K 线

⊃ 应用规律

1. 在好友反攻形态中，阳线 b 的实体部分越长，看涨信号就越强烈。
2. 如果出现阳线 b 时伴随成交量放大，看涨信号的强度将大大升高。
3. 如果好友反攻形态的阳线 b 深入阴线 a 的实体部分中，就会演变成曙光初现形态。曙光初现形态作为看涨信号的强度要高于好友反攻形态。

第四节　上涨分手的买入点

> 上涨分手形态是指股价在上升过程中，一根阴线与一根阳线以相同价位开盘，后市的涨跌方向却完全不同，形似好友分手。

➲ 形态解析

上涨分手形态往往出现在上涨行情中，由一阴一阳两根K线组成，如图2—7所示。

在股价上涨过程中，先出现一根中阴线或者大阴线a，这表示股价上涨暂时受阻。

紧接着股价高开高走，形成阳线b，并且阳线b的开盘价与阴线a的开盘价大致相等，刚开盘就挽回阴线a位置的跌幅，之后继续上涨。这说明多方仍占据主动，虽然股价短暂上涨受阻，但市场强势未改。

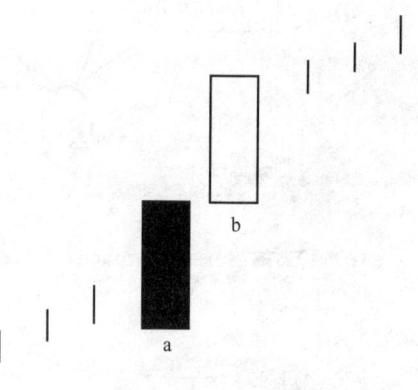

图2—7　上涨分手形态

➲ 操作要点

1. 上涨分手形态表示市场强势不改，此前上升趋势仍将继续。

2. 上涨分手形态完成后，持股的投资者可以继续持股，等待行情上涨；之前踏空的投资者可以适当买入股票，等待股价继续上涨。

3. 上涨分手形态的止损位应该设定在阴线a的最低价上。如果股价跌破阴线a的最低价，则上涨分手形态失败，股价走势可能会发生转变，这时投资者应该果断卖出股票。

➲ 实盘分析

如图2—8所示，2016年8月11日至2016年8月12日，置信电气（600517）日K线图上出现上涨分手形态。

2016年8月初，置信电气持续上涨。8月11日，该股上涨受阻，低开低走，在K线图上留下一根小阴线。

8月12日，置信电气高开高走，开盘价与8月11日的开盘价基本持平。之后股价又继续放量上涨，全天涨幅达到7.46%，在K线图上留下一根大阳线。

这两个交易日的K线形成上涨分手形态。此形态表示推动股价上涨的多方力量仍占据主动，8月11日的下跌只是短暂的调整，行情继续看好。投资者可以在8月15日开盘后积极买入。

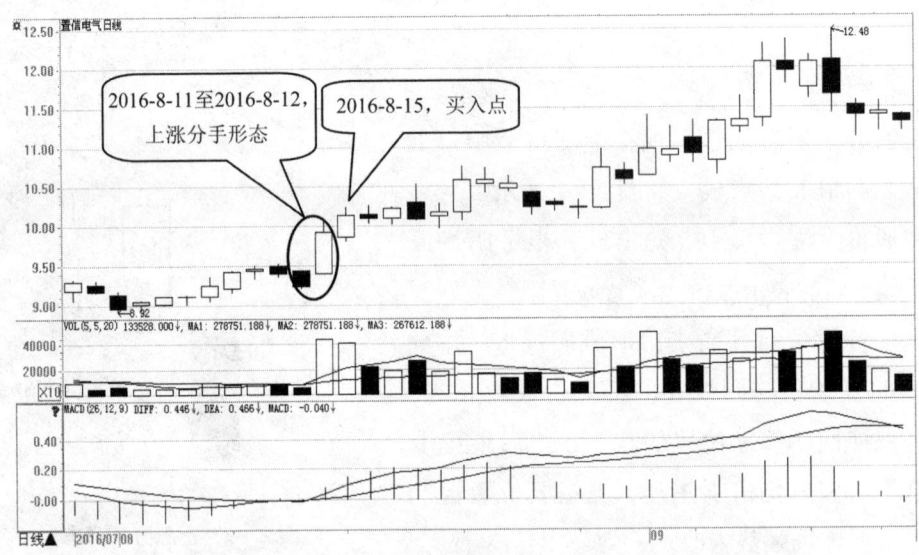

图2—8　置信电气日K线

➲ 应用规律

1. 上涨分手形态出现前必须有一段明显的上升趋势，无论这段上升趋势是长还是短。只有出现了这种上涨趋势，该形态才是有效的看涨信号。

2. 阴线a和阳线b的实体部分越长，该形态的看涨信号就越强烈。

第五节 曙光初现的买入点

> 曙光初现形态又称刺透形态、斩回线形态，比喻股价经过阴暗的下跌后初现曙光，上涨行情即将开始。

● 形态解析

曙光初现形态出现在下跌行情中，由一阴一阳两根 K 线组成，如图 2—9 所示。

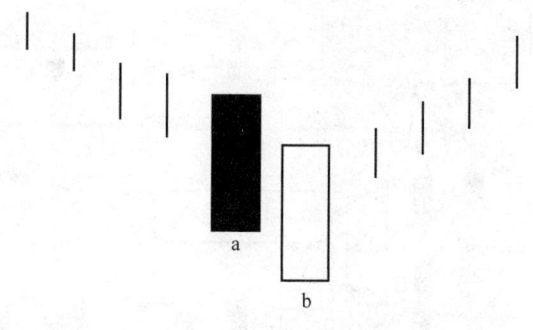

图 2—9　曙光初现形态

在股价持续下跌过程中，先是出现一根中阴线或者大阴线 a，表示下跌行情还在继续。

紧跟阴线 a 之后，出现一根跳空低开的中阳线或者大阳线 b。阳线 b 虽然低开，但开盘后持续上涨，最终收盘价深入到阴线 a 实体的 1/2 以上处。

● 操作要点

1. 曙光初现形态表示行情结束下跌，多方力量开始反攻。这预示着股价将见底反弹，是看涨信号。

2. 阳线 b 的收盘价一定要深入到阴线 a 实体的 1/2 以上处，否则形态无效。

● 实盘分析

如图 2—10 所示，2016 年 3 月 31 日至 2016 年 4 月 1 日，珠海中富（000659）日

K线图上出现曙光初现形态。

3月31日，股价持续下跌，最终下跌幅度接近5%，在K线图上留下一根中阴线。

4月1日，珠海中富虽然低开，但之后股价大幅上涨，最终以4.96%的涨幅收盘，在K线图上留下一根中阳线，阳线实体深入到阴线实体1/2之上处，曙光初现形态完成。

这个曙光初现形态表明，经过长期下跌后，空方力量衰竭，多方重新占据主动，股价即将反弹。在4月5日开盘后（4月2日至4月4日三天为清明节假期），投资者应该积极买入。

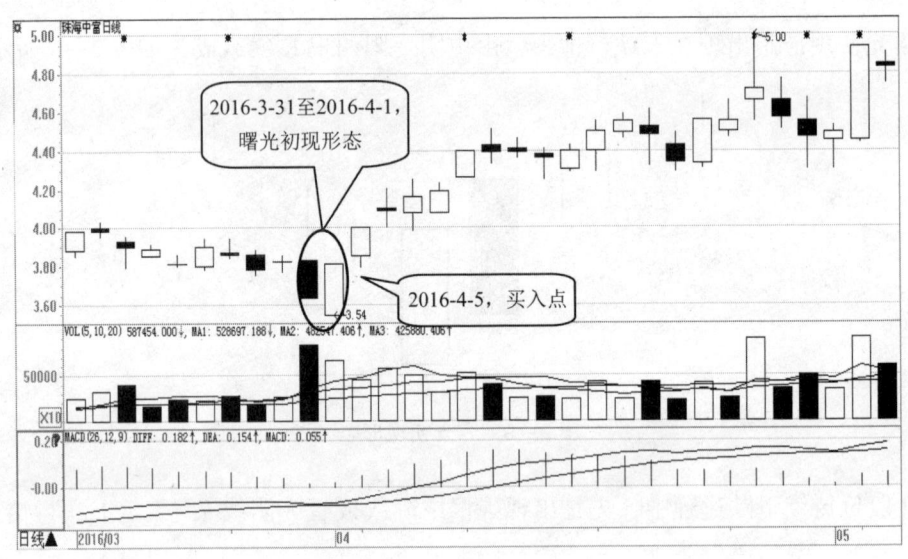

图2—10　珠海中富日K线

应用规律

1. 阳线b实体进入阴线a实体部分越深，看涨信号就越强烈。

2. 如果在阴线a的位置上成交量萎缩，在阳线b的位置上成交量放大，则表示股价筑底成功，看涨信号的强度将大大增加。

3. 出现曙光初现形态后，如果股价马上展开上涨行情，涨幅度往往并不大。相反，如果股价有短暂的蓄势整理过程，往往会出现强劲的上涨行情。

第六节 旭日东升的买入点

> 旭日东升形态表示股价经过阴暗的下跌后，一轮旭日已经升起，是强烈的看涨信号。

● 形态解析

旭日东升形态通常出现在下跌行情中，由一阴一阳两根K线组成，如图2—11所示。

在股价下跌行情中，首先出现一根中阴线或者大阴线a。

紧跟阴线a之后，出现一根跳空高开的中阳线或者大阳线b，阳线b的收盘价高于阴线a的开盘价。

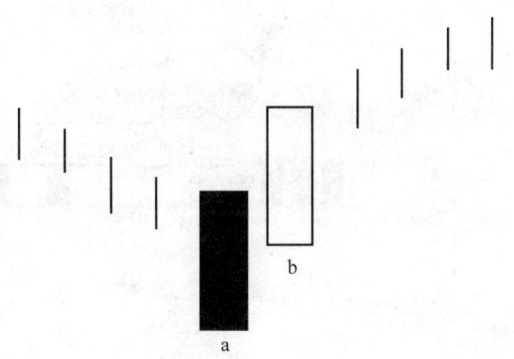

图2—11 旭日东升形态

● 操作要点

1. 旭日东升形态表示股价经过连续下挫，空头能量已释放殆尽。在空方无力继续打压时，多方重新占据主动，股价高开高走。因此，旭日东升形态是较强的看涨买入信号。

2. 在阳线b的走势完成后，投资者可以积极买入。

3. 如果旭日东升形态完成后，股价再次下跌并跌破了阴线a的最低点，则表示形态失败，这时投资者应该果断卖出股票。

● 实盘分析

如图2—12所示，2015年9月15日至2015年9月16日，视觉中国（000681）日K线图上出现旭日东升形态。

9月15日，视觉中国低开低走，虽然盘中一度反弹，但当日仍以跌停收盘，在K

线图上留下一根带有长上影线的阴线。

9月16日，股价高开后持续上涨，最终涨停，在K线图上留下一根大阳线，且阳线的收盘价高于前一根阴线的开盘价，形成典型的旭日东升形态。

旭日东升形态完成表示空方力量衰竭，多方重新夺回主动，为看涨信号。投资者可以在9月17日买入股票。

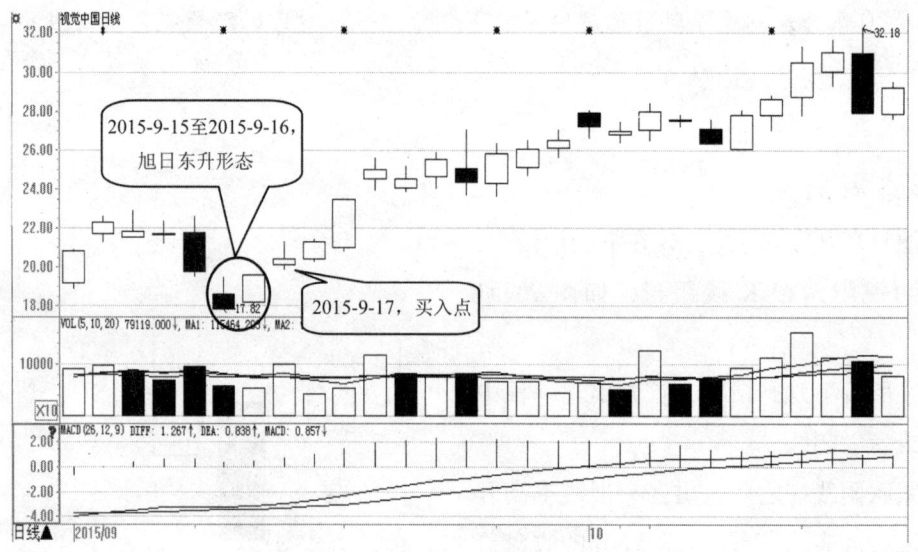

图2—12 视觉中国日K线

⊃ 应用规律

1. 在旭日东升形态中，阳线b高开幅度越大，收盘价比阴线a的开盘价高出部分越多，看涨买入信号就越强烈。

2. 如果阳线b是放量上涨，则该形态的看涨信号更加强烈。

3. 好友反攻、上涨分手、曙光初现和旭日东升四种形态都是由一阴一阳两根K线组成的，都属于看涨信号，但信号的强度有所不同。如果不考虑前期走势、成交量等其他因素的影响，这四种形态的看涨信号强度由强到弱依次为：上涨分手>旭日东升>曙光初现>好友反攻。

第七节 锤头线的买入点

> 锤头线是股价下跌过程中出现的一根形似锤头的K线，表示市场正在用"锤头"夯实底部，后市看涨。

◐ **形态解析**

锤头线形态往往出现在下跌行情中，是一根带有长下影线的K线，如图2—13所示。

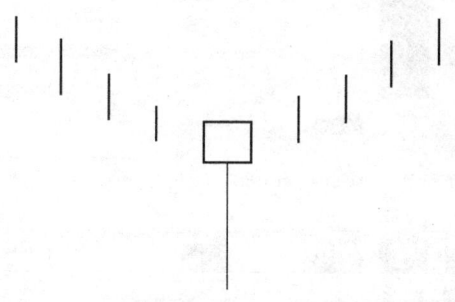

图2—13 锤头线形态

在股价下跌过程中，出现一根带有长下影线的K线。K线实体部分可以是阳线，也可以是阴线。这根阳线或阴线的实体部分很小，下影线长度超过实体的两倍。锤头线一般没有上影线，或者只有很短的上影线。

◐ **操作要点**

1. 锤头线形态出现在下跌行情中，表示多方力量开始反攻，对股价形成一定的支撑，是看涨信号，但信号强度不高。

2. 锤头线形成完成后，激进型投资者可以试探性地买入股票，稳健型投资者可以在锤头线出现后再观察几天。如果锤头线出现后股价能放量上涨，就可以积极买入。

3. 如果股价跌破锤头线的下影线，说明形态失败，按照此形态买入股票的投资者应该果断止损卖出。

实盘分析

如图 2—14 所示，2016 年 4 月 25 日，三湘股份（现为三湘印象）（000863）日 K 线形成锤头线形态。

在此之前，该股持续下跌。4 月 25 日，股价小幅高开后继续下跌，但是最终获得支撑反弹，最终收盘时股价只跌了 0.44%，在 K 线图上留下一根带有长下影线的小阴线。

小阴线中下影线长度超过实体长度的两倍，形成锤头线形态。这表示多方力量开始反攻，对股价形成一定的支撑，形成看涨买入信号。看到这个形态后，投资者可以在 4 月 26 日买入股票。

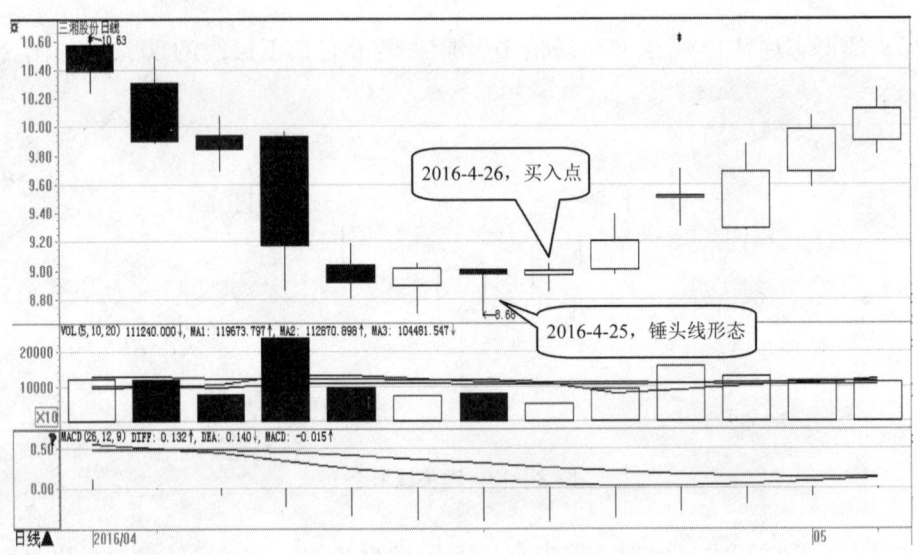

图 2—14 三湘股份（现为三湘印象）日 K 线

应用规律

1. 锤头线的下影线越长，看涨信号的参考价值越大。

2. 锤头线有阳线锤头与阴线锤头之分，均为看涨信号。一般情况下，阳线锤头的看涨信号强度要超过阴线锤头。

3. 如果锤头线能作为早晨之星形态中的星线出现，则看涨信号会更加可靠。

4. 锤头线形态只出现在下跌行情中，同样的形态如果出现在上涨行情中则称为上吊线，市场含义完全相反。

第八节 倒锤头的买入点

> 倒锤头形态就是倒立的锤头线形态。与锤头线形态相同，倒锤头形态同样出现在下跌行情中，表示夯实底部，后市看涨。

◉ **形态解析**

倒锤头形态往往出现在下跌行情中，是一根带有长上影线的K线，如图2—15所示。

在股价下跌过程中，出现一根带有长上影线的K线。K线实体部分既可以是阳线，也可以是阴线。这根K线的实体部分很小，上影线长度超过实体的两倍。倒锤头线一般没有下影线，或者只有很短的下影线。

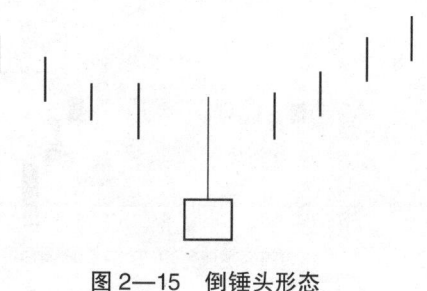

图2—15 倒锤头形态

◉ **操作要点**

1. 倒锤头线出现在下跌行情中，表示多方力量开始反攻。虽然反弹力量暂时不足，最终被空方打压，但股价没有下跌，或者跌幅不大，说明空方力量已经消耗严重。如果第二天再有多方进入市场，将能轻易地推动股价上涨。因此，倒锤头线是股价见底信号，后市看涨。

2. 倒锤头线完成后，激进型投资者可以试探性地买入股票，稳健型投资者可以在倒锤头线出现后再观察几天。如果股价能放量上涨，突破倒锤头线的上影线，就可以跟涨买入。

3. 如果在倒锤头线形成后，股价再次上涨到影线位置时仍然遇阻回调，则说明空方力量还很强劲。这时投资者应该多看少动，已经买入股票的投资者最好暂时离场。

◉ **实盘分析**

如图2—16所示，2017年1月23日，厦门钨业（600549）日K线形成倒锤头形态。

当天厦门钨业小幅高开后大幅反弹，随后空方力量反攻，股价再次下跌，到收盘时股价涨幅并不大，在K线图上留下一根带有长上影线的小阳线。

在这根小阳线形成过程中，虽然股价最终受到空方的打压回落，但空方力量已经消耗严重。激进型投资者可以在1月24日开盘后试探性地买入。

在倒锤头形态完成后，该股股价在倒锤头实体上方徘徊，这说明股价受到底部多方力量的强烈支撑。1月26日，股价放量上涨，最终收盘价超过倒锤头形态上影线的高点。这时看涨信号已经确立，投资者可以在开盘后积极买入。

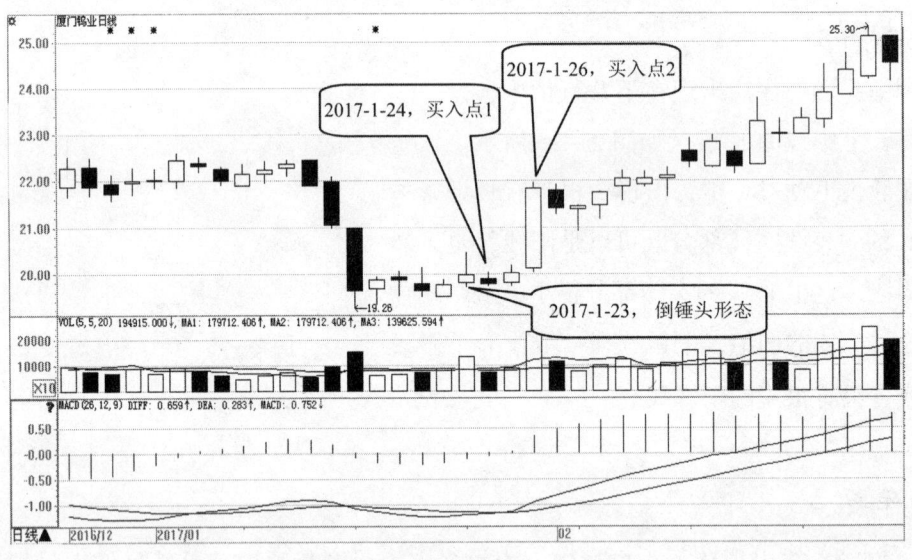

图2—16　厦门钨业日K线

➲ 应用规律

1. 倒锤头线的上影线越长，看涨信号越强。
2. 倒锤头线有阳线倒锤头与阴线倒锤头之分，看涨作用相同。一般来说，阳线倒锤头的看涨信号强度要超过阴线倒锤头。
3. 如果倒锤头线能作为早晨之星形态中的星线出现，则看涨信号会更加可靠。
4. 倒锤头线只出现在下跌行情中，同样的形态如果出现在上涨行情中则称为流星线，市场含义完全相反。

第九节 红三兵的买入点

> 红三兵形态是指由三根红色小阳线组成的 K 线组合。

◉ 形态解析

红三兵形态由接连出现的三根小阳线组成，如图 2—17 所示。

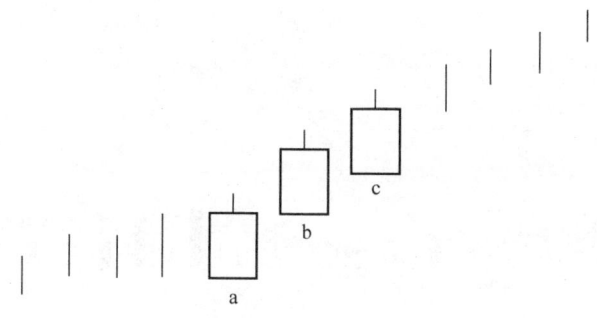

图 2—17 红三兵形态

在红三兵形态中，连续出现三根小阳线 a、b、c。这三根小阳线的收盘价均高于前一根 K 线的收盘价。三根小阳线可以有上、下影线，也可以没有。

◉ 操作要点

1. 如果红三兵形态出现在某个低价位，同时市场已经稳定了一段时间，那么就表示市场趋势即将反转，多方力量推动股价向上攀升，是看涨买入信号。

2. 如果红三兵形态出现在上涨行情中，同时伴随成交量的逐渐放大，那么就表示多方能量持续增强，股价看涨。

3. 在红三兵形态完成后，投资者可以积极买入，等待股价上涨。

4. 投资者可以将止损价位设定在三根小阳线 a、b、c 的最低点。如果股价跌破这个价位，就说明形态失败，这时投资者需要果断卖出股票。

实盘分析

如图 2—18 所示，2015 年 10 月 12 日至 2015 年 10 月 14 日，河池化工（现为 *ST 河化）（000953）日 K 线图上出现红三兵形态。

从 2015 年 9 月开始，河池化工持续上涨。10 月 12 日至 10 月 14 日，该股连续三个交易日的收盘价均高于前一个交易日的收盘价，形成红三兵形态。这表示多方力量开始占据主动，推动股价向上攀升，市场趋势即将反转，形成看涨买入信号。投资者可以在 10 月 15 日开盘后积极买入。

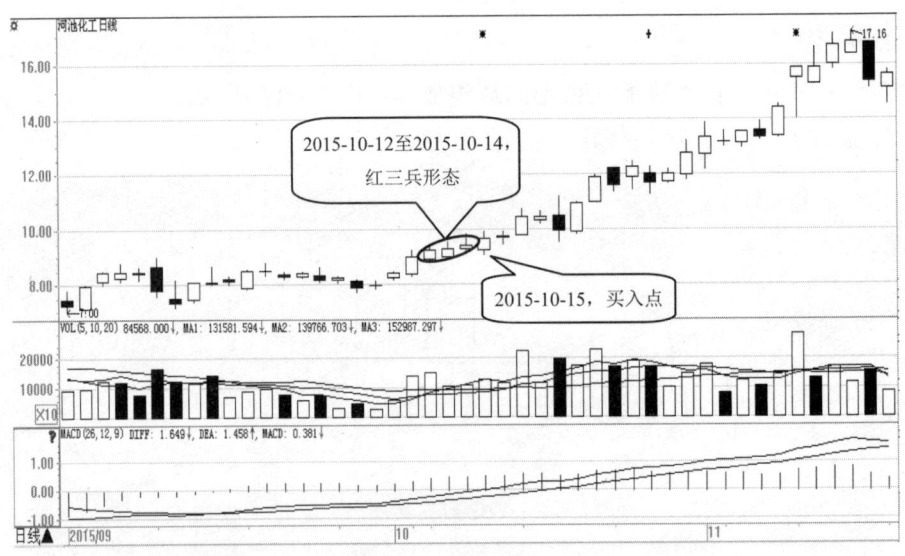

图 2—18　河池化工（现为 *ST 河化）日 K 线

应用规律

1. 如果在三根小阳线出现的同时成交量能同步放大，说明有新的资金持续进入，形态的看涨指示作用更强。

2. 在红三兵形态中，三根小阳线的上涨幅度越大，看涨信号就越强烈。如果是跳空上涨，则该形态对上涨的指示作用会大大增强。

3. 在红三兵形态中，三根小阳线的上影线越短，看涨信号就越强烈。

第十节　三个白武士的买入点

> 三个白武士形态与红三兵形态类似，都是由三根阳线组成。但该形态中的阳线为"武士"，"武士"比"兵"的战斗力更强。所以，"三个白武士"代表比"红三兵"更强的反转信号。

● 形态解析

三个白武士形态一般出现在上涨行情之后或者横盘整理行情中，由三根阳线组成，如图2—19所示。

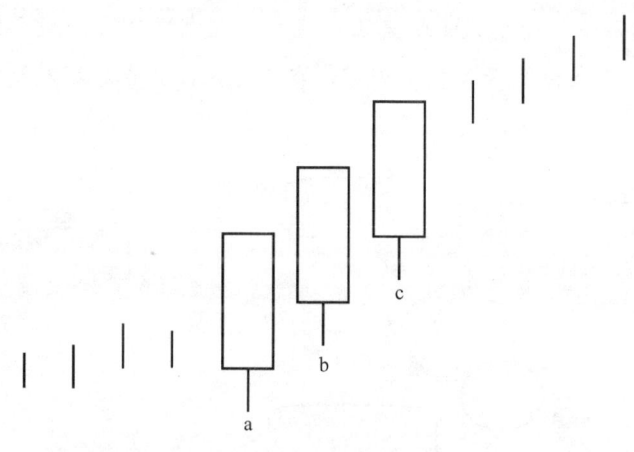

图2—19　三个白武士形态

在三个白武士形态中，连续出现三根小阳线或中阳线a、b、c。其中阳线b和阳线c的开盘价都要低于前一根阳线的收盘价，但收盘价都要高于前一根阳线的收盘价。同时，三根阳线a、b、c的收盘价均等于或接近最高价，没有上影线，或者只有很短的上影线。

● 操作要点

1. 股价连续低开高走，并以全天最高价收盘，表示虽然空方仍在抵抗，但多方更加强势。因此,三个白武士形态是看涨信号,投资者可以在阳线 c 完成后买入股票。

2. 在股价缓慢上涨的过程中出现三个白武士形态,表示空方力量逐渐消耗殆尽,是加速上涨的信号。此时投资者可以适当追涨买入。

3. 三个白武士形态的止损位在阳线 a、b、c 的最低点上。如果股价跌破这个价位,表示行情转弱,空方重新夺回主动,投资者应该果断卖出股票。

● 实盘分析

如图 2—20 所示,2015 年 3 月 2 日至 2015 年 3 月 4 日,金晶科技(600586)日 K 线图上出现三个白武士形态。

2015 年 2 月,金晶科技一直以小阴小阳线的形式缓缓上涨。3 月 2 日,该股高开高走,形成一根中阳线,随后两个交易日,该股连续出现两根中阳线,且成交量逐步放大。

3 月 4 日收盘后,三个白武士形态已经完成。这表示空方力量已经极度衰弱,多方逐渐占据主动,是看涨信号。投资者可以在 3 月 5 日开盘后买入股票。

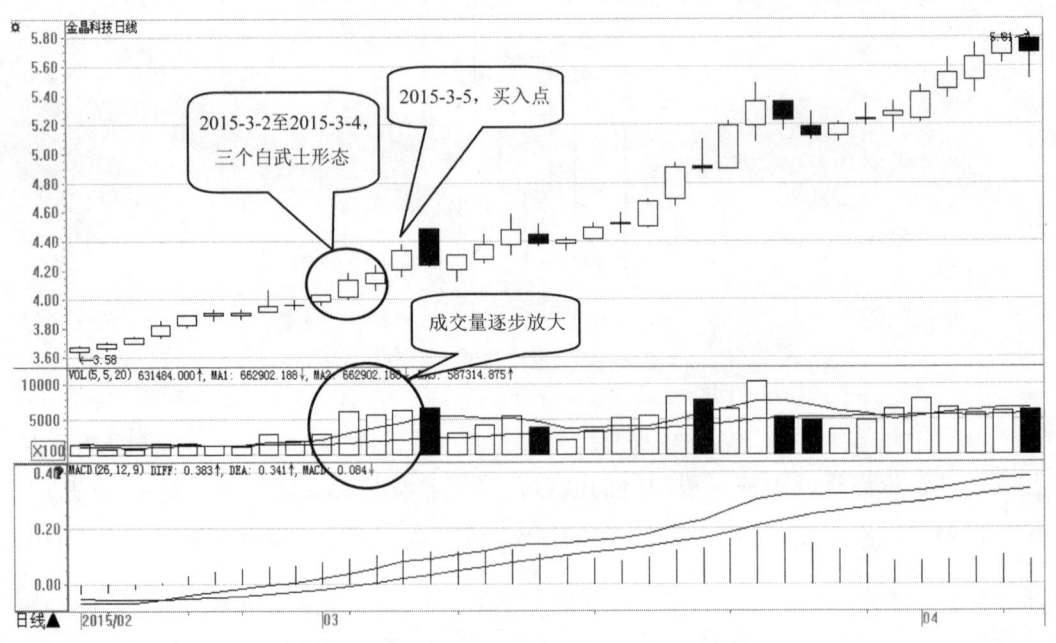

图 2—20 金晶科技日 K 线

◐ 应用规律

　　1. 如果在出现三个白武士形态的同时成交量放大，则该形态的看涨信号强度越高。

　　2. 如果三根阳线的实体长度依次变大，表示多方力量逐渐变强，看涨信号强度将大大升高。

　　3. 如果三根阳线有较长的上影线，表示空方反攻力量还很强，这样的K线组合并不能构成三个白武士形态。

第十一节 三阳开泰的买入点

三阳开泰形态即三根并排的阳线,是行情由弱转强的信号。

⊙ **形态解析**

三阳开泰形态往往出现在股价经过下跌逐渐走稳之后,由三根中阳线或者大阳线组成,如图2—21所示。

在三阳开泰形态中,三根阳线a、b、c均为中阳线或者大阳线,而且每根阳线的收盘价均高于前一根K线的收盘价。

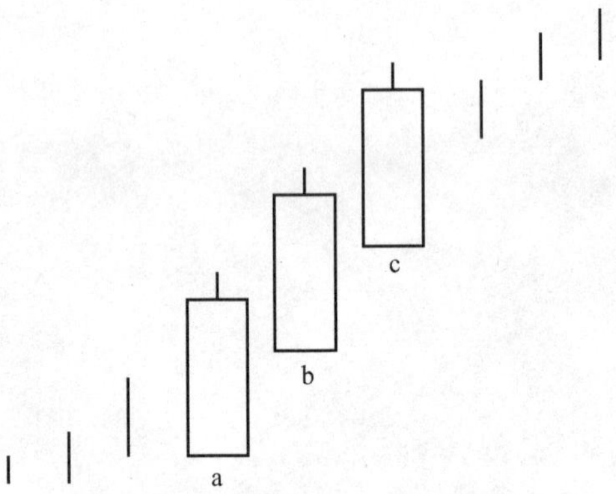

图2—21 三阳开泰形态

⊙ **操作要点**

1. 三阳开泰形态出现在股价走稳之后,表示多方能量在短时间内快速爆发、稳中有升并连拉三根中阳线或者大阳线,出现加速上涨趋势,显示多方力量的强大。该形态预示着股价将继续加速上涨。

2. 在阳线c收盘后,三阳开泰形态完成,这时投资者可以大胆买入。

3. 三阳开泰形态的止损位在阳线a的底端。一旦股价跌破这个位置,说明空方重新占据主动,股价很可能掉头下跌或者继续调整,这时投资者应该卖出股票,冷静观望。

⊙ **实盘分析**

如图2—22所示,2015年3月18日至2015年3月20日,信雅达(600571)日K线图上出现三阳开泰形态。

从2015年3月上旬开始,信雅达逐渐止住跌势,在底部盘整。从3月13日开始,该股持续上涨。3月18日至3月20日,信雅达连续出现三根低开高走的大阳线,且成交量逐步放大。

3月20日收盘后，三阳开泰形态已经完成。这表示空方力量较弱，多方逐渐占据主动，是看涨信号。投资者可以在3月23日（中间有周末）开盘后买入股票。

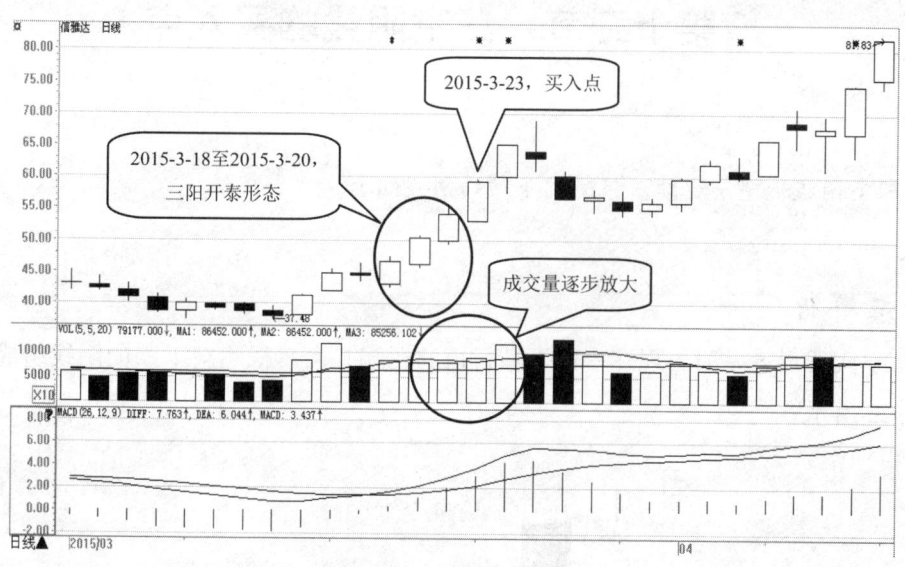

图2—22　信雅达日K线

➲ 应用规律

1. 在三阳开泰形态中，如果三根阳线的实体长度依次增加，说明多方强势，看涨信号强烈。相反，如果三根阳线的实体长度依次变短，表示上涨受阻，多方力量逐渐衰竭，是行情走弱的信号。

2. 在三阳开泰形态中，三根K线的上影线长度越短，特别是阳线c的上影线长度越短，看涨信号就越强烈。如果三根阳线均为光头阳线，则称为强势型三阳开泰形态。

3. 红三兵形态、三个白武士形态和三阳开泰形态十分相似，都是在低位时连续出现三根阳线，预示着后市股价可能见底回升。但这三者的实战意义有所不同。在实战中，红三兵形态出现的频率最高，但看涨信号强度最弱；三个白武士形态次之；三阳开泰形态出现的频率较低，但看涨信号强度是这三个形态中最强的。

第十二节 三空阴线的买入点

> 三空阴线形态是连续三根跳空下跌的阴线组合。

◆ 形态解析

三空阴线形态一般出现在一段下跌行情的尾端，由三根跳空下跌的阴线组成，如图2—23所示。

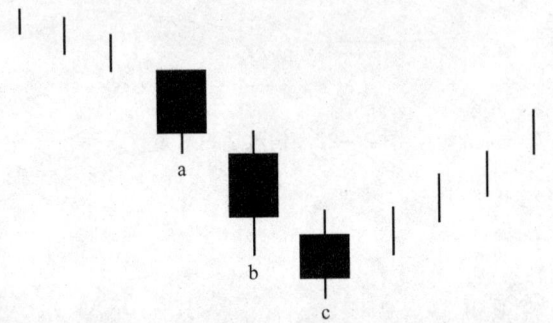

图2—23 三空阴线形态

股价经过一段时间的下跌后，出现连续三根跳空低开下跌的阴线。这三根K线可能有上、下影线，虽然跳空下跌开盘，但不一定产生缺口。

◆ 操作要点

1. 三空阴线形态一旦出现，往往表示空方正在进行最后一搏，多方反攻在即，股价上涨的可能性较大。因此，这个形态属于看涨信号。

2. 在阴线c完成后，如果股价不再跳空低开，激进型投资者就可以试探性地买入股票。

3. 如果三空阴线形态出现后股价能够很快弥补阴线c跳空开盘的跌幅，则形态的看涨信号将大大加强，这时保守型投资者也可以大胆地买入股票。

4. 如果在形态形成后股价继续下跌，则该形态失败。这时买入股票的投资者应该尽快卖出股票。

⊃ 实盘分析

如图2—24所示，2015年8月20日至2015年8月24日，贵州茅台（600519）日K线图上出现三空阴线形态。

从2015年8月中旬开始，该股逐渐下跌。8月20日至8月24日，股价连续三天低开低走，形成三空阴线形态。从表面上看，这种连续跳空下跌十分可怕，但实际上，这很可能是空方的最后一搏。

8月25日，该股再次低开，但随后开始上涨，涨幅超过4%，形成K线曙光初现形态。此时三空阴线形态和曙光初现形态更加确认了股价底部，投资者可以买入股票。

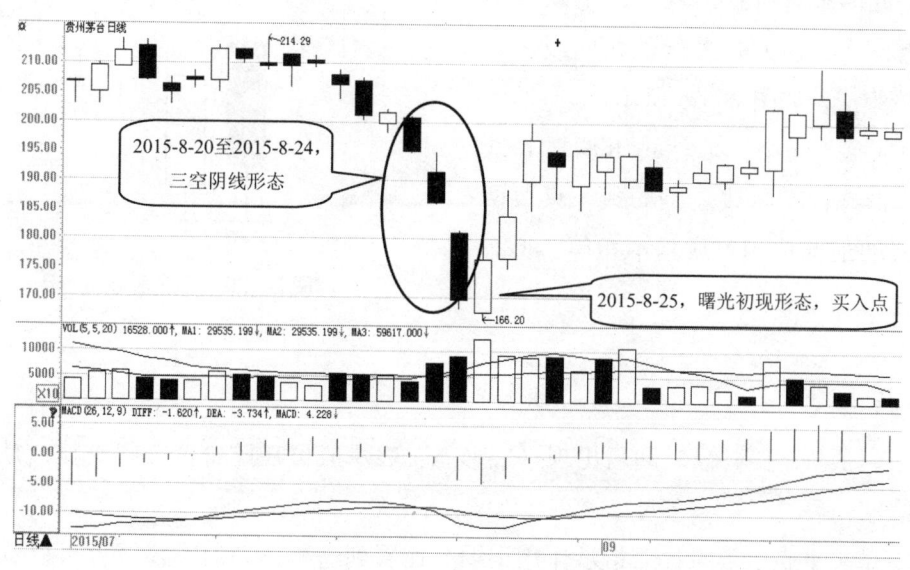

图2—24 贵州茅台日K线

⊃ 应用规律

1. 在股价跳空下跌过程中，成交量越小，则该形态的看涨信号越强烈。

2. 三根阴线的下影线越长，特别是阴线c的下影线越长，则该形态的看涨信号越强烈。

3. 如果三根阴线的实体长度依次减小，则该形态的看涨信号的可信度会大大增加。

第十三节　平底的买入点

> 平底形态又称钳子底形态，是两根最低价持平的K线组合。

➡ 形态解析

平底形态只有在出现一段下跌行情后才有意义，由两根最低价相同或相近的K线组成，如图2—25所示。

在平底形态中，无论a、b两根K线是什么形态，是阴线还是阳线，只要两根K线的最低价相等或基本相等，形态即成立。

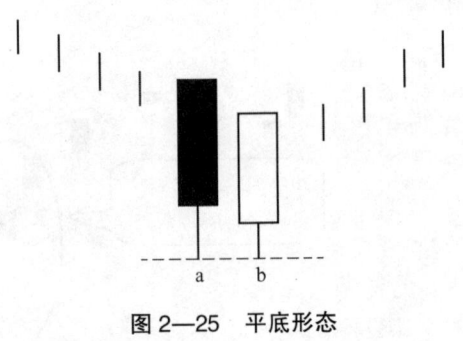

图2—25　平底形态

➡ 操作要点

1. 在股价下跌一段时间后出现平底形态，表示股价在此价位获得支撑，是股价见底信号。

2. 单纯平底信号的看涨指示作用很弱。在看到这种形态时，投资者可以重点观望，最好不要贸然买入。如果在出现平底信号的同时又出现其他看涨信号，则形态的强度将大大增加。

如图2—26所示，阴线a和阳线b构成平底形态的同时，阳线b高开高走，收盘价超过阴线a的开盘价，形成旭日东升形态。这样的K线组合看涨信号大大超过单纯的平底形态或旭日东升形态。投资者可以在形态完成后买入股票。

3. 平底形态的止损位在平底的最低价位上。如果股价跌破这个价位，说明多方难以对股价形成有效支撑，按照此形态买入股

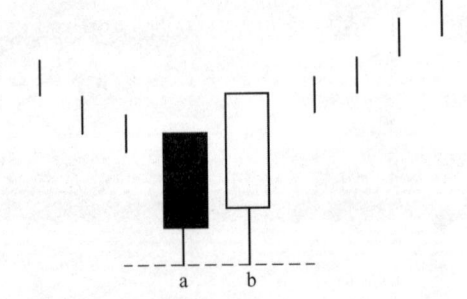

图2—26　平底形态与旭日东升形态组合

票的投资者需要卖出股票止损。

⊃ 实盘分析

如图2—27所示，2015年2月9日至2015年2月10日，深高速（600548）日K线图上出现平底形态K线组合。

2月9日，深高速经过一段时间下跌后再次低开低走，收出一根小阴线，最低价是7.62元。

2月10日，深高速再次低开，但很快开始上涨，最终收出一根阳线，这一天的最低价仍然是7.62元。

深高速连续两天的最低价均为7.62元，表示在这个价位上多方会支撑股价，是看涨信号。同时，2月10日的阳线低开高走，与2月9日的小阴线形成看涨吞没形态，这使得看涨信号的强度大大增加。投资者可以在2月11日开盘后买入股票。

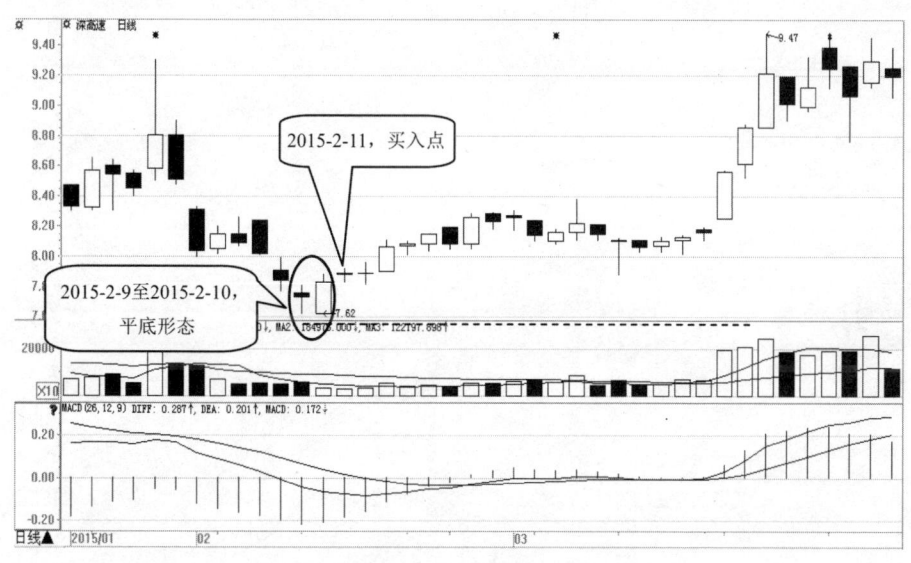

图2—27　深高速日K线

⊃ 应用规律

1. 投资者在看到平底形态时需要认真判断该形态的位置。只有股价下跌一段时间后出现平底形态才是可信的看涨信号，否则投资者应该继续观望。

2. 平底形态中的两根K线实体越长，则看涨信号越强烈。

3. 在出现平底形态的同时成交量放大,表示多方给予股价有力的支撑,看涨信号的可信度大大增加。

4. 在平底形态中,如果K线b为光脚阴线,表示下跌趋势可能还将继续。这时投资者需要冷静观望,不能尝试买入。

5. 如果平底形态成功,会形成股价的支撑位。在一段时间内,股价很可能在这个价位持续获得支撑。

第十四节 塔形底的买入点

> 塔形底因左右两根塔线而得名。塔线即一根大阴线和一根大阳线，两根塔线中间为小阴线或小阳线。

形态解析

塔形底形态出现在下跌行情中，由一根大阴线、一根大阳线和中间若干根小阴线、小阳线组成，如图 2—28 所示。

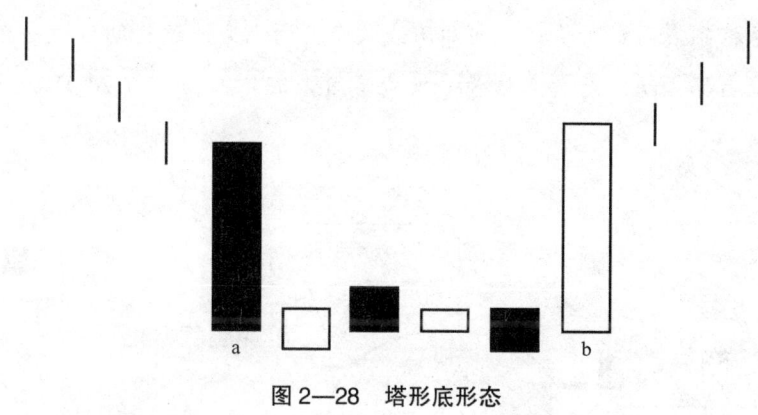

图 2—28　塔形底形态

在下跌一段时间后，首先出现一根大阴线 a。

在阴线 a 之后，连续出现多根小阴线或小阳线。这些小阴线或小阳线的位置大致相同。股价持续在大阴线 a 的收盘价附近横盘整理，说明多方正在消化前期跌势。

经过一段时间横盘整理后，出现一根大阳线 b。阳线 b 的收盘价超过或者接近阴线 a 的开盘价。这表示经过充分调整后多方奋起反攻，股价即将上涨。

操作要点

1. 塔形底形态出现在股价下跌一段时间后，表示股价见底回升，是看涨信号。投资者可以在阳线 b 出现后的一个交易日买入股票。

2. 塔形底形态的止损位在阳线 b 的最低点处。如果跌破这个价位，说明反弹行情被破坏，塔形底形态失败。这时股价可能会继续调整甚至下跌，投资者需要果断卖出股票。

➲ 实盘分析

如图 2—29 所示，2017 年 1 月 16 日至 2017 年 1 月 23 日，中孚实业（600595）日 K 线图上出现了塔形底形态。

1 月 16 日，中孚实业经过几天缓缓下降后加速下跌，当天跌幅超过 4%，收出一根带有长下影线的大阴线。

随后四个交易日，中孚实业股价连续小幅震荡，成交量也持续萎缩。这种形态说明多方正在消化空方力量。

1 月 23 日，中孚实业股价结束调整后放量上涨，全天股价上涨 4.36%，收出大阳线，而且这根阳线的收盘价成功回到阴线收盘价的上方。这说明经过一段时间调整后，多方重新占据主动，是看涨信号。投资者可以在次日（1 月 24 日）开盘后积极买入。

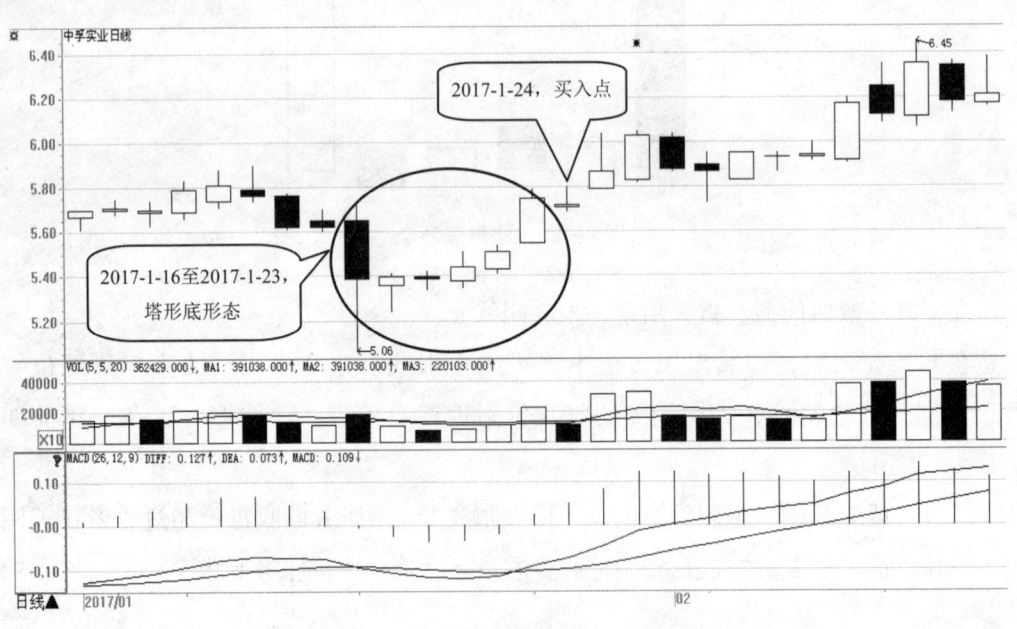

图 2—29 中孚实业日 K 线

◯ 应用规律

 1. 阳线 b 的上涨幅度越大，说明股价上涨的动能越充足，这时的上涨信号就越强烈。

 2. 在阳线 b 出现后的一个交易日，如果股价不能高开或者创出新高，说明买方力量减弱，这时投资者可以暂时观望。

 3. 在阴线 a 和阳线 b 之间的小阴线、小阳线越多，说明调整越彻底，之后股价上涨的动能就会越充足。但是在日 K 线图中，如果股价持续调整的时间超过 10 个交易日，则表示多方可能没有足够力量推动股价上涨，这时再出现向上突破的阳线 b 很可能是骗线。投资者需要谨慎操作，可以观察 1~2 个交易日后再决定是否买入。

第十五节 圆底的买入点

> 圆底又称碟形底或碗形底,是股价经过一段时间的下跌后出现的圆弧形底部。

➲ 形态解析

圆底形态一般出现在一段下跌行情的尾端,是由多根小阴线、小阳线组成的一个弧形,如图2—30所示。

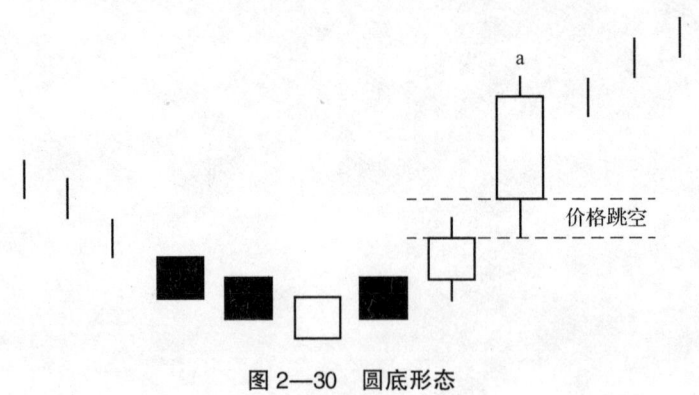

图2—30 圆底形态

圆底形态是由多根K线组成的圆弧形底部。在圆底形态形成过程中,股价首先是减速下跌。待跌势逐渐停止后,股价开始加速上涨。

通常在圆底形态中,下跌和上涨的幅度、时间均大致相同,构成左右对称的形态。最后,在上涨行情的尾端出现一根跳空上涨的阳线a。阳线a的开盘价要超过前一根K线的收盘价,形成价格跳空。

➲ 操作要点

1. 圆底形态是多空双方力量转换的过程。市场上由空方占据优势逐渐变成多方占据主动。阳线a的价格跳空完成,表示多方力量已经完全占据主动,圆底形态得到确认。此后,投资者可以积极买入股票。

2. 圆底形态得到确认后，紧接着可能会有一个股价回抽的过程。股价小幅回落，但不会跌破阳线 a 向上跳空的价位。这时形成第二个买入点，之前没有买入股票的投资者可以买入股票。部分圆底形态可能不会有这个回抽过程，股价直接上涨。

3. 圆底形态的止损位在阳线 a 跳空的位置。如果股价跌破这个价位，说明上涨动能不足，该圆底形态失败。这时按照此形态买入股票的投资者需要尽快卖出股票。

➔ 实盘分析

如图 2—31 所示，2017 年 1 月 16 日至 2017 年 1 月 24 日，光明地产（600708）日 K 线图上出现圆底形态。

2017 年 1 月，光明地产股价在一波加速下跌走势之后开始企稳。股价在低位持续震荡且缓缓向上，形成一个圆底形态。

1 月 25 日，光明地产高开高走，最终收出阳线，标志着圆底形态完成，后市看涨，投资者可以积极买入。

2 月 8 日，该股回调，但是股价下跌到前期价格跳空位置之前就止跌反弹。这次回抽再次确认了圆底的买入信号，形成第二个买入点，之前没有买入股票的投资者可以在 2 月 8 日开盘后买入。

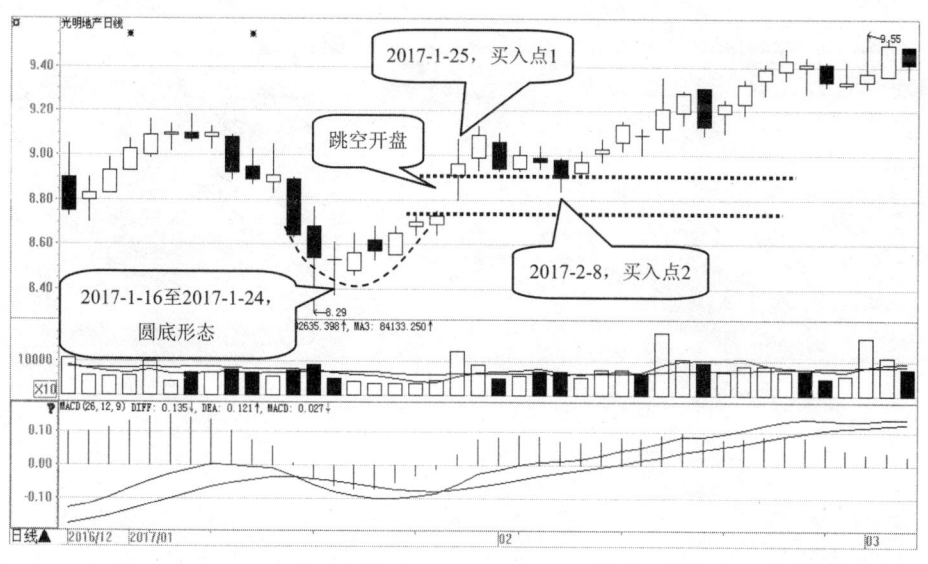

图 2—31　光明地产日 K 线

应用规律

1. 如果在股价下跌时成交量逐渐萎缩，在股价上涨时成交量逐渐放大，成交量形成与股价类似的圆底，则看涨信号的强度将大大增加。

2. 圆底形态K线组合与圆弧底形态不同。圆底是短线信号，一般形成周期不会超过20个交易日，而且形成过程中所有K线都贴在弧线的底部。而圆弧底是中长线信号，一般形成周期为几个月甚至几年的时间，在形成过程中股价会反复波动，多次波动最低价的连线组成一个圆弧形底部。

第十六节 高位并排阳线的买入点

高位并排阳线又称高位恋人肩并肩缺口，形似一对恋人在高位并肩眺望。

◆ 形态解析

高位并排阳线形态一般出现在股价横盘调整一段时间后，或者上涨过程中，由两根并排的阳线组成，如图2—32所示。

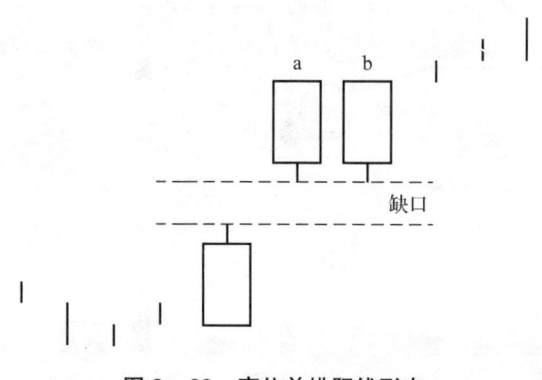

图2—32 高位并排阳线形态

在股价上涨过程中，首先出现一根阳线a。阳线a的最低价高于前一根K线的最高价，留下跳空缺口。

在阳线a之后，又出现一根阳线b。阳线b虽然低开，但其开盘价和收盘价均与阳线a的开盘价和收盘价大致相等，并且没能弥补阳线a留下的缺口。

◆ 操作要点

1. 高位并排阳线形态表示股价的上涨趋势仍将继续，是看涨信号。已经买入股票的投资者可以继续持有，还没买入股票的投资者也可以适当买入股票建仓。

2. 高位并排阳线形态的止损位在跳空缺口的最低价位置。如果形态出现后的几个交易日股价跌破这个价位，缺口被弥补，则表示形态失败。这时投资者应该尽快卖出股票。

实盘分析

如图2—33所示，2016年6月7日至2016年6月8日，东阿阿胶（000423）日K线图上出现高位并排阳线形态。

6月7日，东阿阿胶股价经过一段时间上涨后跳空高开，形成一根阳线，且最终在K线图上留下缺口。

6月8日，股价再次收出一根阳线，当天的开盘价和收盘价都与6月7日大致相等，并且没能弥补6月7日的跳空缺口，高位并排阳线形态完成。

这个形态表示股价的上涨趋势仍将继续，是看涨信号。已经买入股票的投资者可以继续持有，还没买入股票的投资者也可以在下一个交易日开盘后适当买入。

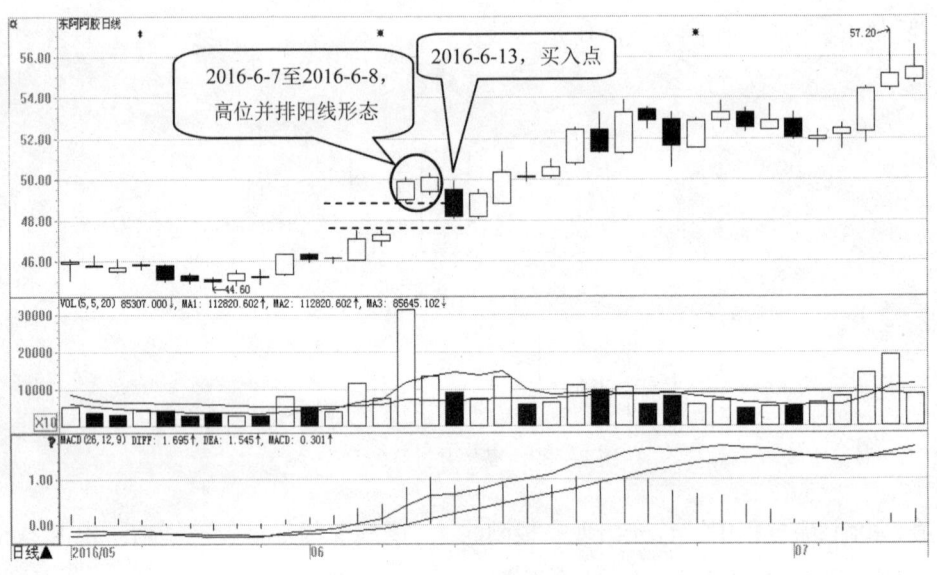

图2—33　东阿阿胶日K线

应用规律

1. 如果在出现阳线a的同时成交量放大，看涨信号的可信度将大大增加，这时跳空缺口对股价的支撑作用也会更强。

2. 阳线b相当于对形态的确认。这根K线的成交量越小，说明上方压力越小，之后股价上涨的可能性就更大。

3. 高位并排阳线形态中的缺口区域，往往会形成以后一段时间内股价运行的支撑位。股价下跌至该区域，能够得到较强的支撑。

第十七节　升势鹤鸦缺口的买入点

> 升势鹤鸦缺口形态又称跳空上扬形态，是指股价在上涨过程中首先出现一根跳空上涨的阳线"仙鹤"，之后紧接着出现一根阴线"乌鸦"。

形态解析

升势鹤鸦缺口形态出现在股价上涨行情中，由一阳一阴两根 K 线组成，如图 2—34 所示。

在股价上涨过程中，首先出现一根阳线 a。阳线 a 的最低价高于前一根 K 线的最高价，形成跳空缺口。紧跟阳线 a 之后，出现一根高开低收的阴线 b。阴线 b 并没有弥补阳线 a 留下的跳空缺口。

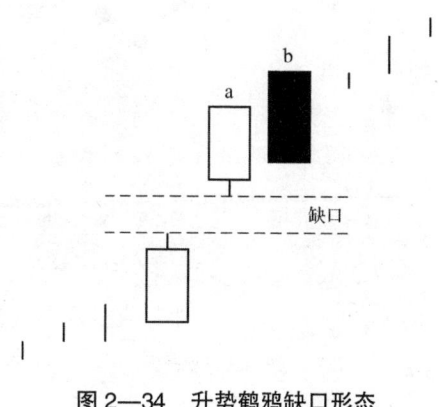

图 2—34　升势鹤鸦缺口形态

操作要点

1. 阴线 b 的下跌相当于对阳线 a 跳空缺口的确认。虽然两根 K 线形成类似乌云盖顶的形态，但这更可能是庄家在拉升股票前进行的洗盘。因此，升势鹤鸦缺口形态是看涨信号。

2. 在看到这个信号后，已经买入股票的投资者不必急于卖出股票，只要股价不弥补缺口就可以继续持股待涨。之前没有买入股票的投资者也可以适当买入。

3. 升势鹤鸦缺口形态的止损位在阳线 a 的跳空缺口附近。如果缺口被弥补，则说明对股价的支撑力量已经消失。按照此形态买入股票的投资者应该果断卖出。

实盘分析

如图 2—35 所示，2015 年 1 月 21 日至 2015 年 1 月 23 日，绿地控股（600606）

日K线图上出现升势鹤鸦缺口形态。

1月22日，该股高开高走，最终收阳，在K线图上留下一个跳空缺口。

1月23日，股价高开后持续走低，收盘时下跌0.25%，形成阴线。但这根阴线的最低价要高于1月22日阳线的最低价，跳空缺口没有被回补。

这两个交易日的K线形成升势鹤鸦缺口形态，此形态是股价上涨趋势还将继续的信号。之前没有买入股票的投资者可以在1月26日开盘后适当买入。

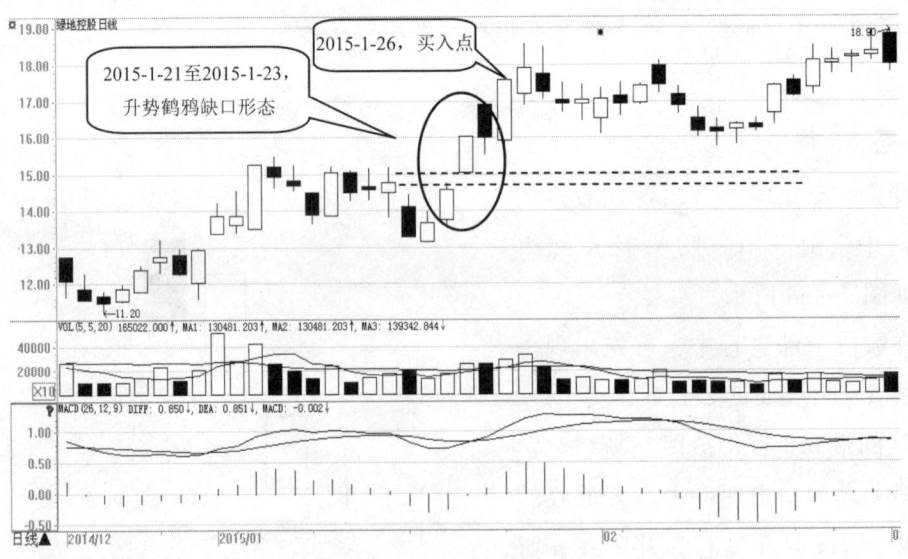

图2—35　绿地控股日K线

应用规律

1. 如果在出现阳线a的同时成交量放大，说明推动股价上涨的多方力量强势，看涨信号的强度将会大大增加，这时跳空缺口对股价的支撑作用也会更强。

2. 阴线b相当于庄家拉升股票前的洗盘。如果这根K线的成交量萎缩，说明跟风卖出股票的投资者很少。此时庄家已经没有必要再继续洗盘，之后股价的上涨空间将会更大。

3. 在升势鹤鸦缺口形态出现后股价可能会持续调整，但只要股价不向下弥补阳线a的跳空缺口，投资者就可以一直持有股票，等待上涨。

第十八节　低位并排阳线的买入点

低位并排阳线是指在股价低位跳空时出现的两根并排阳线。

▶ 形态解析

低位并排阳线形态通常出现在股价下跌趋势中，由两根并排的阳线组成，如图2—36所示。

在股价下跌趋势中，首先出现一根跳空低开的阳线a。阳线a的最高价低于前一根K线的最低价，在K线图上留下一个跳空缺口。这表示市场上空方占优，导致股价大幅低开，虽然开盘后股价上涨，但是难以弥补开盘的跌幅。

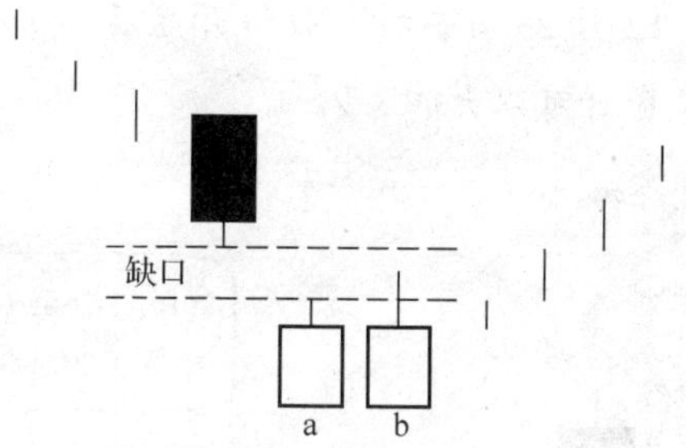

图2—36　低位并排阳线形态

在阳线a之后，股价虽然再次跳空低开，但到收盘时多方完全收复开盘的跌幅，出现一根阳线b。阳线b的开盘价和收盘价均与阳线a大致相等。

▶ 操作要点

1. 低位并排阳线形态表明虽然空方力量仍旧强大，但已经连续两天收出阳线。这表示多方已经开始反击，是股价获得支撑即将见底的信号。

2. 低位并排阳线形态是股价见底信号。此时已经买入股票的投资者不必急于卖出，未持有股票的投资者则可以重点关注。

3. 如果股价在几个交易日内能向上弥补阳线a的缺口，投资者则可以大胆买入。

4. 低位并排阳线形态的止损位应该设定在阳线a和阳线b的低点位置。如果股价跌破这个价位，表示多方无力继续支撑股价，反击失败。这时按照此形态买入股票的投资者需要将股票卖出止损。

实盘分析

如图2—37所示,2016年12月26日至2016年12月27日,神马股份(600810)日K线图上出现低位并排阳线K线组合。

2016年12月下旬,神马股份股价开始持续下跌。12月26日,股价跳空低开,但开盘后震荡回升。虽然最终股价大跌5.88%,但收出阳线。与此同时,这一个交易日的最高价低于前一个交易日的最低价,形成一个跳空缺口。

12月27日,神马股份再次低开,之后股价震荡上涨,到收盘时已经基本弥补了开盘的跌幅。至此,低位并排阳线形态形成。这表示神马股份股价在低位获得有力支撑,是股价见底信号。此时已经买入股票的投资者不必急于卖出,未持有股票的投资者则可以重点关注。

12月28日,神马股份开盘后不久直接封上涨停板,完全弥补前期跳空缺口,这时投资者可以大胆买入。

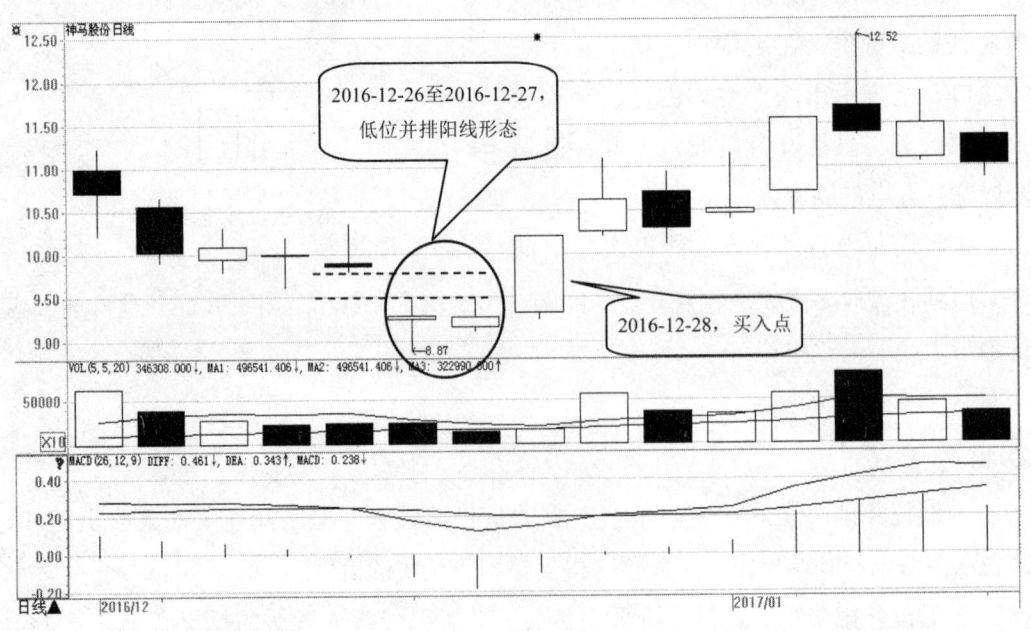

图2—37 神马股份日K线

应用规律

1. 如果在出现低位并排阳线形态的同时成交量逐渐放大,表示多方支撑有力,看涨信号的可信度将大大增加。

2. 投资者需要等到股价完全弥补阳线 a 的跳空缺口后再买入股票。如果股价迟迟不能向上突破，说明这个缺口很可能会演变成未来股价上涨的阻力位。

3. 如果阳线 b 的上影线已经弥补阳线 a 的跳空缺口，表示多方力量强劲，这时投资者可以尽快买入股票。

第十九节　跳空下跌三颗星的买入点

> 跳空下跌三颗星形态是由一个向下跳空缺口和三根星线组成的K线组合。

➡ 形态解析

跳空下跌三颗星形态出现在股价下跌过程中，由跳空下跌的三根星线组成，如图2—38所示。

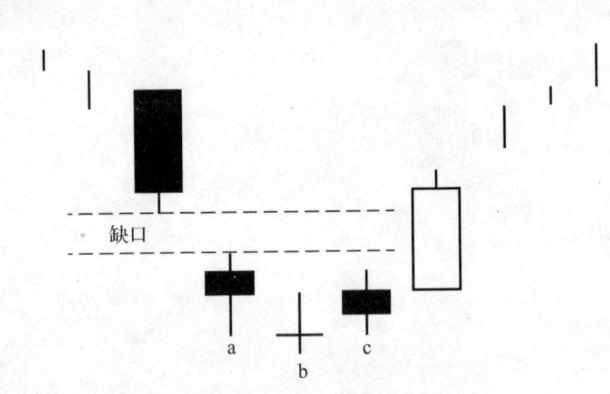

图2—38　跳空下跌三颗星形态

在股价下跌行情中，出现三根连续的小星线a、b、c。这三根小星线均为阴线或十字线，且基本处于同一个水平位置上。其中星线a与前一根K线形成一个明显的向下跳空缺口，之后的星线b和c均未能完全弥补这个缺口。

➡ 操作要点

1. 跳空下跌三颗星形态表示空方虽然占据主动，但股价已经获得多方支撑，是即将见底反弹的信号。

2. 看到跳空下跌三颗星形态后，已经买入股票的投资者不必急于卖出，未持有股票的投资者则可以重点关注。

3. 如果股价在几个交易日内能补回星线a的缺口，投资者则可以大胆买入。

4. 三根星线所处位置代表股价的支撑位。如果股价跌破这个支撑位，表示多方反击失败。这时按照此形态买入股票的投资者需要将股票卖出止损。

➲ 实盘分析

如图2—39所示，2016年9月9日至2016年9月14日，大秦铁路（601006）日K线图上出现跳空下跌三颗星形态。

9月12日，股价跳空下跌，最终收出小阳线，并且当日的最高价低于前一个交易日的最低价，形成向下跳空缺口。之后两个交易日，股价继续下跌，并收出小阴线。

大秦铁路连续三个交易日走出星线，并且与之前的K线形成向下跳空缺口，跳空下跌三颗星形态完成。这表示虽然空方仍占据主动，但股价已经获得多方支撑，是即将见底反弹的信号。这时已经买入股票的投资者虽然可能有一定亏损，但不必急于卖出，未持有股票的投资者则可以重点关注股价走向。

在出现跳空下跌三颗星形态后，该股逐渐走稳。9月29日，股价放量上涨，成功弥补之前的跳空缺口。这说明多方开始占据主动，反弹即将开始。这时投资者可以大胆买入股票，持股待涨。

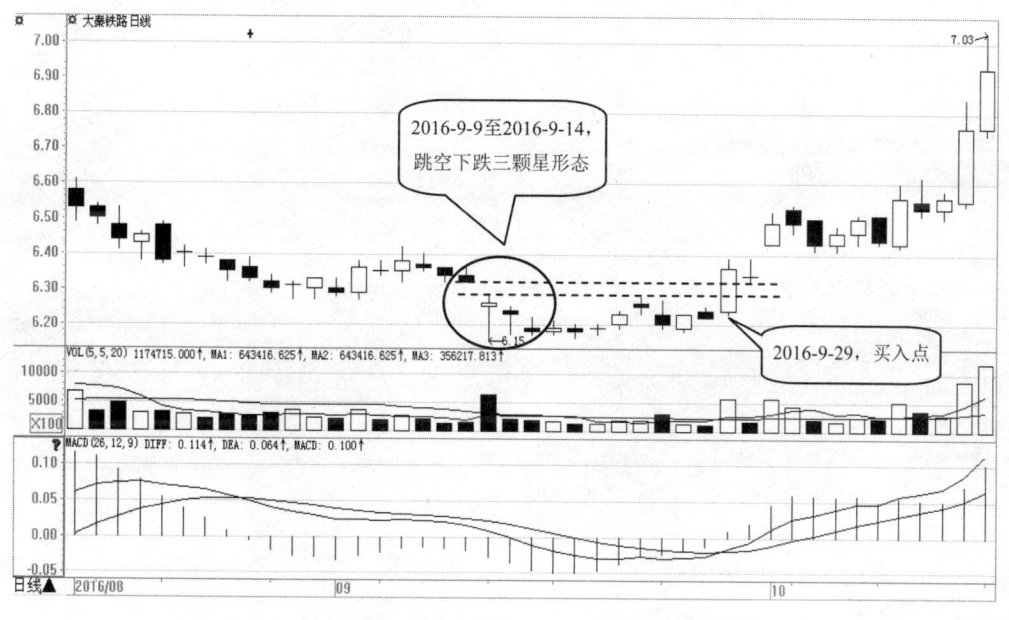

图2—39　大秦铁路日K线

应用规律

1. 如果三根星线 a、b、c 呈缩量下跌形态，说明空方力量逐渐衰竭，该形态的看涨信号更加强烈。

2. 如果在跳空下跌三颗星形态形成后马上出现一根放量的大阳线，能够弥补星线 a 的跳空缺口，则表示多方奋起反攻，该形态的看涨信号更加强烈。

第二十节 多方尖兵的买入点

> 多方尖兵形似多方尖兵部队深入空方腹地。如果尖兵刺入部分被多方完全收复，则形成多方进攻的信号。

● 形态解析

多方尖兵形态出现在上涨行情中，由一根带有长上影线的K线和一根中阳线或者大阳线组成，如图2—40所示。

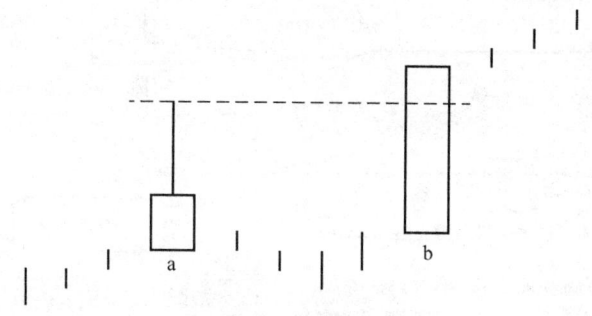

图2—40 多方尖兵形态

在股价上涨一段时间后，出现一根带有长上影线的K线a，同时股价创出新高。这根K线a的实体部分可以是阳线，也可以是阴线。其上影线部分就是形态中的"尖兵"，是多方在拉升股价前刺探股价上方抛盘压力的信号。

经过一段时间的调整后，出现一根中阳线或者大阳线b。阳线b的收盘价超过K线a的最高价。

● 操作要点

1. 多方尖兵形态表示多方在了解到上方抛盘压力后有足够信心，开始向上拉升股价，是买入信号。在该形态出现后，股价往往有较大的上涨空间。

2. 在阳线b出现后，投资者可以积极买入股票，等待拉升。

3. 多方尖兵形态的止损位应该设定在 K 线 a 的收盘价上。一旦股价跌破这个价位，表示多方向上拉升股价失败，投资者应该尽快卖出股票止损。

⇨ 实盘分析

如图 2—41 所示，2015 年 1 月 27 日至 2015 年 2 月 16 日，安徽水利（600502）日 K 线图上出现多方尖兵形态。

1 月 27 日，安徽水利上涨受阻，开始调整。之后，该股以小阴小阳线的形式持续震荡。

2 月 17 日，该股高开高走，最终收出大阳线，并放出天量。这根阳线的收盘价超过 1 月 27 日 K 线的最高价，这是多方在探清抛盘压力后向上拉升股价的信号。此后股价有望出现较大幅度的上涨，投资者可以积极买入。

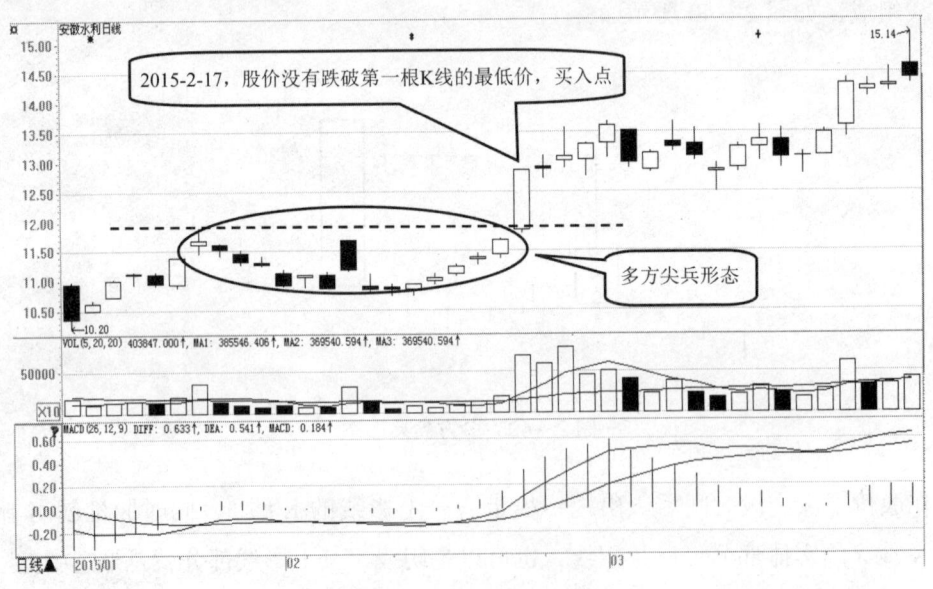

图 2—41 安徽水利日 K 线

⇨ 应用规律

1. 投资者只有等到阳线 b 出现后才能大胆买入股票。如果没有出现阳线 b，带有上影线的 K 线 a 则可能会演变成流星线，为股价见顶下跌的信号。

2. 如果在出现阳线 b 的同时成交量放大，则表示股价向上突破有效，看涨信号的可信度大大增加。

3. 带有长上影线的 K 线可以是阳线，也可以是阴线。但如果这根线是阴线，表示上方抛盘压力较大，看涨信号不如阳线强烈。

4. 在多方尖兵形态中，有时可能出现多根带有长上影线的 K 线，这表示多方不止一次地试探股价上方压力。试探次数越多，该形态的看涨信号就越强烈。

第二十一节 低档五连阳的买入点

低档五连阳是指在股价低位出现的连续多根阳线。

➲ 形态解析

低档五连阳形态出现在一段下跌行情之后，由连续的多根阳线组成，如图 2—42 所示。

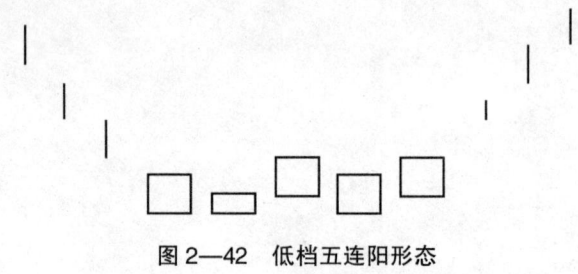

图 2—42 低档五连阳形态

在股价连续下跌后的底部区域，出现连续的多根阳线。这些阳线可以是小阳线，也可以是中阳线。阳线的数量最少是五根，也可以是六根或者七根。

虽然连续多天收出阳线，但股价的整体涨幅不大，这些阳线几乎横向排列。

➲ 操作要点

1. 低档五连阳形态表示多方力量正在底部聚集，即将推动股价上涨，是看涨信号。此时上涨趋势已经基本形成，投资者可以适当逢低买入。

2. 低档五连阳形态呈横向整理形态。如果未来股价能突破这几根阳线的最高点，则表示多方力量开始拉升股价。这时投资者可以大胆买入。

3. 如果股价跌破这几根阳线的最低点，同时收出阴线，则表示多方上攻失败，投资者需要果断卖出股票止损。

➲ 实盘分析

如图 2—43 所示，2017 年 1 月 16 日至 2017 年 1 月 20 日，在下跌趋势中经过一段时间回调的东阿阿胶（000423）走势出现低档五连阳形态。

　　2017年1月中旬，东阿阿胶股价经过一波下跌后逐渐止跌回升。1月16日至1月20日，东阿阿胶连续五个交易日收出小阳线或中阳线。这五根阳线整体涨幅并不大，缓缓上涨，形成低档五连阳形态。这个形态表示空方力量已经消耗殆尽，多方正在积蓄力量，是看涨信号。投资者可以在下一个交易日（即1月23日）大胆买入股票。

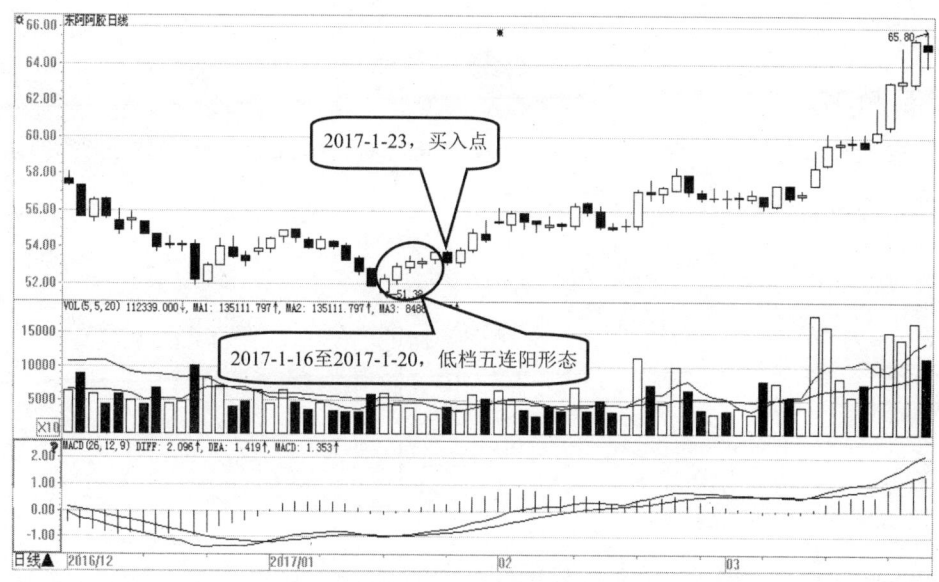

图2—43　东阿阿胶日K线

➲ 应用规律

　　1. 在低档五连阳形态中，低位并排的阳线数量越多，表示多方力量积蓄越充足，向上突破后股价的上涨空间就会越大。

　　2. 如果在连续五根小阳线后紧接着有一根中阳线或者大阳线放量突破，则该形态的看涨信号强度将大大增加。

第二十二节　徐缓上升形态的买入点

徐缓上升形态是指股价上涨过程中出现的几根实体部分逐渐变长的阳线组合。

◉ 形态解析

徐缓上升形态往往出现在股价调整一段时间之后，由几根实体部分逐渐变长的阳线组成，如图2—44所示。

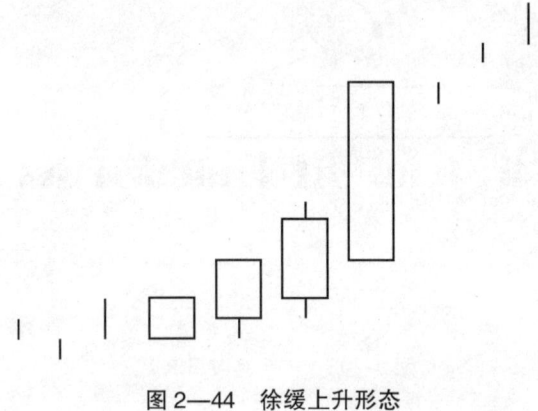

图2—44　徐缓上升形态

股价在底部区域经过一段时间调整后，开始出现上涨迹象。首先出现几根小阳线或者中阳线，之后阳线的实体部分逐渐变长，最后出现一根中阳线或者大阳线，完成向上突破。

◉ 操作要点

1. 徐缓上升形态表示多方力量正在逐步壮大，后市虽然可能有波折，但整体的上升趋势已经形成。待向上突破的大阳线完成后，投资者可以买入股票。

2. 徐缓上升形态的止损位在最终完成突破的大阳线底端。如果股价跌破这个价位，表示向上突破失败，形态被破坏。按照此形态买入股票的投资者需要及时卖出止损。

◆ 实盘分析

如图 2—45 所示，2015 年 2 月 27 日至 2015 年 3 月 5 日，古越龙山（600059）日 K 线图上出现徐缓上升形态。

从 2015 年 2 月中旬到 2 月底，该股一直以小阴小阳线的形式缓缓上涨。从 2 月 27 日开始，该股连续五个交易日都是阳线，而且阳线实体越来越长，尤其是 3 月 5 日，股价放量大涨，收出一根大阳线，形成徐缓上升形态。这种形态表示多方力量正在逐步壮大。3 月 6 日，股价继续上涨，行情继续看涨。此时投资者可以大胆买入。

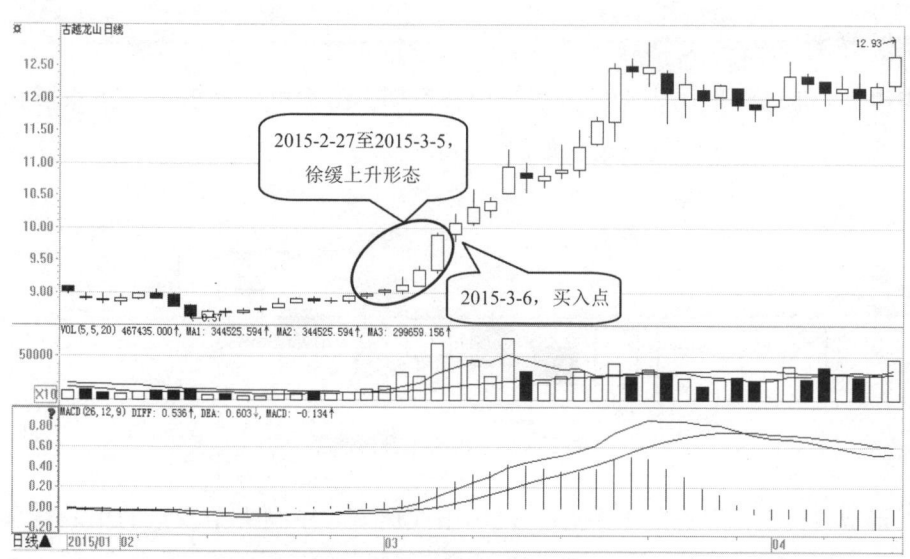

图 2—45　古越龙山日 K 线

◆ 应用规律

1. 最后完成向上突破时的阳线实体越长，表示多方力量越强劲，该形态的看涨信号也就越强烈。

2. 如果在阳线实体变大的同时成交量逐渐放大，则看涨信号的强度将大大增加。

3. 如果最后一根中阳线或者大阳线的上方有较长的上影线，说明多方在推动股价上涨时遇到较大阻力。这时投资者需要继续观望，不要盲目跟进。

第二十三节　冉冉上升形态的买入点

> 冉冉上升形态比喻股价如冉冉升起的旭日，虽然上涨速度不快，但前途光明。

⊙ 形态解析

冉冉上升形态一般出现在股价横盘调整后期，由多根（一般不少于八根）并列的小阳线、小阴线和十字线组成，如图2—46所示。

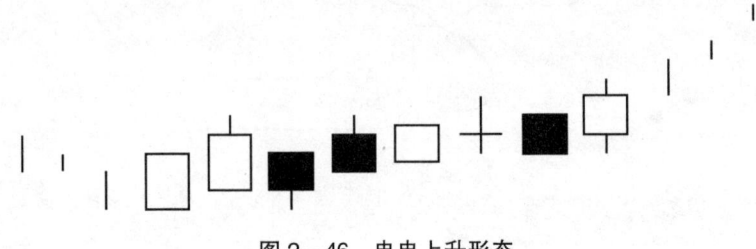

图2—46　冉冉上升形态

在形成冉冉上升形态的K线中，以小阳线居多，中间夹杂少量的小阴线和十字线，这些K线呈略微向上倾斜的形状。

⊙ 操作要点

1. 冉冉上升形态的涨幅虽然不大，但这往往表示多方正在积蓄力量。股价一旦向上突破，很可能有可观的上涨幅度。

2. 在出现冉冉上升形态后，激进型投资者可以试探性地买入股票，而保守型投资者可以等待股价向上突破，出现加速上涨的趋势时再买入。

3. 如果出现冉冉上升形态后，股价不涨反跌，出现连续三根下跌的K线，则表示形态失败。这时投资者需要尽快卖出股票止损。

⊙ 实盘分析

如图2—47所示，2017年1月24日至2017年2月10日，澄星股份（600078）日K线图上出现冉冉上升形态。

在九个交易日内，澄星股份的日 K 线均以小阳线为主，其中夹杂少量的小阴线和十字线。同时，这九根 K 线的总涨幅约为 3%，呈略微向上倾斜的形状，形成冉冉上升形态。这种形态表示多方正在积蓄力量，是股价即将形成上涨趋势的信号。

2 月 13 日，股价继续上涨，投资者可以及时买入。

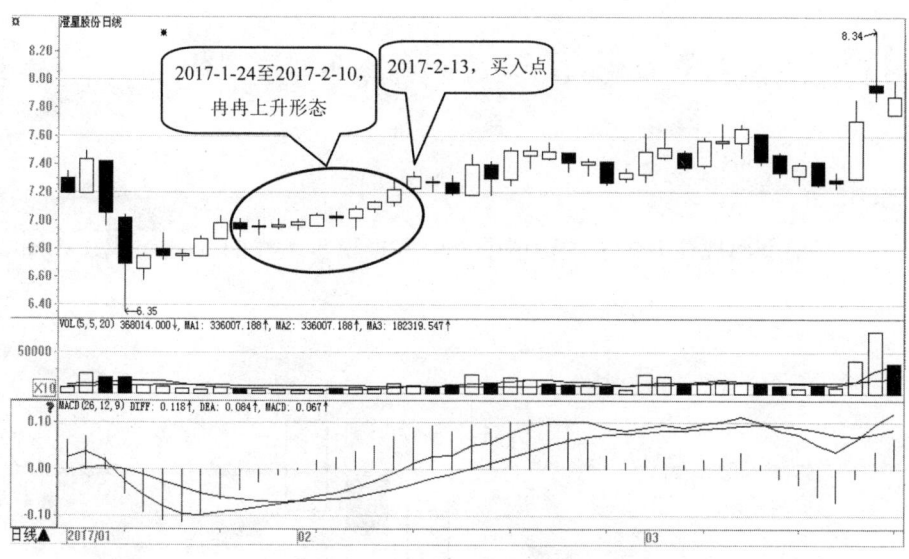

图 2—47　澄星股份日 K 线

➲ 应用规律

1. 如果在股价冉冉上升的同时成交量逐渐放大，则该形态所发出的看涨信号强度将大大加强。

2. 如果冉冉上升形态中的小阳线或者小阴线有较长的上影线，则表示股价上涨有一定阻力。这时，即使股价向上突破，投资者也不应该贸然买入。

第二十四节 稳步上涨形态的买入点

> 稳步上涨形态是一种股价平稳上涨的 K 线组合形态。

⇨ 形态解析

稳步上涨形态出现在股价上涨行情中,由多根稳步上涨的 K 线组成,如图 2—48 所示。

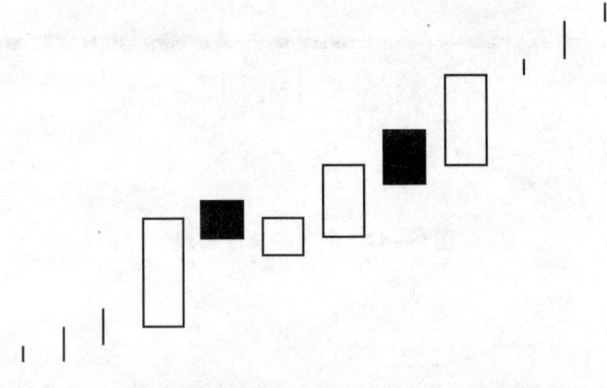

图 2—48 稳步上涨形态

在形成稳步上涨形态的 K 线中,以阳线居多,中间夹杂少量的阴线,这些 K 线呈明显向上倾斜的形状。

⇨ 操作要点

1. 稳步上涨形态表示多方强势、空方弱势,而且双方力量都比较稳定,股价在短期内将处于稳定的上涨区间。

2. 在稳步上涨形态中,投资者应该以持股和加仓操作为主,不应该轻易地卖出股票。

3. 在稳步上涨形态尾端(股价运行节奏出现大的变化),无论股价向上还是向下突破,未来的涨跌方向都难以判断。这时投资者需要谨慎操作,结合多种分析方法做出判断。

实盘分析

如图2—49所示,2015年9月18日至2015年10月20日,绿景控股(000502)日K线图上出现稳步上涨形态。

在18个交易日内,绿景控股K线图上共出现13根阳线和5根阴线。这些K线呈明显向上倾斜的形状。这种稳步上涨K线组合表示股价可以持续上涨。在此过程中,投资者可以坚持持股或者加仓买入。

10月21日,股价出现一根较大的阴线,稳步上涨形态结束。这时投资者需要结合其他K线组合、技术指标或者其他分析方法综合做出判断。例如按照MACD指标的操作原则,此时DIFF线仍在零轴上方,表明市场仍处于上涨趋势中,投资者可以继续持有股票。

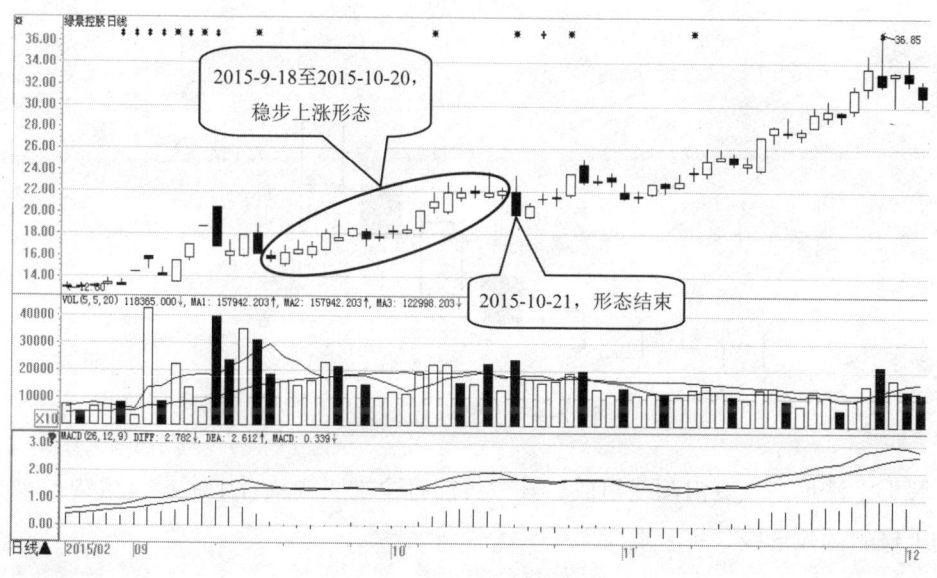

图2—49 绿景控股日K线

应用规律

1. 在稳步上涨形态形成过程中,后面的阳线对阴线跌幅弥补速度越快、覆盖越强,则该形态发出的看涨信号就越强烈。

2. 在稳步上涨形态形成过程中,理想的价量组合应该是价涨量增。也就是说,随着股价上涨,成交量也逐渐放大。如果出现股价上涨的同时成交量反而萎缩的现象,则稳步上涨形态难以持续太长时间。

第二十五节　弧形上涨形态的买入点

弧形上涨形态是一种股价上涨速度不断加快的 K 线组合形态。

● 形态解析

弧形上涨形态往往出现在上涨行情初期，由多根加速上涨的 K 线组成，如图 2—50 所示。

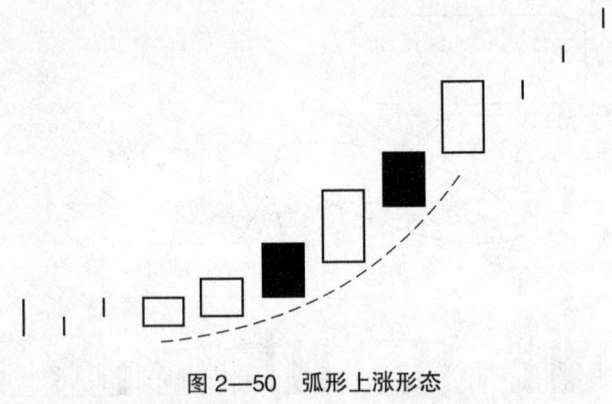

图 2—50　弧形上涨形态

弧形上涨形态主要由阳线组成，其中可能有个别阴线或者十字星，这些 K 线排列成向上倾斜的弧形线。

● 操作要点

1. 弧形上涨形态表示股价上涨速度不断加快，多方力量增强，是股价持续上涨的信号。

2. 弧形上涨形态一旦完成，股价的上涨周期会较长，涨幅也较大。投资者如果持有这种股票，不要轻易卖出，可以持股较长时间。

3. 按照弧形上涨形态买入股票后，投资者可以参照 SAR 指标（抛物转向指标）卖出。当 K 线向下跌破 SAR 指标的空心圆时，空心圆会上移到 K 线上方，同时由红色变成绿色。这表示股价上涨趋势被破坏，投资者需要尽快将股票卖出。

➲ 实盘分析

如图 2—51 所示，2015 年 3 月 3 日至 2015 年 3 月 20 日，冠城大通（600067）日 K 线图上出现弧形上涨形态。

冠城大通连续 14 个交易日的 K 线组成向上倾斜的弧形线，上涨速度不断变快，这表示多方力量不断增强，是股价持续上涨的信号。此时如果投资者持有冠城大通股票，应该坚持持有，等待股价继续上涨。而未持有该股票的投资者也可以在加速上涨形态确立后适当买入。

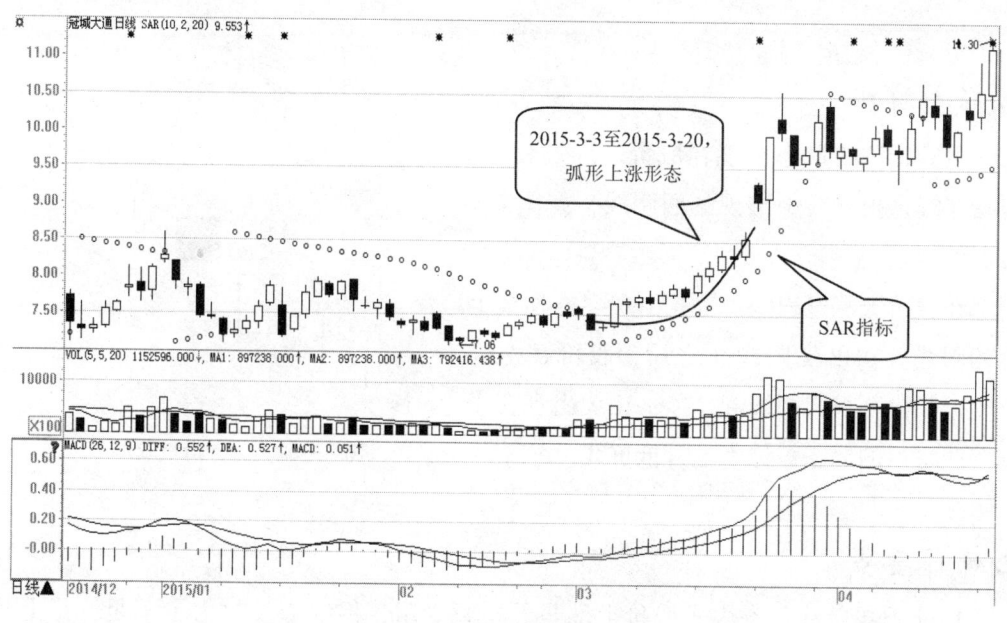

图 2—51　冠城大通日 K 线

➲ 应用规律

1. 在股价加速上涨过程中，如果成交量同步放大，则持续上涨信号的可信度较高。一旦成交量萎缩，则股价加速上涨的趋势可能会停止，这时投资者需要谨慎操作。

2. 在股价加速上涨过程中，KDJ、RSI 等指标可能会进入超卖区间，出现超买信号。对于这类信号，投资者可以不必理会，继续持股。

第二十六节 上升抵抗线的买入点

上升抵抗线是指股价上涨过程中出现的抵抗性假阴线。这种假阴线的抵抗力量很弱,难以改变股价的上涨趋势。

● 形态解析

上升抵抗线形态出现在股价上涨过程中,是指连续多根阳线中出现的假阴线,如图2—52所示。

在股价上涨过程中,首先出现多根连续上涨的阳线。在出现阳线a之后,股价跳空高开,但收出一根假阴线b。这种K线出现在多根阳线之后的形态被称为上升抵抗线。

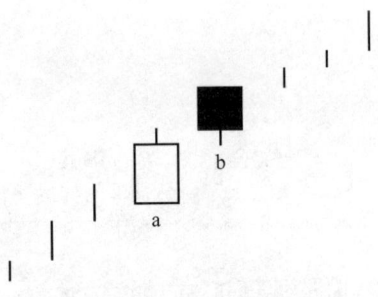

图2—52 上升抵抗线形态

● 操作要点

1. 上升抵抗线形态表示股价上涨虽然短暂受阻,但空方反攻力量不足,是上涨趋势还将持续的信号。此时已经持有股票的投资者可以继续持股待涨。

2. 如果出现假阴线b之后股价继续高开,则多方强势得到确认。此时未持有股票的投资者可以适当买入。

3. 如果出现假阴线b之后股价低开,则表示空方强势,这时投资者应该谨慎操作。以阳线a的收盘价作为止损位,一旦股价跌破这个价位,就表示上涨趋势被破坏。此时投资者要尽快卖出股票。

● 实盘分析

如图2—53所示,2015年5月15日,五矿发展(600058)日K线图上出现上升抵抗线形态。

5月15日,该股股价高开后震荡下跌,虽然最终收出阴线,但股价仍上涨了

0.31%，形成假阴线。这表示股价上涨虽然短暂受阻，但空方反攻力量不足，是股价继续上涨的信号。此时已经持有股票的投资者可以继续持股待涨。

5月18日，股价低开但未跌破5月14日K线的低点，此时投资者可以加仓买入股票。

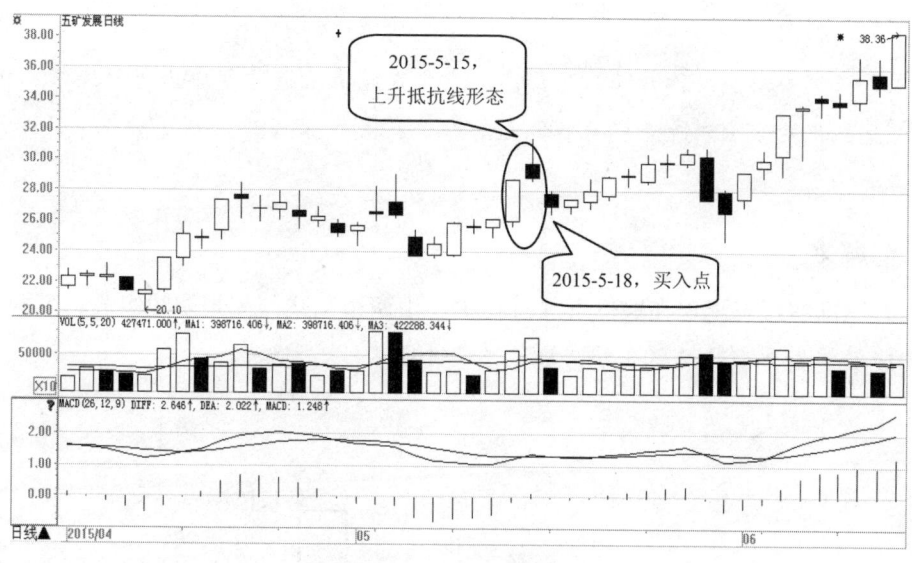

图2—53　五矿发展日K线

◯ 应用规律

1. 假阴线b需要出现在多根连续上涨的阳线之后，否则并不能构成上升抵抗线形态。

2. 假阴线b的涨幅越大、成交量越小，则该形态对上涨持续的指示作用越强。

3. 如果假阴线b带有较长的上影线或者下影线，并且成交量较之前大幅放大，表示多空双方搏杀激烈，之后由哪一方主导行情存在很大的不确定性。在这种情况下，投资者应该谨慎操作，必要时可以适当减仓卖出股票。

第二十七节　上升三部曲的买入点

上升三部曲形态又称升势三鸦形态，是指在股价上涨过程中出现的连续三根阴线，但这三根阴线难以改变股价长期上涨趋势。

⊃ 形态解析

上升三部曲形态出现在股价上涨过程中，由两根阳线与三根阴线组成。五根K线共同组成类似英文字母N的走势，如图2—54所示。

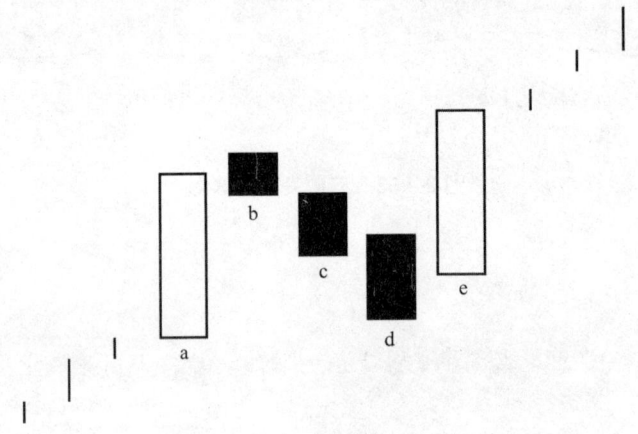

图2—54　上升三部曲形态

在股价上涨过程中，先是出现一根阳线a，表示股价上涨趋势仍在继续。

紧跟阳线a之后，连续出现三根下跌小阴线b、c、d，但是这三根K线均未能跌破阳线a的开盘价。

在阴线d之后，又出现一根阳线e。阳线e的收盘价高于b、c、d三根阴线中最高的开盘价，一举弥补三根阴线的跌幅。

⊃ 操作要点

1. 上升三部曲形态表示股价上涨虽然短暂受阻，但多方力量依然强劲，是行情继续上涨的信号。

2. 看到上升三部曲形态时，已经持有股票的投资者可以继续持股，未持有股票的投资者可以积极买入，等待股价上涨。

3. 上升三部曲形态的止损位为阳线 a 的开盘价。如果股价跌破这个价位，说明上涨趋势被破坏，股价可能会下跌。这时投资者应该尽快卖出股票。

➲ 实盘分析

如图 2—55 所示，在经过前期一波上涨走势后，2016 年 8 月 19 日至 2016 年 8 月 25 日，生益科技（600183）日 K 线图上出现上升三部曲形态。

8 月 19 日，股价放量上涨，形成一根大阳线。随后三个交易日，该股缩量阴跌，形成一根小阴线和两个十字星。8 月 25 日，股价再次放量上涨，突破 8 月 19 日大阳线的最高点，形成上升三部曲形态。它表明上涨动能依然占据优势，市场仍将延续之前的上涨行情。

8 月 26 日，股价没有跌破前一根 K 线的最低价，买点出现。

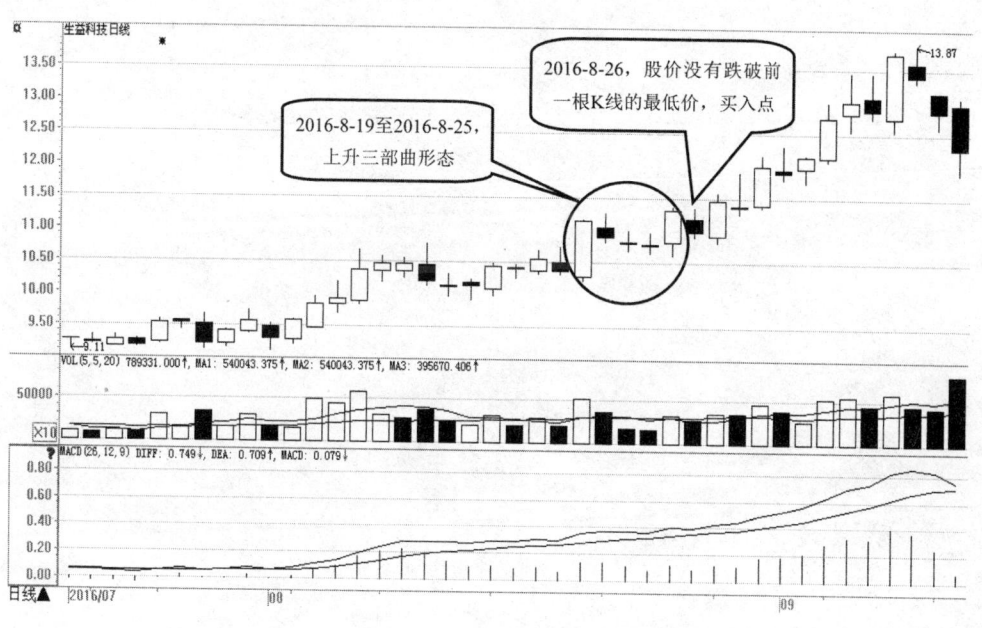

图 2—55　生益科技日 K 线

应用规律

1. 如果在出现阳线 a 和 e 时成交量放大，而出现阴线 b、c、d 时成交量逐渐萎缩，则该形态的看涨信号强度将大大增加。

2. 阳线 e 的收盘价超出 b、c、d 三根阴线最高价的部分越多，表示多方反攻力量越强劲，该形态的看涨信号就越强烈。

第三章

发出卖出信号的K线组合

第一节 黄昏之星的卖出点

> 黄昏之星比喻黄昏时分在天边出现的金星，含义为"太阳即将落山，黑夜马上来临"。在股市中是涨势结束、跌势开始的信号。

形态解析

黄昏之星形态一般由三根K线组成，如图3—1所示。

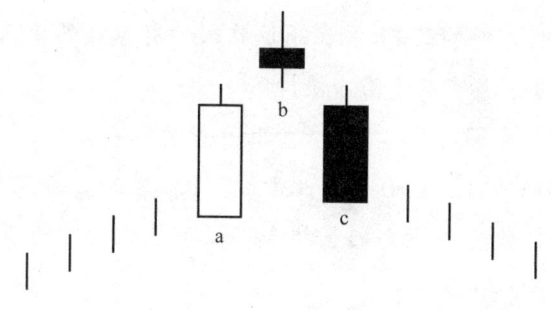

图3—1 黄昏之星形态

在股价上涨过程中，首先出现一根中阳线或者大阳线a，表示多方占据主动，正在推动股价上涨。

紧跟阳线a之后，出现一根向上跳空的小星线b。星线b可以是小阳线，也可以是小阴线，还可以是十字星，带有较长的上、下影线。这表示上方抛盘压力巨大，多空双方陷入僵持，股价有滞涨下跌的可能。星线b构成形态中的"黄昏之星"。

紧跟星线b之后，又出现一根跳空下跌的中阴线或者大阴线c。阴线c的实体深入阳线a的实体中。这表示经过僵持后空方胜出，股价即将下跌。

操作要点

1. 黄昏之星形态表示市场行情由多方占据优势变成多空僵持，再变成空方占据优势的过程，预示着股价即将下跌，是卖出信号。

2. 黄昏之星形态的卖出点出现在阴线 c 完成后。阴线 c 一旦完成，表示行情已经转变，投资者应该尽快将股票卖出。

3. 黄昏之星形态的出现，表示股价上涨到星线 b 的上影线价位时遇到巨大阻力。但如果股价能在几个交易日内向上突破这个阻力位，表示黄昏之星形态失败，股价可能会继续上涨。之前的阻力位被突破后会变成支撑位。

➲ 实盘分析

如图 3—2 所示，2015 年 12 月 30 日至 2016 年 1 月 4 日，久联发展（002037）日 K 线图上出现黄昏之星形态。

2015 年 12 月 30 日，久联发展股价大幅上涨，在 K 线图上收出一根大阳线。这说明多方力量强势，股票出现持续上涨行情。

12 月 31 日，股价上涨受阻，最终在高位收出带有影线的小阴线。这根阴线说明空方力量逐渐变得强势，多空双方陷入僵持。

2016 年 1 月 4 日（中间有元旦放假），上涨行情结束，股价平开后收出大阴线。这根大阴线覆盖了 2015 年 12 月 30 日的开盘价，表示空方已经完全占据主动。

这三个交易日的 K 线形成黄昏之星组合，预示着股价即将下跌。投资者应该在 2016 年 1 月 5 日开盘后尽快卖出股票。

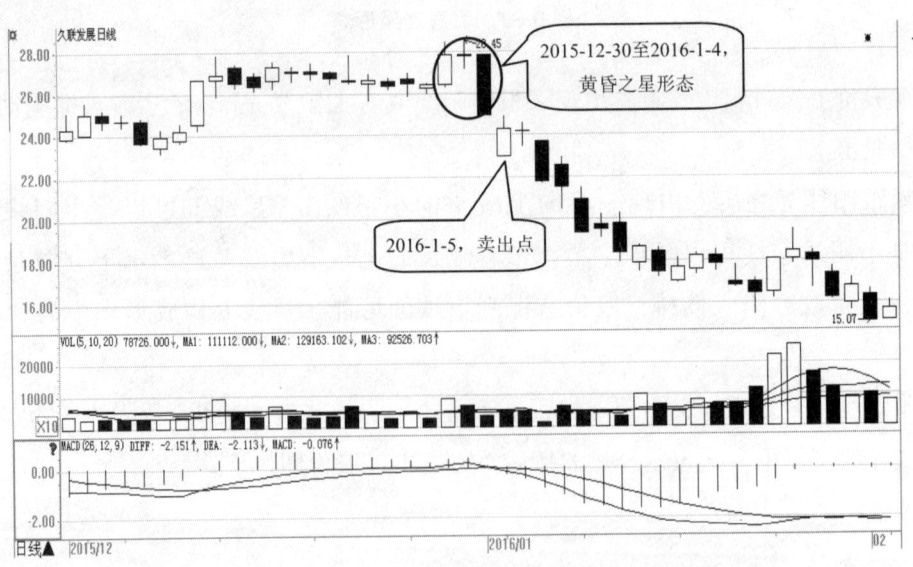

图 3—2　久联发展日 K 线

⊃ 应用规律

1. 在黄昏之星形态中，如果星线 b 是十字线，则看跌信号的强度要超过小阴线或小阳线。

2. 如果黄昏之星形态的星线 b 和 a、c 两根 K 线之间都有跳空缺口，则看跌信号的强度更高。

3. 阴线 c 的实体部分越长、进入阳线 a 的部分越深，该形态对看跌的指示作用就越强。如果能进入阳线 a 的实体部分 1/2 以上，看跌信号强度将大大提高。

4. 在实战中，黄昏之星形态可能会变形，阳线 a 和阴线 c 中间可能会夹杂多根星线，这种变形的黄昏之星形态同样是看跌信号。多根星线并不影响信号强度。

第二节 下跌强调的卖出点

> 下跌强调是一种重复强调下跌趋势的K线组合形态。

◯ 形态解析

下跌强调形态一般出现在股价下跌行情的尾端或者横盘整理行情中，由两根并排的阴线组成，如图3—3所示。

在股价上涨过程中，首先出现一根阴线a，表示股价上涨受阻，有下跌趋势。

紧跟阴线a之后，股价虽然跳空高开，几乎弥补了阴线a中实体部分的跌幅，但是在开盘后股价又持续下跌，最终收盘时已经完全丧失了开盘时的涨幅，形成阴线b。

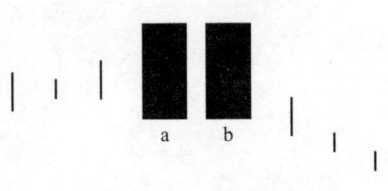

图3—3 下跌强调形态

阴线a和b的开盘价和收盘价均大致相等，形成了并排的阴线组合。

◯ 操作要点

1. 在下跌强调形态中，阴线b是对阴线a下跌趋势的再次强调。这表示虽然多方能对股价形成一定支撑，但空方力量更强，股价有很强的下跌动能。因此，该形态是股价即将下跌的信号。

2. 出现阴线b后，投资者需要尽快将手中的股票卖出，防止股价大幅下跌。

3. 在下跌强调形态出现后的几个交易日内，如果股价能向上突破阴线a和b的顶端，则表示空方力量衰竭，多方力量仍然顽强。这时下跌强调形态失败，投资者可以关注后市行情。

◯ 实盘分析

如图3—4所示，2017年4月11日至2017年4月12日，经纬纺机（000666）日K线图上出现下跌强调形态。

从 2017 年 3 月 23 日开始，经纬纺机经过一波短暂的上涨之后，在高位开始滞涨。4 月 11 日至 4 月 12 日，该股在震荡中形成两根阴线，阴线实体的开盘价和收盘价类似，形成下跌强调形态。它表明市场下跌动能较强，看到这个形态后，投资者需要在 4 月 13 日开盘后尽快卖出股票。

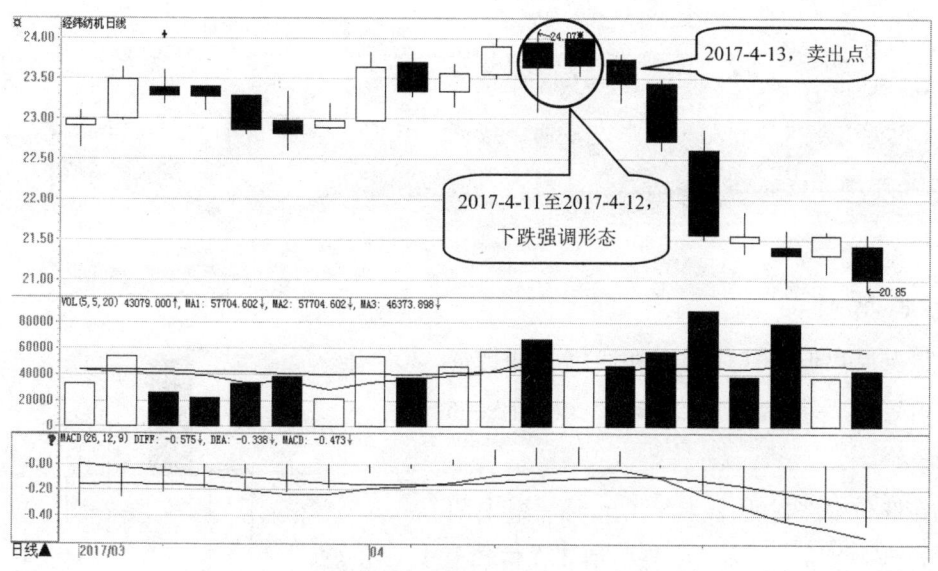

图 3—4　经纬纺机日 K 线

➲ 应用规律

> 1. 如果在出现下跌强调形态的同时成交量逐渐放大，则表示抛盘压力巨大，该形态发出的下跌信号更强。
>
> 2. 下跌强调形态的两根 K 线可以有下影线，但下影线长度不能超过实体长度。如果下影线长度超过了 K 线实体长度，则表示股价在下方能够获得支撑。在这种情况下，投资者可以暂时不必卖出股票，继续观望。
>
> 3. 如果下跌强调形态出现在周 K 线图中，则形态的看跌信号会更加准确。

第三节 淡友反攻的卖出点

> 淡友反攻是两根不同颜色、不同开盘价的K线,最终收盘价却处于同一价位,形似淡友约会。与好友反攻形态不同,淡友反攻形态是先出现阳线,后出现阴线,阴线在阳线上方。

◆ 形态解析

淡友反攻形态往往出现在股价上涨行情中,由一阳一阴两根K线组成,如图3—5所示。

在股价上涨过程中,首先出现一根中阳线或者大阳线a,这表示上涨行情还在持续。

紧跟阳线a之后,股价虽然跳空高开,但开盘后持续下跌,至收盘时完全丧失跳空高开的涨幅,收出一根中阴线或者大阴线b。这根阴线b的收盘价和阳线a的收盘价在相同或相近的位置上。

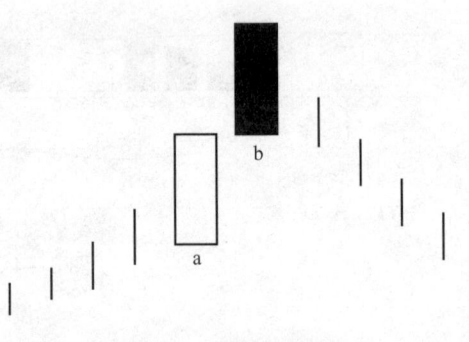

图3—5 淡友反攻形态

◆ 操作要点

1. 淡友反攻形态表示多方在大幅高开后遇到阻力回调,上方抛盘压力巨大,是股价见顶下跌的信号。

2. 阴线b的实体并没有深入到阳线a的实体中,这表示多方还有力量对股价形成一定支撑。因此,淡友反攻形态的看跌信号并不明显。阳线a和阴线b的收盘价位置可能是股价下跌的支撑位。

3. 淡友反攻形态完成后,如果股价高开并获得支撑,投资者可以先卖出部分股票,轻仓观望。如果股价继续下跌并跌破支撑位,投资者则需要将手中的股票全部卖出。

实盘分析

如图3—6所示，2016年10月上旬，股价经过连续上涨的永安药业（002365）出现淡友反攻K线组合形态。

9月30日，该股延续了之前的上涨走势，收出一根大阳线，表明盘中多方依旧占据优势，获利盘也逐渐增加。

10月10日，该股高开低走，收出一根大阴线，反映出盘中多空力量已经在获利盘的大量涌出下完成转换，股价有转势的可能。

随后一个交易日，该股低开低走，说明股价走势已经出现转变，卖点出现。

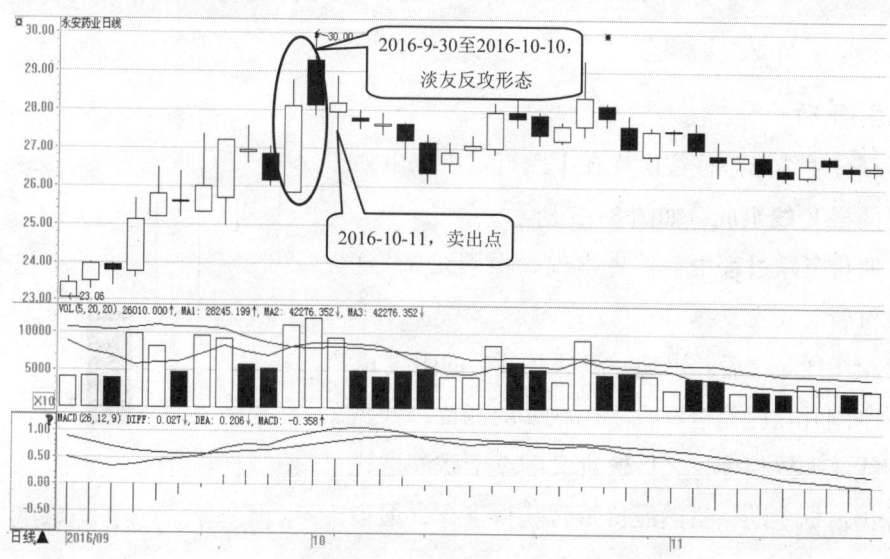

图3—6　永安药业日K线

应用规律

1. 淡友反攻形态中阴线b的实体部分越长，表示抛盘压力越大，该形态的看跌信号就越强烈。

2. 如果出现阴线b时伴随有成交量的放大，看跌信号的强度将大大提高。

3. 如果淡友反攻形态中阴线b的实体深入阳线a的实体中，会演变成乌云盖顶形态。乌云盖顶形态作为看跌信号的强度要高于淡友反攻形态。

第四节 下跌分手线的卖出点

> 下跌分手线是两根开盘价相同、涨跌方向却完全相反的K线，形似好友分手。与上涨分手线形态不同，下跌分手线形态是先出现阳线，后出现阴线，阴线在阳线下方。

◆ 形态解析

下跌分手线形态往往出现在下跌行情中，由一阳一阴两根K线组成，如图3—7所示。

在股价下跌过程中，首先出现一根阳线a，这表示股价暂时获得支撑。

紧跟阳线a之后，出现一根低开低走的阴线b。阴线b刚刚开盘就完全吞没了阳线a的涨幅，开盘价与阳线a大致相等，之后股价又继续下跌。这说明空方仍占据主动，虽然股价短暂获得支撑，但市场弱势未改。

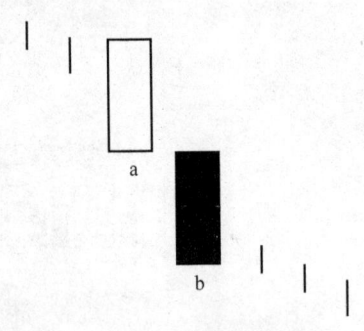

图3—7 下跌分手线形态

◆ 操作要点

1. 下跌分手线形态表示市场弱势未改，此前下跌趋势仍将继续。
2. 看到下跌分手线形态后，空仓的投资者应该继续观望，而持有股票的投资者也应该尽快将股票卖出止损。

◆ 实盘分析

如图3—8所示，2015年8月10日至2015年8月11日，股价处于阶段性高位的三聚环保（300072）在前期见顶下跌后，经过短暂反弹，出现下跌分手线形态。

8月10日，股价在高位滞涨，形成一根小阳线。8月11日，开盘价与前一个交易日基本相同，但股价持续下跌，最终形成一根阴线，形成明显的下跌分手线形态。

它预示着盘中空方力量开始占据优势,股价即将下跌。

随后一个交易日,该股低开低走,验证了下跌分手线形态发出的看跌信号,卖点出现。

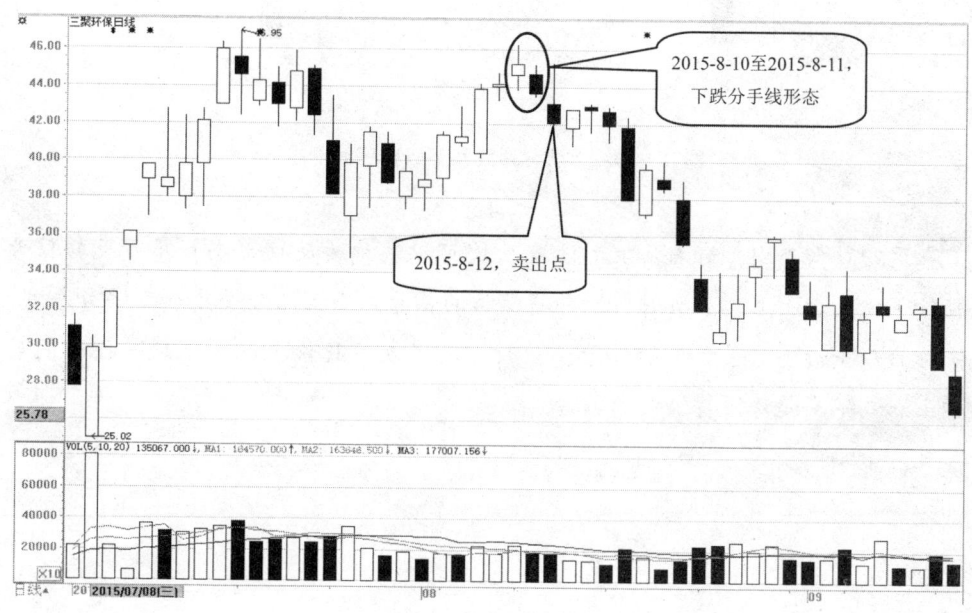

图3—8 三聚环保日K线

➡ 应用规律

1. 下跌分手线形态是下跌中继形态。在该形态出现前需要有一段明显的下跌行情,无论这段下跌行情是长还是短,在此之后出现该形态才是有效的看跌信号。

2. 阳线a和阴线b的实体部分越长,则该形态的看跌信号越强烈。

3. 好友反攻、淡友反攻、上涨分手线和下跌分手线四种形态都是由头尾相接(或者尾头相接)的一阳一阴两根K线组成,如图3—9和图3—10所示。

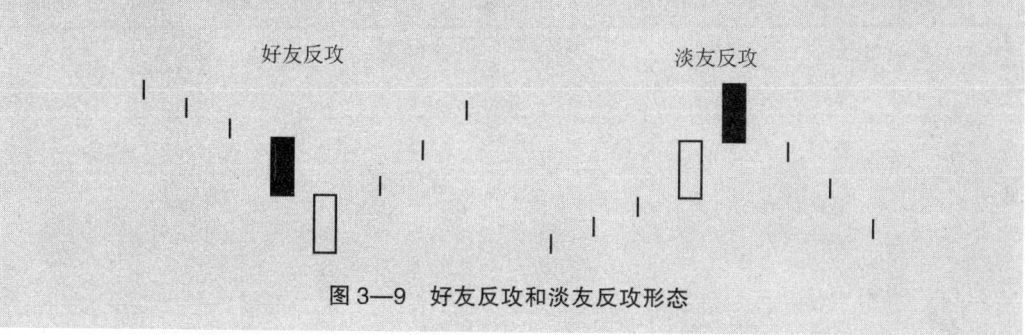

图3—9 好友反攻和淡友反攻形态

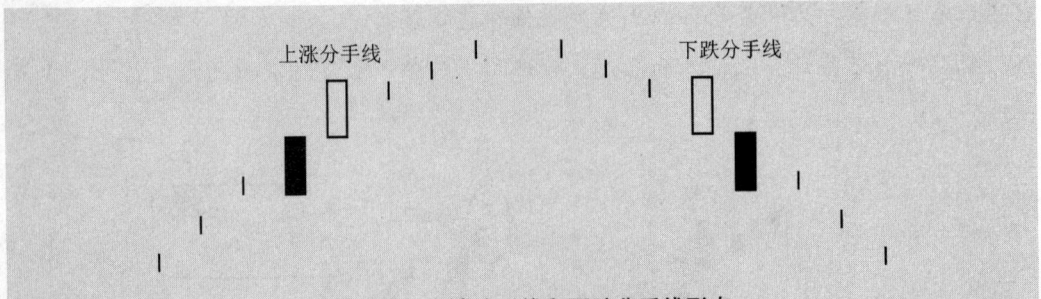

图3—10 上涨分手线和下跌分手线形态

在这四种形态中,好友反攻和淡友反攻可以统称为反攻形态,属于反转信号,是股价下跌或者上涨到尽头时行情即将反转的信号。而上涨分手线和下跌分手线可以统称为分手形态,属于中继信号,多数情况下表示股价上涨或下跌一段时间后,这种上涨或下跌趋势还将继续的信号。

第五节 乌云盖顶的卖出点

> 乌云盖顶形态是与曙光初现形态相对应的 K 线组合,表示乌云(阴线)压在股价顶端,是下跌行情的先兆。

➲ 形态解析

乌云盖顶形态往往出现在上涨行情中,由一阳一阴两根 K 线组成,如图 3—11 所示。

在股价持续上涨过程中,首先出现一根中阳线或者大阳线 a,这表示上涨行情仍在继续。

紧跟阳线 a 之后,股价高开低走,最终出现一根中阴线或者大阴线 b。阴线 b 的实体深入阳线 a 的实体超过 1/2。

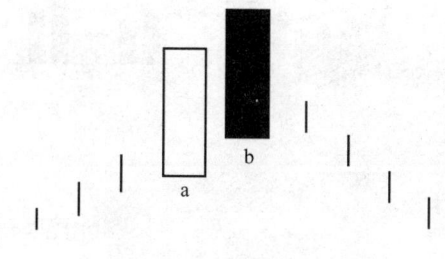

图 3—11 乌云盖顶形态

➲ 操作要点

1. 乌云盖顶形态表示前期获利的投资者正在踊跃地将股票卖出。股价上涨遇到阻力,可能会见顶下跌,是看跌信号。

2. 看到乌云盖顶形态后,投资者应该尽快将手中的股票卖出,规避风险。

3. 在乌云盖顶形态中,阴线 b 的收盘价一定要深入阳线 a 实体的 1/2 以上,否则形态无效。

➲ 实盘分析

如图 3—12 所示,2015 年 12 月 25 日至 2015 年 12 月 28 日,华天酒店(000428)日 K 线图上出现乌云盖顶形态。

12 月 25 日,华天酒店在一波上涨走势中收出中阳线,这表示多方继续强势。

12 月 28 日(12 月 26 日、12 月 27 日为周末休市),华天酒店小幅高开后持续下跌，至收盘时收出中阴线。这根阴线深入到前一根阳线的1/2以上位置，说明股价面临明显的抛盘压力。这种压力很可能是由前期获利的投资者卖出股票造成的。

12月29日，股价继续下跌，此时投资者应该尽快将手中的股票卖出。

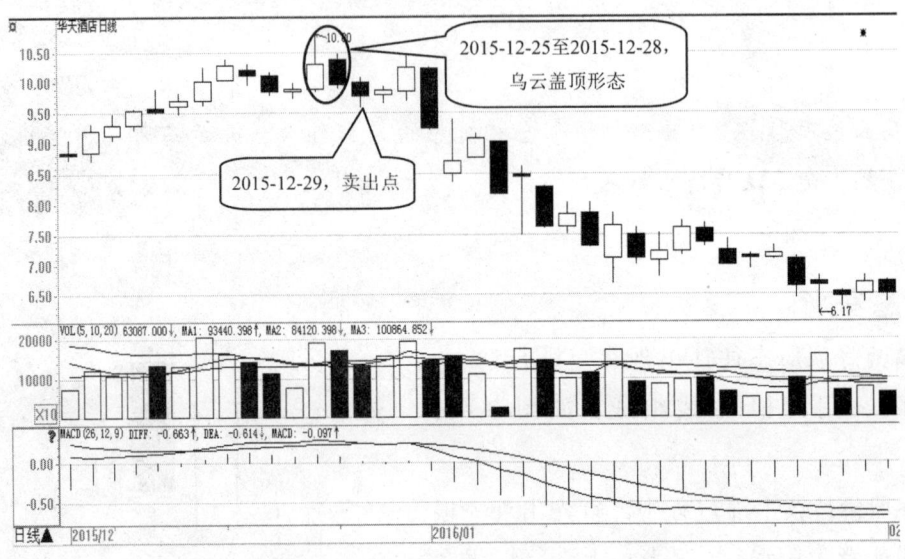

图3—12 华天酒店日K线

➲ 应用规律

1. 阴线b的实体进入阳线a的实体部分越深，看跌信号就越强烈。

2. 如果在阳线a的位置上成交量萎缩，在阴线b的位置上成交量放大，则表示多方力量衰竭严重，空方强盛。这时该形态的看跌信号强度将大大增加。

第六节 倾盆大雨的卖出点

> 倾盆大雨形态表示大幅下跌已经开始,是比乌云盖顶形态还要强烈的卖出信号。

◎ 形态解析

倾盆大雨形态通常出现在上涨行情中,由一阳一阴两根K线组成,如图3—13所示。

在股价上涨过程中,首先出现一根中阳线或者大阳线a,这表示上涨行情仍在继续。

紧跟阳线a之后,出现一根低开低走的中阴线或者大阴线b。阴线b的收盘价低于阳线a的开盘价。

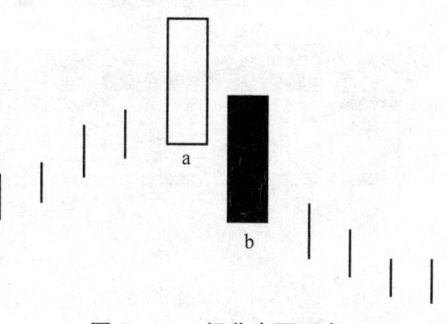

图3—13 倾盆大雨形态

◎ 操作要点

1. 倾盆大雨形态表示股价经过连续上涨后,多方力量已经消耗殆尽,空方的卖盘汹涌。股价继续上涨的压力较大,很可能会掉头下跌。因此,倾盆大雨形态是较强的看跌卖出信号。

2. 在倾盆大雨形态完成后,投资者需要尽快将手中的股票卖出。

◎ 实盘分析

如图3—14所示,2016年5月5日至2016年5月6日,京汉股份(000615)日K线图上出现倾盆大雨形态。

5月5日,京汉股份经过一段时间上涨后再次收出中阳线。这表示多方仍占据主动,股价有继续上涨的动能。

5月6日,京汉股份股价低开低走,最终以下跌6.11%收盘,并且其收盘价低于前一个交易日的开盘价。

这两个交易日的 K 线组成倾盆大雨形态。这个形态说明股价上涨已经遇到巨大阻力，市场行情已经由多方主导转变成空方主导，为卖出信号。看到这个信号后，投资者需要在 5 月 9 日开盘后尽快将股票卖出。

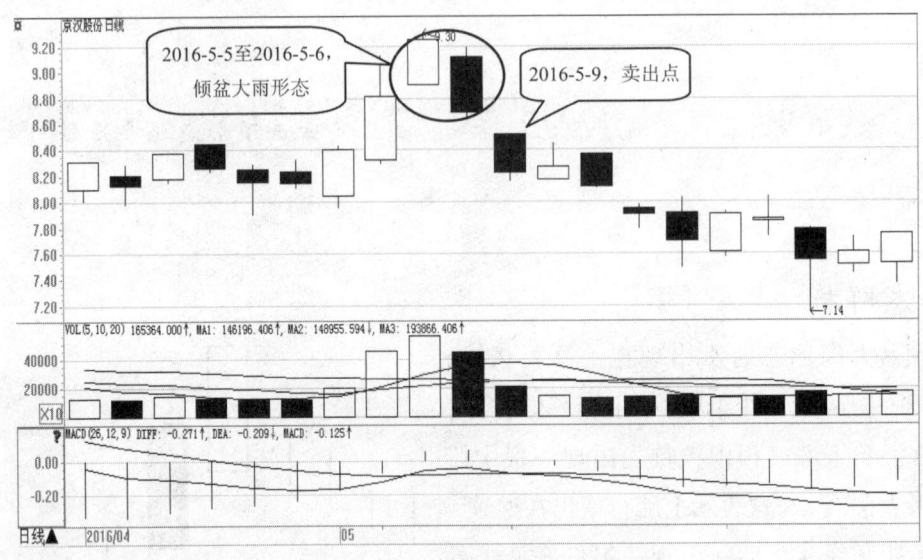

图 3—14　京汉股份日 K 线

➲ 应用规律

1. 在倾盆大雨形态中，阴线 b 的低开幅度越大、收盘价比阳线 a 的开盘价低出部分越多，则该形态的看跌卖出信号就越强烈。

2. 如果在出现阴线 b 的同时成交量放大，说明卖盘汹涌，这时倾盆大雨形态的看跌信号更加强烈。

3. 淡友反攻、下跌分手线、乌云盖顶和倾盆大雨四种形态都是由一阴一阳两根 K 线组成的，也都属于看跌信号，但它们的信号强度有所不同。如果不考虑前期走势、成交量等其他因素的影响，这四种形态的看跌信号强度由强到弱依次为：下跌分手线>倾盆大雨>乌云盖顶>淡友反攻。

第七节　流星线的卖出点

> 流星线又称射击之星、扫帚星，是一根带有长上影线的小 K 线，形似流星。比喻之前的上涨行情就像流星，已经"陨落"，下跌行情即将开始。

◯ 形态解析

流星线形态往往出现在上涨行情中，是一根带有长上影线的 K 线，如图 3—15 所示。

流星线形态的实体部分很短，带有较长的上影线，上影线的长度超过实体长度的两倍。实体部分可以是阳线，也可以是阴线。流星线一般没有下影线，或者只有很短的下影线。

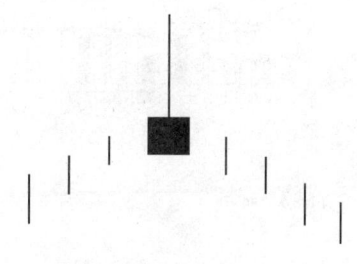

图 3—15　流星线形态

◯ 操作要点

1. 流星线形态出现在上涨行情中，表示股价上涨受阻，上方有一定的抛盘压力，是看跌信号，但该形态的看跌信号强度并不高。

2. 看到流星线形态后，投资者可以先卖出一部分股票。如果未来股价继续下跌，则顶部形态成立，投资者需要尽快将手中剩余的股票卖出。

3. 如果股价能在几个交易日内向上突破流星线的上影线，则说明上方抛盘压力并不足以打压股价。这时股价走势构成多方尖兵形态，为看涨信号，投资者可以将已经卖出的股票买回。

◯ 实盘分析

如图 3—16 所示，2015 年 11 月 26 日，金鸿能源（000669）日 K 线图上出现流星线形态。

2015 年 11 月，金鸿能源股价一直处于持续上涨行情。11 月 26 日，金鸿能源股价被快速拉升，最高价位达到 26.35 元。但之后股价又被迅速打压，截至收盘时在 K

线图上留下一根带有长上影线的小阴线。

这根阴线表示股价在上涨过程中面临巨大的抛盘压力，难以继续上涨。投资者需要在11月27日开盘后尽快把股票卖出。

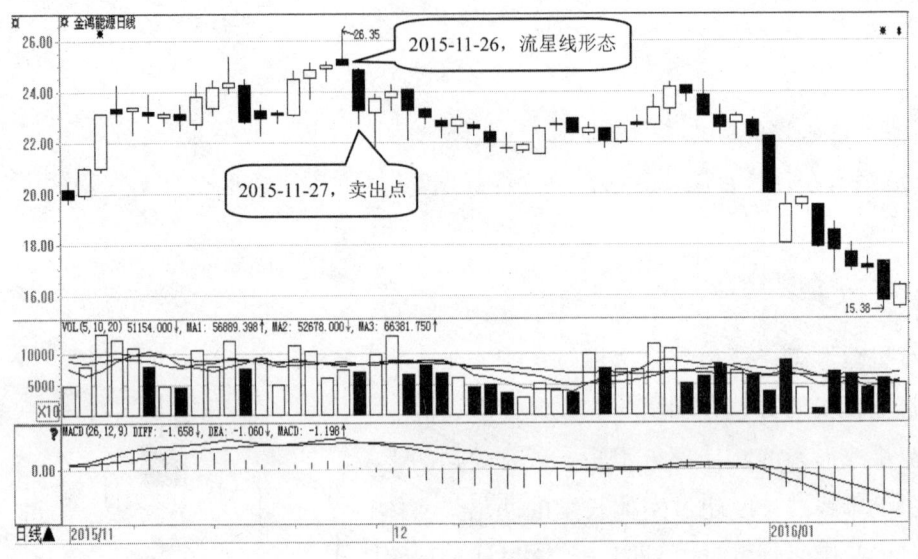

图3—16　金鸿能源日K线

➲ 应用规律

1. 流星线的上影线长度与实体部分长度的比例越大，看跌信号的参考价值越大。

2. 按照实体部分的不同，流星线有阳线流星与阴线流星之分。虽然这两种形态均为看跌信号，但一般情况下，阴线流星的信号强度要超过阳线流星。

3. 如果流星线能作为黄昏之星形态中的星线出现，则看跌信号的强度会大大增加。

4. 单从一根K线的形态上看，流星线形态与倒锤头线形态完全相同。所不同的是，流星线形态出现在上涨行情中，表示股价上涨受阻，是看跌信号；倒锤头线形态出现在下跌行情中，表示股价下跌获得支撑，是看涨信号。

第八节 上吊线的卖出点

> 上吊线又称吊颈线、绞刑线，形似上吊自杀的人，与汉语的"吊"字从形态上看十分相似。单从字面上看，上吊线会给人一种阴森可怕的感觉。在实战中，上吊线也预示着股价下跌，会在市场上制造出恐怖气氛。

◆ 形态解析

上吊线形态往往出现在股价上涨行情中，是一根带有长下影线的 K 线，如图 3—17 所示。

上吊线形态的实体部分很短，带有较长的下影线，下影线的长度超过实体长度的两倍。上吊线一般没有上影线，或者只有很短的上影线，实体部分可以是阳线，也可以是阴线。

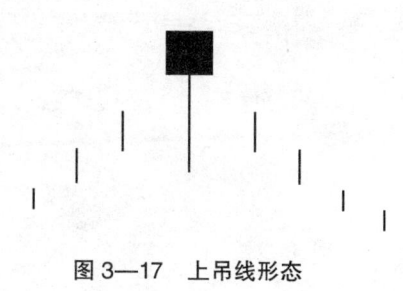

图 3—17　上吊线形态

◆ 操作要点

1. 上吊线形态出现在上涨行情中，表示股价上涨受阻，股价遇到压力大幅下跌。虽然股价最终被托回开盘价附近，但多方力量已经消耗严重，股价有见顶下跌的趋势。因此，上吊线形态是股价见顶的看跌信号。

2. 上吊线形态完成后，投资者可以先将部分股票卖出。如果未来股价继续下跌，表示市场行情转弱，投资者需要尽快将剩余股票卖出。

◆ 实盘分析

如图 3—18 所示，2015 年 12 月 30 日，滨海能源（000695）日 K 线图上出现上吊线形态。

2015 年 12 月，滨海能源持续上涨。12 月 30 日，滨海能源高开后遇阻大幅下跌，盘中最低价一度达到 25 元。虽然股价最终被托回开盘价附近并收出阳线，但这一交易日的 K 线还是形成了上吊线形态。这个形态说明股价上涨遇到阻力，是看跌信号。

12月31日，股价低开，这说明多方力量枯竭，投资者需要尽快将手中的股票卖出。

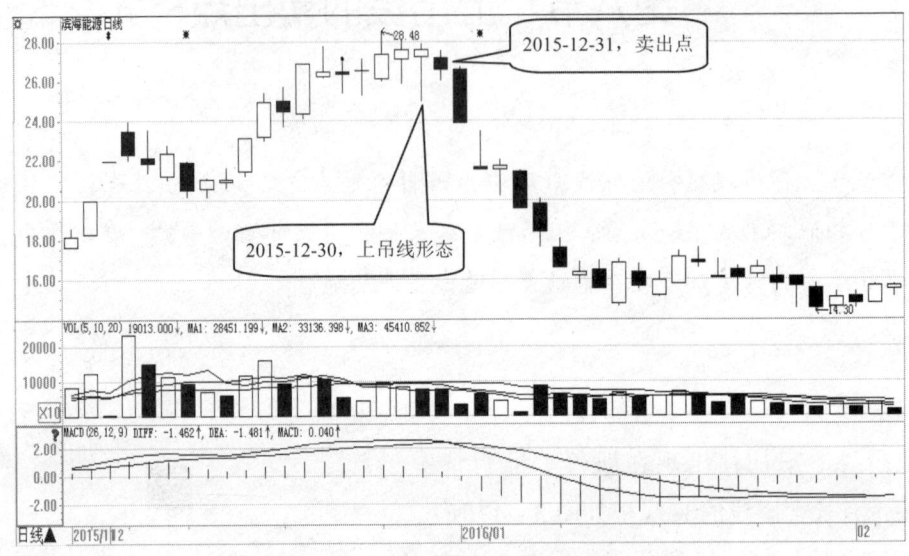

图3—18　滨海能源日K线

➡ 应用规律

1. 上吊线的下影线长度与实体部分长度的比例越大，该形态的看跌信号就越强。

2. 按照实体部分的涨跌不同，上吊线有阳线上吊线与阴线上吊线之分。两者虽然都是看跌信号，但一般来说，阴线上吊线的看跌信号强度要超过阳线上吊线。

3. 如果上吊线能作为黄昏之星形态中的星线出现，则看跌信号会更加可靠。

4. 上吊线在形态上与锤头线完全相同。所不同的是，上吊线形态出现在上涨行情中，表示股价上涨遇到阻力，是看跌信号；锤头线形态出现在下跌行情中，表示股价下跌获得支撑，是看涨信号。

5. 锤头线、倒锤头线、流星线和上吊线四种形态均是趋势反转信号。在形态出现之前必须具备可供反转的趋势，也就是股价要有一段明确的上涨或下跌行情。有些K线的形态虽然与这几种形态相同，但在形态出现之前股价持续横盘整理，没有明确的上涨或下跌行情。这种情况下的K线并不能构成看涨或看跌信号。

第九节 三只乌鸦的卖出点

> 三只乌鸦又称暴跌三杰,是由三根小阴线组成的K线组合。如果该形态出现在上涨行情中,形似三只乌鸦站在枯萎的树枝上,即"三只乌鸦挂树梢"。三只乌鸦形态出现,后市行情看淡。

● 形态解析

三只乌鸦形态由三根阴线组成,如图3—19所示。

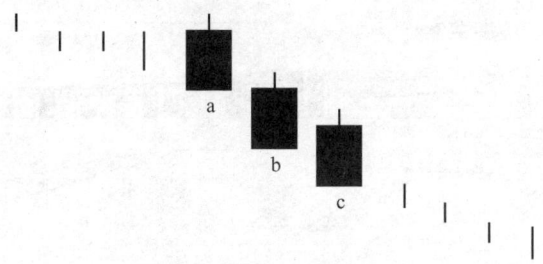

图3—19 三只乌鸦形态

三只乌鸦形态中的三根阴线a、b、c依次下跌,收盘价均低于前一根K线的收盘价。这三根阴线多为小阴线,可以有上、下影线,也可以没有。

● 操作要点

1. 三只乌鸦形态表示空方力量逐渐聚集,虽然股价暂时没有大幅下跌,但跌势已经形成。因此,该形态是看跌卖出信号。

2. 看到三只乌鸦形态后,投资者需要尽快将手中的股票卖出,防止股价继续下跌。

● 实盘分析

如图3—20所示,2015年12月22日至2015年12月25日,东阿阿胶(000423)日K线图上出现三只乌鸦形态。

12月22日，东阿阿胶在经过前一个交易日的放量涨停后高开低走，最终下跌1.51%，收出中阴线。之后的两个交易日，东阿阿胶又连续低开低走，分别收出两根小阴线。

这三根连续的阴线组合出现在股价上涨趋势之后，形成"三只乌鸦挂树梢"形态，预示着后市行情将要下跌。看到这个形态，投资者应该在12月25日开盘后尽快卖出股票。

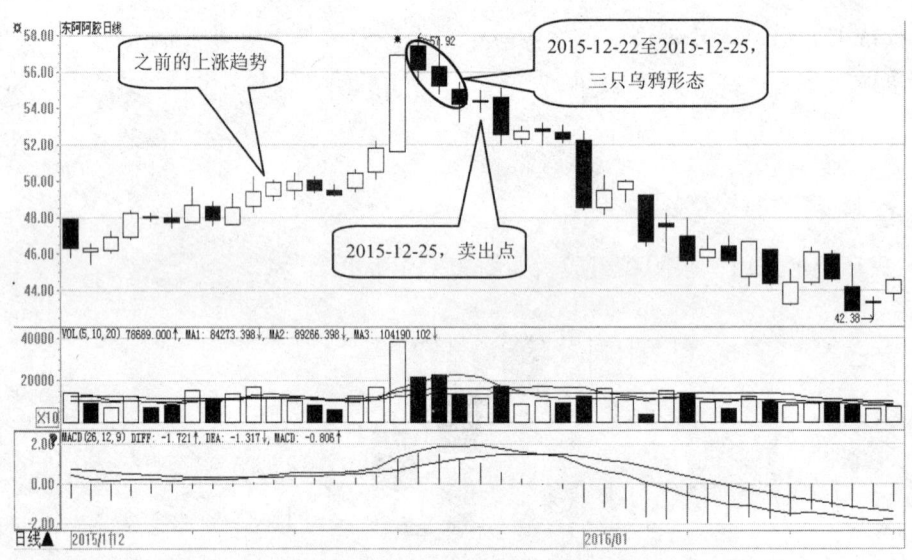

图3—20　东阿阿胶日K线

➲ 应用规律

> 1. 如果在出现三根小阴线的同时成交量逐渐放大，说明抛盘不断增加，该形态的看跌信号更加强烈。
>
> 2. 这三根小阴线的跌幅越大，该形态的看跌信号越强烈。如果阴线b和c均是跳空下跌，说明空方力量强大，看跌信号更加强烈。
>
> 3. 在三只乌鸦形态中，三根小阴线的下影线越短，特别是阴线c的下影线越短，说明下方支撑力量有限，该形态的看跌信号更加强烈。

第十节 双飞乌鸦的卖出点

> 双飞乌鸦是指在股价高位的两根阴线。双飞乌鸦形态出现，后市行情看淡。

◆ 形态解析

双飞乌鸦形态往往出现在上涨行情中，由一根阳线和两根阴线组成，如图3—21所示。

在股价上涨过程中，首先出现一根阳线a。

紧跟阳线a之后，出现一根高开低走的阴线b。阴线b的收盘价高于阳线a的收盘

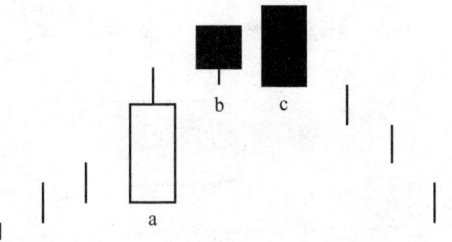

图3—21 双飞乌鸦形态

价，为假阴线。阳线a的最高价不一定低于阴线b的最高价，因此两者之间并不一定会有跳空缺口。这根高开低收的阳线表示多方力量衰竭，股价上涨乏力。

在阴线b之后，又出现一根阴线c。阴线c的开盘价高于阴线b的开盘价，收盘价低于阴线b的收盘价。阴线b和c构成穿头破脚形态的K线组合。这表示空方已经完全占据主动。多方虽然还能推动股价高开，但已经是强弩之末。

◆ 操作要点

1. 双飞乌鸦形态显示多方力量衰竭，股价继续上涨压力巨大，是看跌信号。
2. 投资者在看到双飞乌鸦形态后，应该尽快将手中的股票卖出，避免后市的下跌行情。

◆ 实盘分析

如图3—22所示，2016年9月30日至2016年10月11日，天夏智慧（000662）日K线图上出现双飞乌鸦形态。

9月30日，天夏智慧延续之前的上涨趋势，收出一根阳线，这表示之前股价的上

涨动能还比较强。

10月10日（中间因国庆节休市），天夏智慧高开，但开盘后股价持续震荡，最终收出一根小阴线。虽然股价最终有0.86%的涨幅，但这根假阴线说明股价继续上涨已经遇到较大阻力。

10月11日，天夏智慧再次跳空高开，开盘价超过了10月10日的开盘价，但最终股价持续下跌，收盘价反而比10月10日更低。股价连续两次上涨受阻说明多方力量已经枯竭。而10月11日形成的阴线对前一个交易日的阴线"穿头破脚"，则说明空方已经占据主动，股价即将下跌。投资者应该在10月12日开盘后尽快卖出股票。

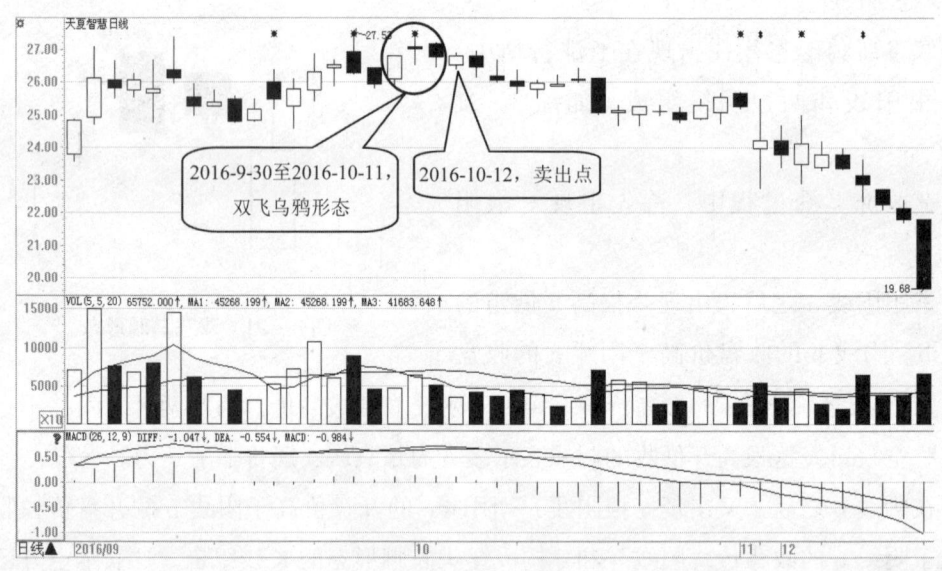

图3—22 天夏智慧日K线

应用规律

> 1. 双飞乌鸦形态出现之前股价上涨幅度越大，该形态的看跌信号越强烈。
>
> 2. 阳线a的上影线越长，说明抛盘压力越大，该形态看跌信号的可靠性就越高。
>
> 3. 双飞乌鸦形态形成过程中成交量越大，该形态的看跌信号越强烈，之后股价下跌的可能性也就越大。

第十一节 三空阳线的卖出点

三空阳线是指由连续三根跳空上涨的阳线构成的组合形态。

形态解析

三空阳线形态往往出现在一段上涨行情的尾端，由连续三根跳空上涨的阳线组成，如图3—23所示。

构成三空阳线形态的三根阳线a、b、c可能有上、下影线，所以这三根K线之间并不一定产生缺口，但是实体必须出现跳空情形。

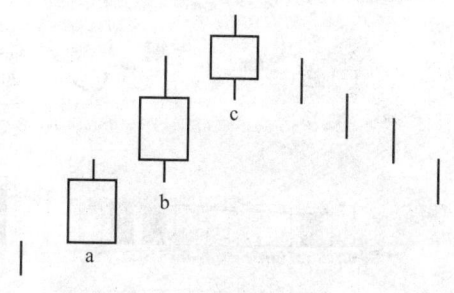

图3—23 三空阳线形态

操作要点

1. 三空阳线形态表示多方力量极度强盛，但物极必反，一旦股价上涨遇到阻力，之前的获利卖盘会竞相涌出，造成股价下跌。因此，三空阳线形态虽然强势，但属于看跌信号。

2. 在出现三空阳线形态后，如果股价跳空低开，则表示上涨受阻。这是下跌的先兆，投资者可以先卖出部分股票，规避风险。

3. 股价低开后继续下跌，跌破阳线b的收盘价。这时下跌趋势已经形成，投资者应该尽快将股票全部卖出。

实盘分析

如图3—24所示，2015年4月10日至2015年4月14日，经纬纺机（000666）日K线图上出现三空阳线形态。

从4月10日开始，经纬纺机股价连续三个交易日跳空上涨，而且4月13日和4月14日股价形成一个较大的缺口。这个形态表示多方虽然十分强势，但前期买入股票的投资者均大幅获利。一旦股价有下跌趋势，就会有大量投资者纷纷将股票卖出，造成股价下跌。

4月15日，三空阳线形态出现之后，股价形成一个十字星形态，且实体在前一根K线的实体之内，形成孕育形态，这是另一个明显的看跌信号，投资者需要尽快卖出股票。

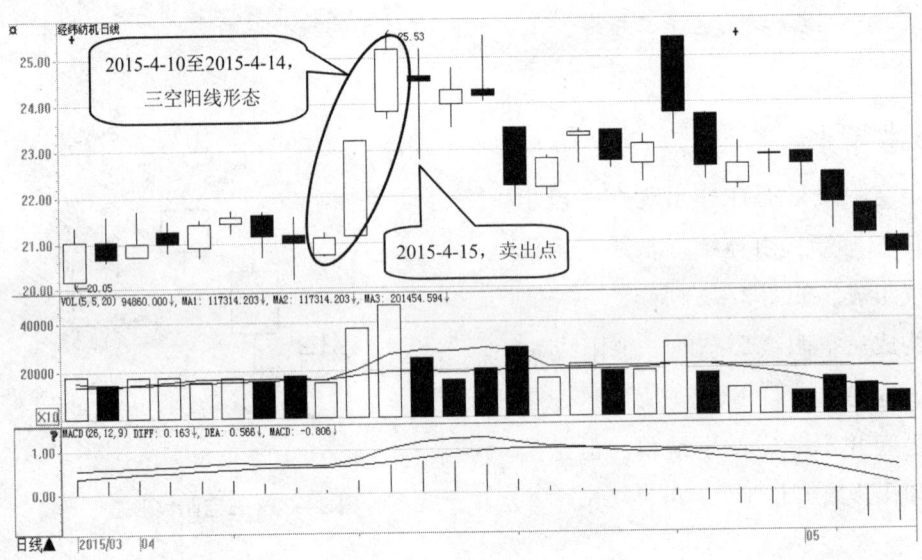

图3—24 经纬纺机日K线

应用规律

1. 在三空阳线形态出现之前，股票需要有一段明显的上涨行情。之前股价涨幅越大，该形态完成后股价反转的可能性就越大。

2. 在股价连续跳空上涨过程中，如果成交量先是萎缩，到最后突然放大，说明股价上涨动能不足，最终获利卖盘汹涌出现。这时该形态的看跌信号将更加可靠。

3. 如果阳线c带有较长的上影线，说明上方抛盘压力巨大。这时该形态的看跌信号更加强烈。

4. 如果三根阳线的涨幅逐渐缩小，说明股价上涨受阻。这时该形态的看跌信号将更加可靠。

第十二节　升势受阻的卖出点

升势受阻又称升势受阻红三兵，表示红三兵在突进过程中遇到了较大阻力。

● 形态解析

升势受阻形态一般出现在上涨行情中，由三根阳线组成，如图3—25所示。

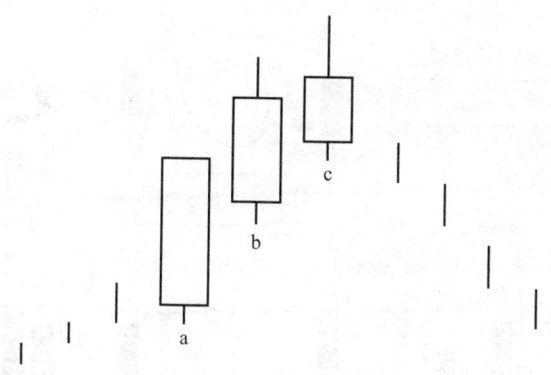

图3—25　升势受阻形态

构成升势受阻形态的三根阳线a、b、c虽然连续上涨，但实体部分长度依次变短，同时阳线b和c均带有较长的上影线。

● 操作要点

1. 升势受阻形态表示股价上涨遇到较大阻力。该阻力位位于阳线b的最高价或者阳线c的上影线附近。如果未来股价不能有效突破这个阻力位，则出现卖出信号。

2. 看到升势受阻形态后，投资者可以先卖出部分股票。如果在该形态出现之后，几根K线无法完成向上突破，并且出现下跌趋势，投资者就应该尽快将手中剩余的股票卖出。

3. 如果出现升势受阻形态后不久，股价能突破阻挡上涨压力位，则表示股价回调只是暂时的，上涨行情仍将持续。这时投资者可以继续看多，寻找机会将之前卖出的股票买回。

实盘分析

如图3—26所示，2015年11月23日至2015年11月25日，金鸿能源（000669）日K线图上出现升势受阻形态。

11月23日至11月25日，金鸿能源连续三个交易日上涨并收出阳线，但这三根阳线的实体越来越短。11月24日和11月25日的阳线还带有较长的上影线，这说明股价上涨遇到了较大的阻力。

11月26日，升势受阻形态出现之后，该股在顶部形成倒锤头线形态，这是另外一个明显的看跌信号。看到这样的形态后，投资者要注意及时卖出股票。之后几个交易日，该股持续下跌。

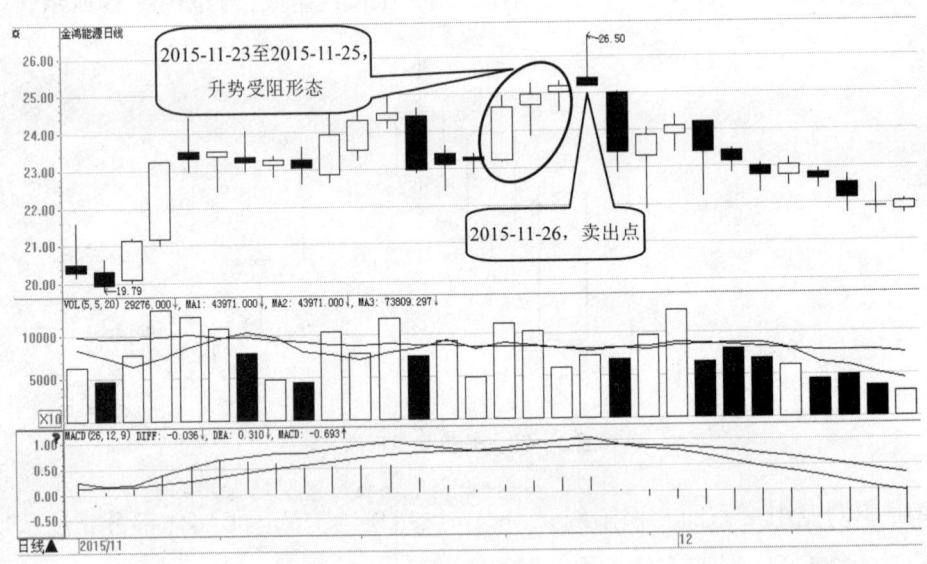

图3—26 金鸿能源日K线

应用规律

1. 阳线b和c的实体部分越短、上影线越长，则该形态的看跌信号越强烈。

2. 如果在出现升势受阻形态的同时成交量萎缩，说明多方上攻意愿不强。这时该形态的看跌信号更加强烈。

3. 升势受阻形态的压力位如果被突破，就会变成支撑位，未来股价再下跌到这个位置时可能会获得一定支撑。

第十三节 跛脚阳线的卖出点

> 跛脚阳线又称升势停顿红三兵,是指在连续三根阳线中,后面的两根阳线一根高收,一根低收,一高一低,形似跛脚的人。跛脚的上涨行情自然不能持久。

● 形态解析

跛脚阳线形态一般出现在股价上涨过程中,由三根阳线组成,如图3—27所示。

在股价上涨过程中,首先出现一根阳线a。

紧跟阳线a之后,出现一根低开高走的阳线b。阳线b的收盘价超过阳线a的收盘价。

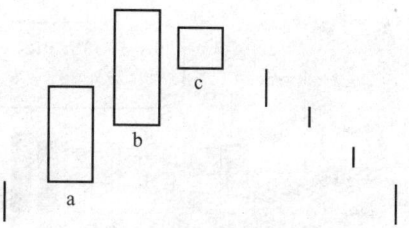

图3—27 跛脚阳线形态

在阳线b之后,又出现一根低开高走的阳线c。阳线c的开盘价和收盘价均低于阳线b的收盘价,为假阳线。

● 操作要点

1. 在跛脚阳线形态中,阳线b和c连续低开,说明股价上涨遇到阻力,多方力量逐渐衰竭。而阳线c以低价收盘更加验证了这一信号,此时空方已经完全占据主动。因此,跛脚阳线形态为看跌信号。

2. 看到跛脚阳线形态后,投资者需要尽快卖出股票离场,防止因股价下跌造成损失。

● 实盘分析

如图3—28所示,2016年12月13日至2016年12月15日,上峰水泥(000672)日K线图上出现跛脚阳线形态。

12月13日,上峰水泥日K线图上收出阳线。

12月14日，上峰水泥低开高走，最终报收一根大阳线，收盘价高于上一个交易日的收盘价。

12月15日，上峰水泥再次低开高走，而这次股价上涨乏力，虽然收出阳线，但股价最终低收。

这三个交易日的K线组成了跛脚阳线形态，表示多方力量衰竭，空方逐渐占据主动，为看跌信号。投资者需要在12月16日开盘后将股票卖出。

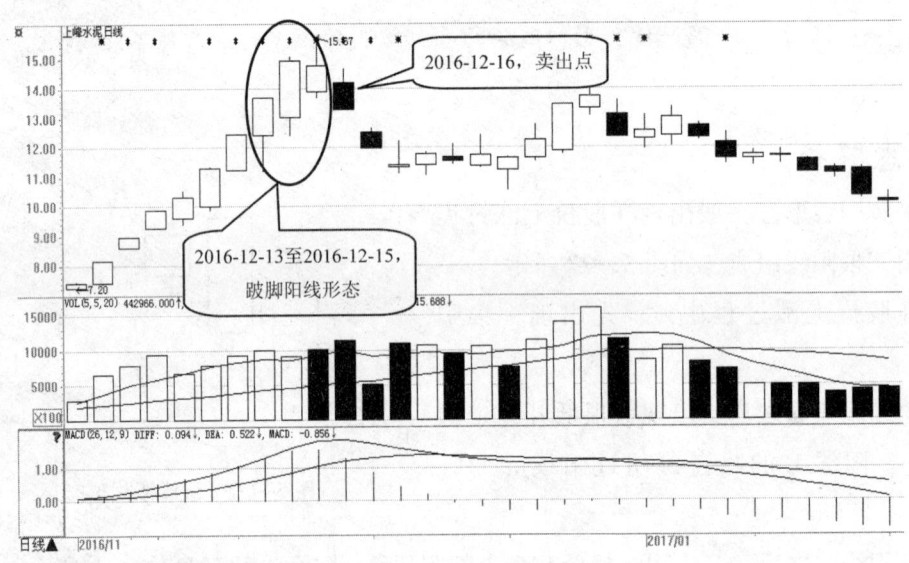

图3—28　上峰水泥日K线

应用规律

1. 阳线c的下跌幅度越大，则跛脚阳线形态的看跌信号就越强烈。

2. 如果在跛脚阳线形态形成的同时成交量逐渐萎缩，则能够验证多方乏力的信号。这时该形态的看跌信号更加强烈。

3. 如果阳线b带有较长的上影线，说明上方抛盘压力较大，之后股价受阻回调的可能性更大。

第十四节　下降覆盖线的卖出点

下降覆盖线形态是指连续多根K线覆盖前一根K线全部或部分的K线组合。

● 形态解析

下降覆盖线形态一般出现在股价上涨行情或者横盘整理行情中，由两阴两阳总共四根K线组成，如图3—29所示。

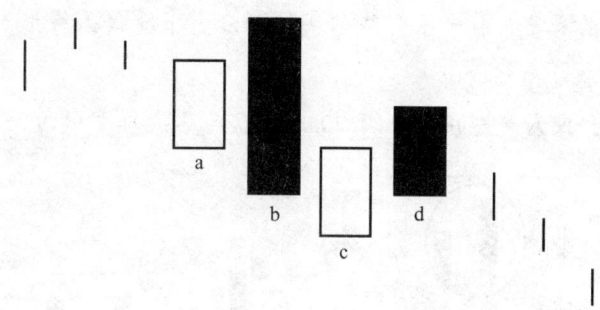

图3—29　下降覆盖线形态

在下降覆盖线形态中，首先出现一根阳线a。

紧跟阳线a之后，出现一根阴线b。阴线b的实体部分完全覆盖阳线a的实体，两者构成一个阴包阳的穿头破脚形态。

在阴线b之后，出现一根中阳线或者小阳线c。阳线c可能高开，也可能低开。收盘价虽然超过阴线b的收盘价，但低于阴线b的开盘价，未能弥补阴线b的跌幅。

在阳线c之后，又出现一根阴线d。阴线d高开低走，其实体部分深入到阳线c的实体中，覆盖阳线c的一部分。

● 操作要点

1. 阳线a和阴线b组成的看跌吞没形态出现在股价上涨行情中，本身就是行情反转的看跌信号。之后虽然出现阳线c，但这只是大幅下跌后的小幅反弹。紧跟阳线c之后，又出现一根类似乌云盖顶形态的阴线d，这表示市场行情大势已去。

2. 下降覆盖线形态为强烈的看跌信号。看到下降覆盖线形态后，投资者应该尽快卖出股票。

➲ 实盘分析

如图 3—30 所示，2017 年 2 月 14 日至 2017 年 2 月 17 日，模塑科技（000700）日 K 线图上出现下降覆盖线形态。

2 月 14 日，模塑科技在高位上涨，最终收出中阳线。第二天，股价高开低走，最终收出大阴线。这根阴线将前一根阳线完全覆盖，两者形成阴包阳形态。这是一个典型的顶部反转信号，说明多方力量衰竭，股价即将下跌。

2 月 16 日，股价低开高走，收出中阳线。这个形态虽然类似曙光初现形态，但只能说是股价大幅下跌后的一次小规模反弹。2 月 17 日，股价再次下跌，最终收出阴线。这根阴线已经深深进入前一根阳线的实体部分。下降覆盖线形态完成，上升行情大势已去。

看到这个形态，投资者应该在 2 月 20 日开盘后尽快将手中的股票卖出。

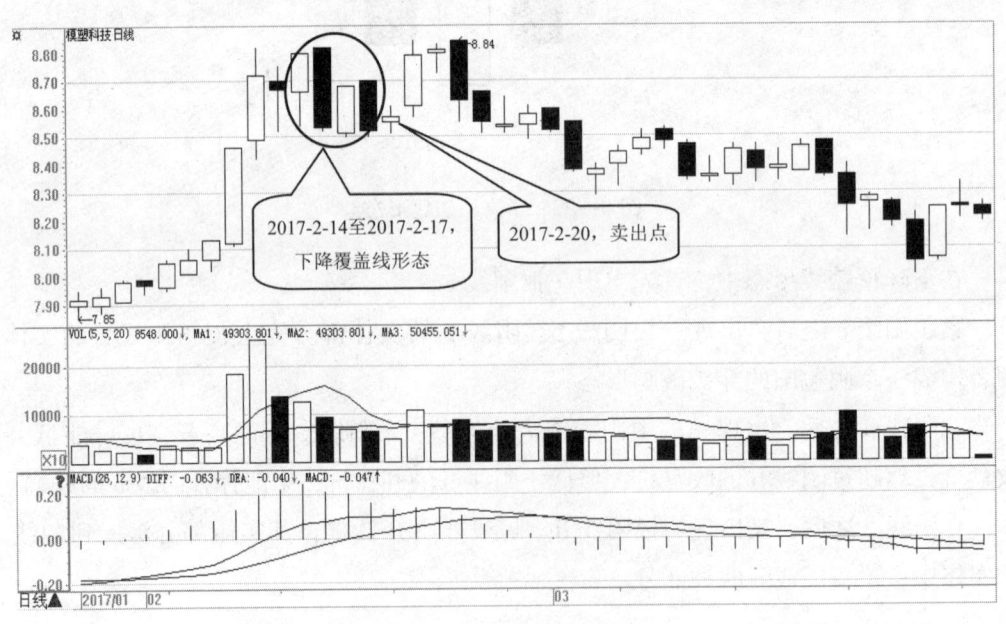

图 3—30　模塑科技日 K 线

⊃ 应用规律

1. 下降覆盖线形态中的阳线 a 有时可以是阴线，这并不影响该形态的看跌信号强度。

2. 如果在出现穿头破脚形态的同时成交量放大，并且换手率较高，那么下降覆盖线形态的看跌信号更加强烈。

3. 阳线 c 可以跳空低开，也可以跳空高开，但跳空低开的信号强度要强于跳空高开。

4. 阴线 d 深入阳线 c 的实体长度越长，该形态的看跌信号就越强烈。

第十五节 平顶的卖出点

> 平顶形态又称钳子顶形态，是两根最高价持平的K线组合。

◆ 形态解析

平顶形态只有出现在一段上涨行情后才有意义，由两根最高价相同或相近的K线组成，如图3—31所示。

在平顶形态中，无论a、b两根K线是什么形态，是阴线还是阳线，只要两根K线的最高价相等或基本相等，形态即成立。

◆ 操作要点

1. 在股价上涨一段时间后出现平顶形态，表示股价上涨到此价位后遇到阻力，是见顶下跌的信号。

2. 单纯的平顶形态的看跌指示作用很弱。如果看到这种形态，投资者可以先卖出部分股票。如果在出现平顶形态的同时又出现了其他看跌形态，则该形态的看跌信号强度将大大增加。

如图3—32所示，阳线a和阴线b的最高价相同，构成了平顶形态。同时阴线b低开低走，最终收盘价低于阳线a的开盘价，这两根K线形成倾盆大雨形态。这种平顶形态与倾盆大雨形态的组合，信号强度要超过单纯的平顶形态或者倾盆大雨形态。看到这个形态后，投资者应该尽快将手中的股票全部卖出。

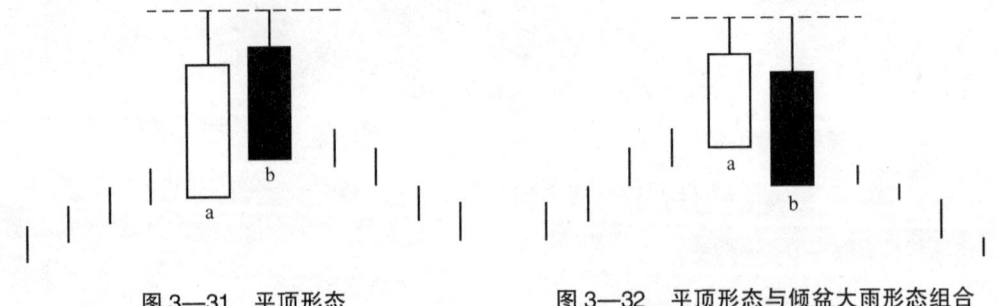

图3—31 平顶形态　　　　图3—32 平顶形态与倾盆大雨形态组合

实盘分析

如图3—33所示，2017年2月13日至2017年2月14日，双环科技（000707）日K线图上出现平顶形态。

2月13日，双环科技上涨3.35%，收出一根中阳线。2月14日，该股高开低走，收出一根小阴线。盘中有一段上涨行情，使这根K线的最高价与2月13日阳线的最高价相同，形成平顶形态。

这样的K线组合表示股价上涨受阻，趋势有较大可能反转。看到这样的形态，投资者应该在2月15日开盘后尽快将手中的股票卖出。

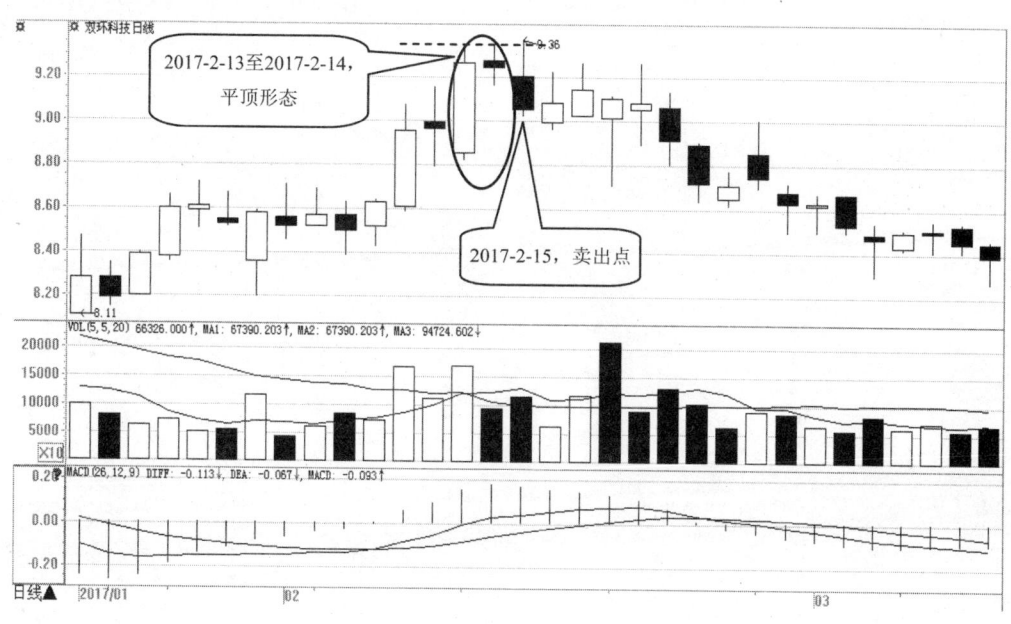

图3—33 双环科技日K线

应用规律

1. 平顶形态只有出现在一段上涨行情后，才能构成看跌信号。如果在平顶形态出现的同时股价创出新高，则该形态的看跌信号更加强烈。

2. 组成平顶形态的两根K线的上影线部分越长，该形态的看跌信号就越强烈。

3. 如果在出现平顶形态的同时成交量放大，说明上方抛盘压力较大。这时该形态的看跌信号更加强烈。

4. 如果平顶形态中的 K 线 b 为光头阳线,说明上方抛盘压力不大,上涨动能充足。这时投资者可以不必急于卖出股票。

5. 如果平顶形态成功,会对股价形成压力位。一段时间内股价再运行到这个价位时还会遇到阻力回调。

第十六节　塔形顶的卖出点

> 塔形顶因左、右两根塔线而得名。塔线即一根大阳线和一根大阴线，两根塔线中间为顶部横盘整理的多根小阴线或小阳线。

● 形态解析

塔形顶形态出现在上涨行情中，由一根大阳线、一根大阴线和中间若干根小阴线、小阳线组成，如图 3—34 所示。

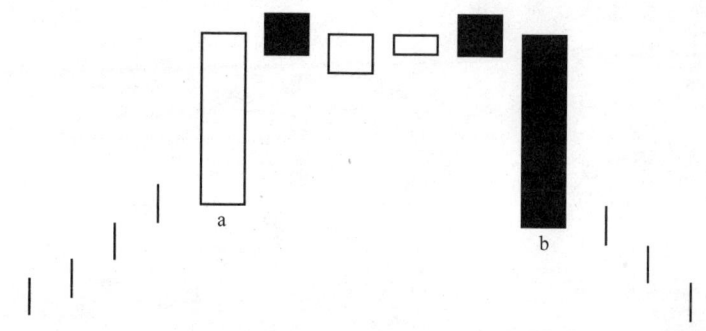

图 3—34　塔形顶形态

在股价上涨一段时间后，首先出现一根大阳线 a。

紧跟阳线 a 之后，出现连续多根在高位横盘整理的小阴线或者小阳线。这些小阴线或者小阳线呈横向整理趋势，表示股价上涨遇到较大阻力。

经过几个交易日的整理后，又出现一根大阴线 b。阴线 b 的收盘价低于或者接近阳线 a 的开盘价。这表示多方连续上攻受阻后，空方开始反击，并占据主动。

● 操作要点

1. 阳线 a 虽然看似是多方强势，但之后股价持续整理，说明这根 K 线很可能是多方的最后一搏，多方力量已经衰竭，空方逐渐占据主动。之后出现的阴线 b 更加验证了这个信号。因此，塔形顶形态为股价上涨受阻即将反转下跌的信号。

2. 塔形顶形态的看跌信号较强。看到这个形态后，投资者需要尽快将手中的股票卖出。

➲ 实盘分析

如图3—35所示，2016年4月29日至2016年5月6日，双环科技（000707）日K线图上出现塔形顶形态。

4月29日，双环科技上涨，收出大阳线。单从这根大阳线来看，多方力量好像很强大。但是在随后三个交易日，该股连续横盘整理，收出小阳线和小阴线。这表示上方抛盘压力严重，多方无力推动股价上涨。

5月6日，双环科技掉头下跌，最终收出大阴线，其实体部分跌破4月29日实体的开盘价，此时塔形顶形态完成。这表示多方上攻受阻后，空方乘虚而入，开始占据主动，市场行情已经变弱。而且，当日K线与前一根K线形成经典的阴包阳形态，卖点出现。投资者要注意及时卖出。

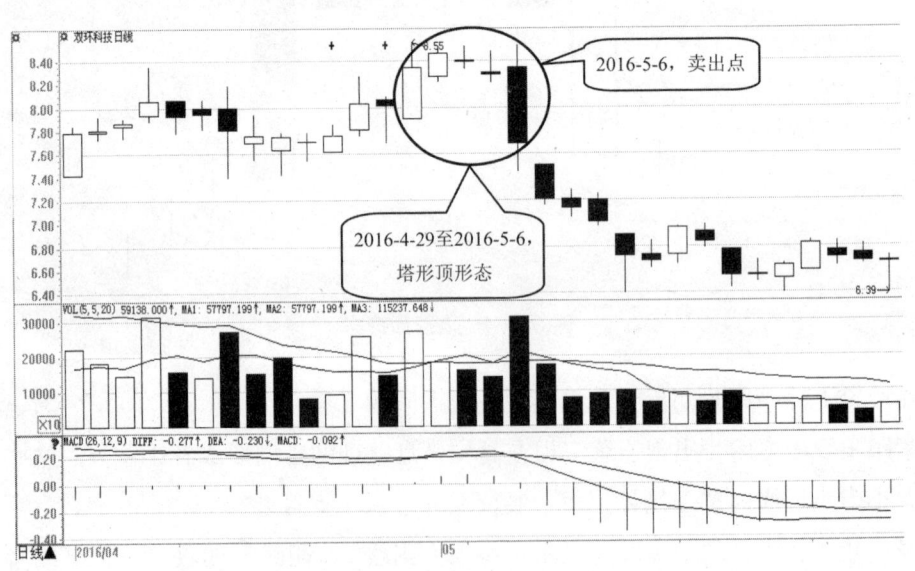

图3—35 双环科技日K线

➲ 应用规律

1. 阴线b的下跌幅度越大，表示空方的做空动能越充足，这时看跌信号就越强烈。

2. 在阳线 a 和阴线 b 之间的小阳线或者小阴线越多，说明上涨动能越弱，看跌信号越强烈。

3. 在日 K 线图中，如果 K 线连续横向调整超过 10 个交易日，则表示多方很可能已经无力推动股价上涨。这时即使未出现阴线 b，投资者也应该先卖出部分股票，规避风险。

4. 如果出现阴线 b 后股价高开，则这根阴线有可能是庄家拉升股价前的洗盘，后市行情还可能会有转机。这时投资者可以先卖出部分股票，观察 1~2 个交易日后再决定是否把剩余股票卖出。

第十七节 圆顶的卖出点

圆顶是指股价上涨一段时间后出现的圆弧形顶部。

形态解析

圆顶形态一般出现在一段上涨行情的尾端,是由多根小阴线、小阳线构成的一个弧形,如图3—36所示。

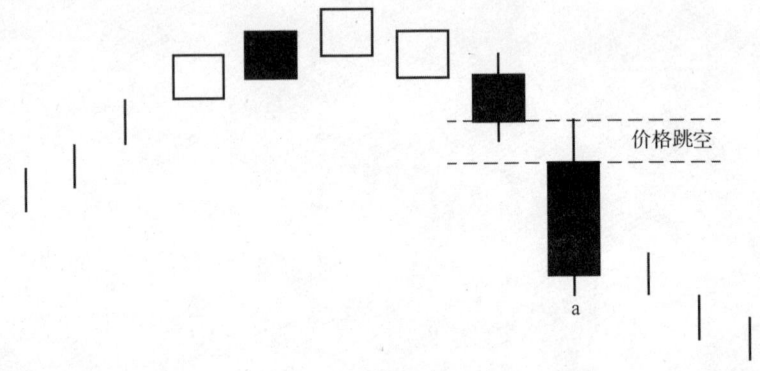

图3—36 圆顶形态

在圆顶形态开始形成时,股价逐渐上涨,但这种上涨趋势逐渐减缓。直到上涨趋势完全停止后,股价开始掉头下跌,而且下跌趋势逐渐加快。在圆顶形态中,一般上涨或者下跌的幅度、时间大致相同,构成左右基本对称的形态。

最后,在下跌行情的尾端出现一根跳空下跌的阴线a。阴线a的开盘价低于前一根K线的收盘价,向下跳空低开。

操作要点

1. 圆顶形态代表多空双方力量发生转换。一开始多方占据主动,之后多方力量减弱,空方力量逐渐变强,最终演变成空方主导行情。在阴线a低开低走后,表示空方已经完全占据主动,多空转换完成。因此,圆顶形态是较强的看跌信号。

2. 在出现低开低走的阴线 a 后，投资者应该尽快将股票卖出。

3. 圆顶形态完成后，股价可能小幅反弹，但难以突破阴线 a 向下跳空开盘的位置。在上涨受阻后，出现另一个卖出信号。这时未卖出股票的投资者应该抓紧时间将手中的股票卖出。并不是所有圆顶形态都有这样的反弹过程，有可能股价出现跳空缺口后持续下跌。

实盘分析

如图 3—37 所示，2016 年 12 月 28 日至 2017 年 1 月 12 日，中兴商业（000715）日 K 线图上出现圆顶形态。它表明经过一波争夺之后，空方占据主动，股价接下来将出现一波下跌走势。

2017 年 1 月 13 日，股价继续低开低走，投资者要注意及时卖出。

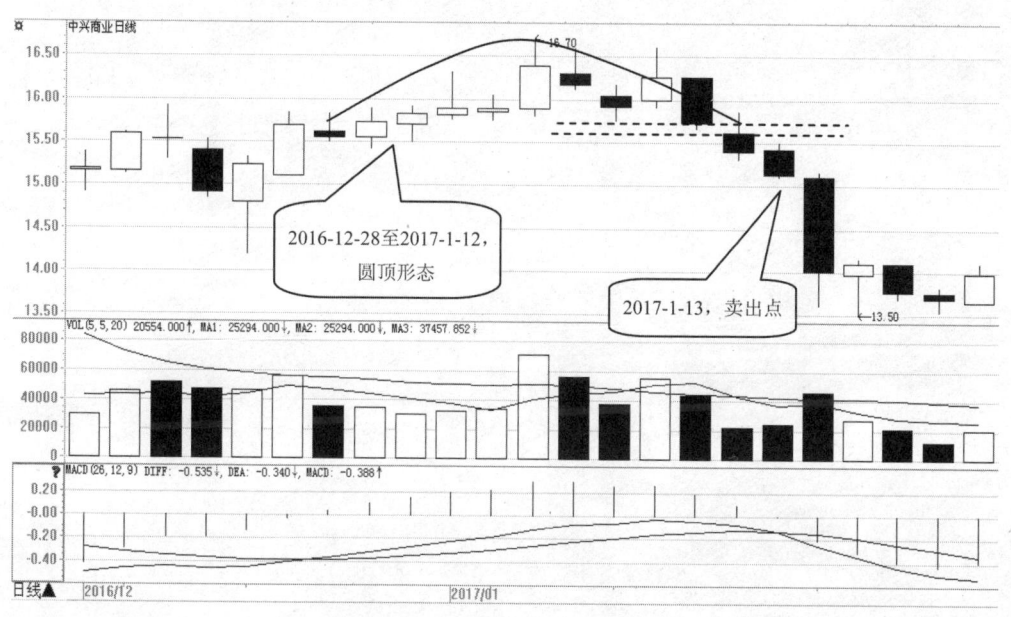

图 3—37　中兴商业日 K 线

应用规律

1. 理想的圆顶形态应该是股价和成交量出现相同的圆弧形态，即股价上涨时成交量萎缩，股价下跌时成交量放大。如果出现这样的形态，圆顶形态的看跌信号强度将大大增加。

2. 圆顶K线组合与圆弧顶形态不同。圆顶形态是短线信号，一般形成周期不会超过20个交易日，而且形成过程中所有K线都贴在弧线的顶部。而圆弧顶形态是中长线信号，一般形成周期会有几周甚至几个月的时间，在形成过程中股价会反复波动，多次波动最高价的连线组成一个圆弧形顶部。

第十八节 低位并排阴线的卖出点

> 低位并排阴线是在向下跳空缺口形成后出现的并排阴线组合。

⮕ 形态解析

低位并排阴线形态一般出现在股价下跌或者横盘整理过程中，由两根阴线组成，如图3—38所示。

在股价下跌过程中，首先出现一根阴线a。这根阴线的最高价低于前一根K线的最低价，形成向下跳空缺口。

紧跟阴线a之后，出现一根阴线b。阴线b的开盘价高于阴线a的收盘价，收盘价低于阴线a的收盘价，并且未能弥补阴线a的跳空缺口。

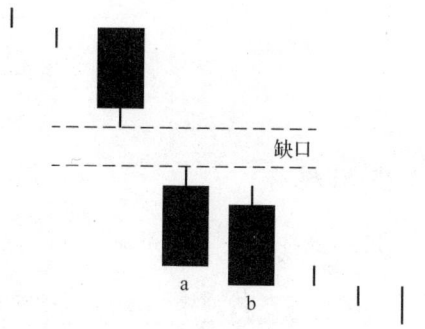

图3—38 低位并排阴线形态

⮕ 操作要点

1. 低位并排阴线形态表示经过持续下跌后，多方有推动股价反弹的意愿。但无奈反弹力量不足，股价完全没有弥补跳空缺口，最终被空方打压回来。

2. 低位并排阴线形态是股价持续下跌的信号。看到这个形态后，投资者应该将手中的股票尽快卖出。未持有股票的投资者则应该保持观望，防止冲动操作。

⮕ 实盘分析

如图3—39所示，2016年12月2日至2016年12月6日，天成控股（600112）在一波下跌走势中出现低位并排阴线形态。它表明盘中空方依旧占据优势，股价将要继续在下跌趋势中运行，发出卖出信号。

随后一个交易日，该股开盘后在窄幅区间内震荡，显示空方依旧主导着价格的波动，卖点出现。

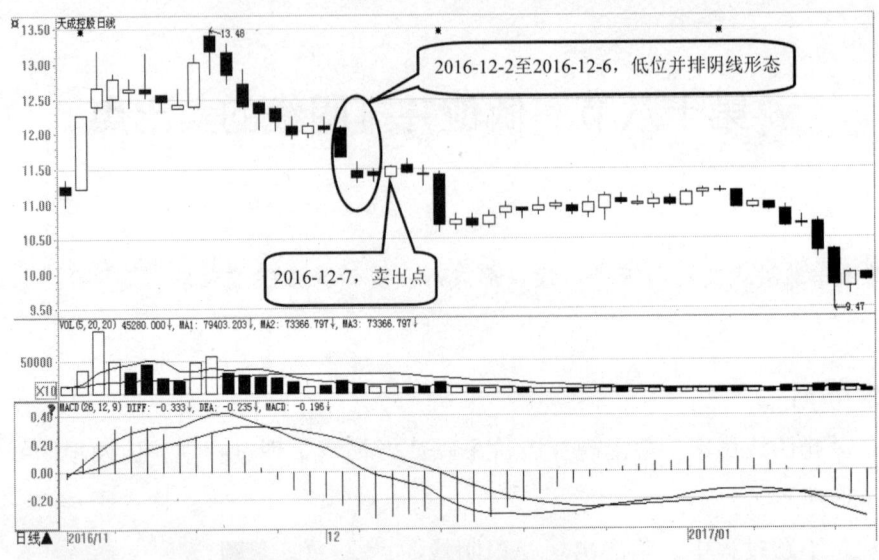

图 3—39　天成控股日 K 线

➲ 应用规律

1. 如果阴线 a 是放量下跌，而阴线 b 是缩量下跌，说明空方力量强势，多方力量不足，这时该形态的看跌信号更强烈。

2. 阴线 b 的上影线越短，表示多方反弹越无力，这时该形态的看跌信号就越强烈。

3. 阴线 a 的缺口位置会形成以后一段时间内股价运行的阻力位，股价以后再上涨到这个位置时可能会遇到较大压力。

第十九节 跌势鹤鸦缺口的卖出点

跌势鹤鸦缺口又称跳空下跌阴阳线,是指股价跳空下跌后先出现一根阴线"乌鸦",紧接着出现一根阳线"仙鹤"。

➲ 形态解析

跌势鹤鸦缺口形态一般出现在下跌行情或者横盘整理行情中,由一阴一阳两根K线组成,如图3—40所示。

在股价下跌过程中,首先出现一根阴线a。阴线a的最高价低于前一根K线的最低价,两者之间出现一个缺口形态。

紧跟阴线a之后,出现一根低开高走的阳线b。阳线b的实体深入到阴线a的实体中,但最高价低于阴线a的最高价,未能弥补之前的缺口。

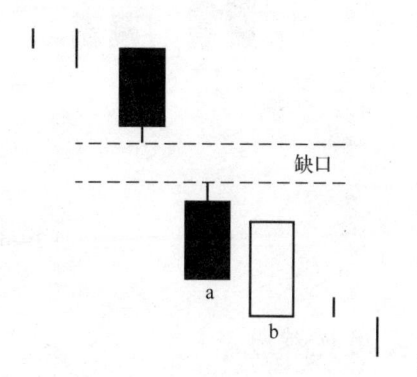

图3—40 跌势鹤鸦缺口形态

➲ 操作要点

1. 阴线a与之前的K线形成缺口,表示空方强势。之后的阳线b虽然与阴线a形成类似曙光初现形态的K线组合,但未能弥补之前的跳空缺口,上方压力还在。这根阳线更像是大幅下跌后的小幅反弹,只是对缺口形态的确认。因此,跌势鹤鸦缺口形态为看跌信号。

2. 在看到跌势鹤鸦缺口形态后,投资者应该尽快将手中的股票卖出,未持有股票的投资者则需要继续观望。

➲ 实盘分析

如图3—41所示,2016年11月18日至2016年11月22日,廊坊发展(600149)日K线图上出现跌势鹤鸦缺口形态。它表明多方虽然试图推动股价上涨,但后劲不足，股价接下来仍将延续下跌趋势。

11月23日，股价依然徘徊在低位，投资者要注意及时卖出。

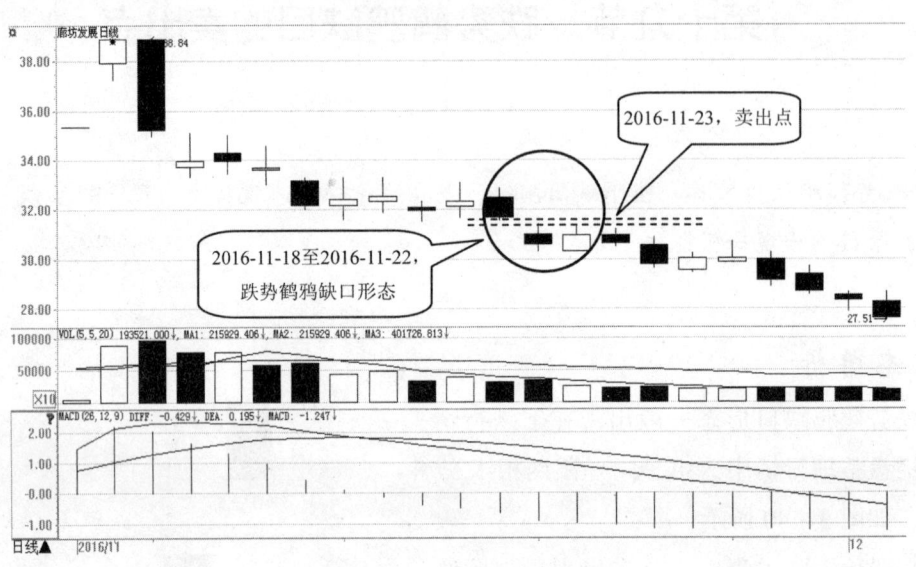

图3—41　廊坊发展日K线

➲ 应用规律

1. 跌势鹤鸦缺口形态如果出现在下跌行情中，其看跌信号强度要超过横盘整理过程中出现的同样形态。

2. 如果阴线a是放量下跌，而阳线b是缩量上涨，说明空方强势、多方弱势，这时该形态的看跌信号会更加强烈。

3. 如果股价能在几个交易日内弥补阴线a的缺口，则表示行情有转强的迹象，这时投资者可以试探性地买入股票。

高走，最终收出一根带有较长上影线的小阳线，并且与前一根阳线之间留下跳空缺口。

11月25日，永安林业再次收出一根小星线。这根星线的位置与11月24日K线的位置大致持平，未能有效弥补之前的跳空缺口。

这三个交易日的连续三根阳线组成了跳空上涨两颗星形态，是股价上涨受阻的信号。11月28日，股价跌破11月24日阳线的收盘价，缺口被弥补。此时跌势逐步形成，投资者应该尽快将手中的股票卖出。

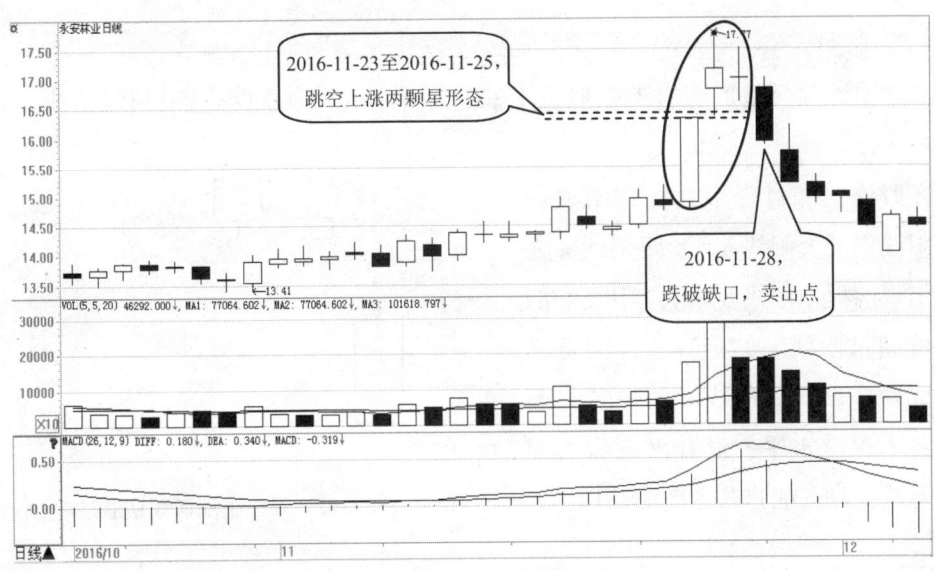

图3—43 永安林业日K线

➲ 应用规律

1. 如果a、b、c三根阳线的成交量逐渐萎缩，说明推动股价上涨的多方力量逐渐衰竭，这时该形态的看跌信号更加强烈。

2. 跳空上涨两颗星形态有时也会演变成跳空上涨三颗星形态，即有连续三根小阳线位于跳空缺口上方。这种形态的技术含义与跳空上涨两颗星形态相同。

第二十节 跳空上涨两颗星的卖出点

> 跳空上涨两颗星是指由一个向上跳空缺口和两根星线组成的 K 线组合。

● 形态解析

跳空上涨两颗星形态出现在股价上涨过程中，由一大两小三根阳线组成，如图 3—42 所示。

在股价上涨过程中，首先出现一根中阳线或者大阳线 a。紧跟阳线 a 之后，出现两根小阳线 b 和 c。阳线 b 的最低价超过阳线 a 的最高价，两者之间形成跳空缺口。阳线 c 的位置与阳线 b 基本保持水平，没有出现较大幅度的上涨，也未能弥补之前的缺口。

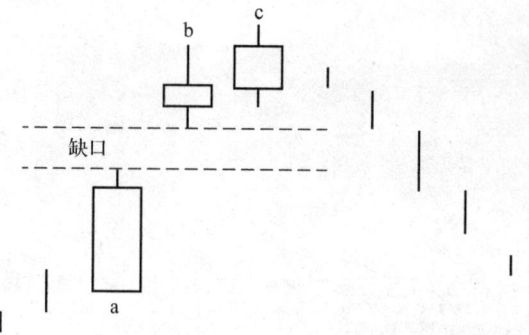

图 3—42 跳空上涨两颗星形态

● 操作要点

1. 跳空上涨两颗星形态虽然看似多方强势，但阳线 b 和 c 均未出现较大幅度的上涨，说明多方力量已经是强弩之末，空方可能占据主动。因此，跳空上涨两颗星形态为看跌信号。

2. 在看到跳空上涨两颗星形态后，未持有股票的投资者不能贸然买入，而已经持有股票的投资者也不必马上卖出股票，可以继续观望。如果未来股价下跌，将阳线 b 的向上跳空缺口完全覆盖，这时投资者应该果断地将手中的股票卖出。

● 实盘分析

如图 3—43 所示，2016 年 11 月 23 日至 2016 年 11 月 25 日，永安林业（000663）日 K 线图上出现跳空上涨两颗星形态。

11 月 23 日，永安林业放量涨停，收出一根大阳线。11 月 24 日，永安林业高开

第二十一节 高档五连阴的卖出点

> 高档五连阴是指股价上涨一段时间后出现的连续多根横盘整理的阴线组合。

◆ 形态解析

高档五连阴形态一般出现在一段上涨行情的尾端，由连续多根小阴线组成，如图3—44所示。

图3—44　高档五连阴形态

在股价连续上涨后的顶部区域，出现横盘整理的连续多根阴线组合。这些阴线多是小阴线，中间也可能夹杂多根中阴线。虽然连续多根K线收出阴线，但股价整体跌幅不大。

高档五连阴形态中的阴线数量最少为五根，也可能是六根或者七根。

◆ 操作要点

1. 高档五连阴形态表示股价上涨受阻，空方力量正在聚集，为看跌信号。
2. 看到这样的形态后，投资者可以将手中的股票卖出一部分，待股价破位下跌时再将剩余股票清空。

◆ 实盘分析

如图3—45所示，2017年1月3日至2017年1月9日，亚宝药业（600351）日K线图上出现高档五连阴形态。

在连续五个交易日内，亚宝药业日K线图上连续出现震荡下降的小阴线。这五根小阴线形成高档五连阴形态，表示股价上涨受阻，空方力量正在聚集。

1月10日，股价继续下跌，投资者要注意及时卖出持股。

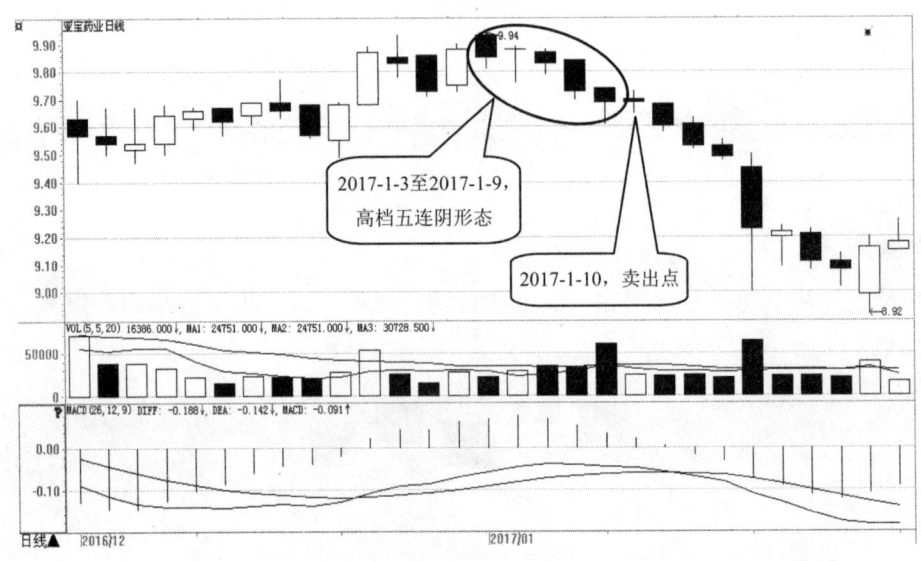

图3—45　亚宝药业日K线

➲ 应用规律

1. 在高位横盘整理的阴线数量越多，说明空方力量积蓄越充足，股价破位下跌时的跌幅就会越凶猛。

2. 如果在高档五连阴形态形成的同时成交量逐渐萎缩，则表示多方缺乏推动股价上涨的意愿，这时该形态的看跌信号就更加强烈。

3. 如果在高档五连阴形态完成后股价突破整理区间上涨，则该形态很可能是庄家在拉升股价过程中持续洗盘的表现，这时投资者可以买入股票。

第二十二节　徐缓下跌形态的卖出点

> 徐缓下跌形态是指股价下跌过程中出现的几根实体部分逐渐变长的阴线组合。

◉ 形态解析

徐缓下跌形态往往出现在股价横盘整理行情中，由几根实体部分逐渐变长的阴线组成，如图3—46所示。

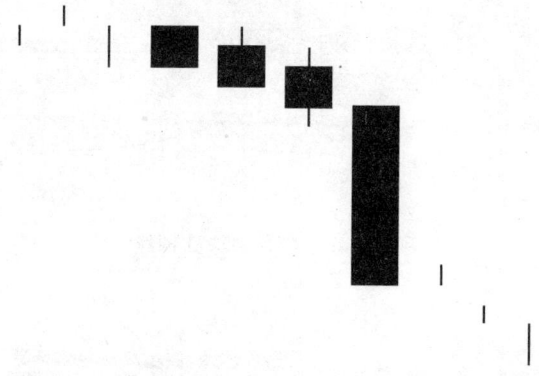

图3—46　徐缓下跌形态

股价经过一段时间的横盘整理后，先是出现一根小阴线，之后又连续出现几根阴线，而且阴线的实体部分逐渐变长，最后变成中阴线或者大阴线。

◉ 操作要点

1. 徐缓下跌形态表示空方力量已经占据主动，而且还在继续变强，后市行情虽然可能会出现反弹，但下跌趋势已经形成。

2. 徐缓下跌形态完成后，投资者应该尽快将手中的股票卖出。

◉ 实盘分析

如图3—47所示，2016年11月24日至2016年11月29日，广东明珠（600382）日K线图上出现徐缓下跌形态。

在此之前，该股出现一波明显的上涨走势。11月23日，K线形成经典的看跌吞没形态，表明短期内下跌动能较为强劲。随后四个交易日，K线不但全是阴线，而且实体部分越来越长，形成徐缓下跌形态，这是下跌趋势形成的标志。

11月30日，该股低开，投资者要注意及时卖出。

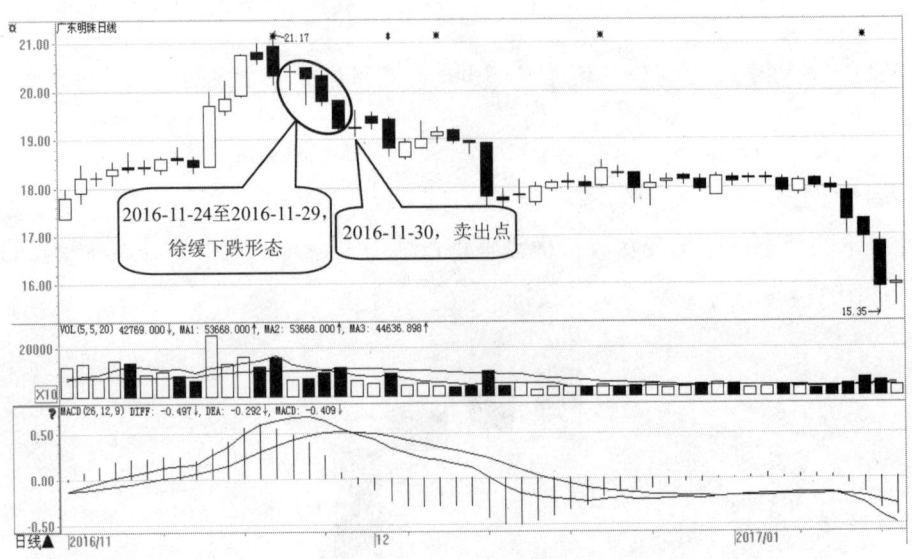

图3—47　广东明珠日K线

➲ 应用规律

1. 在徐缓下跌形态中，最后完成向下突破的阴线实体越长，表示下跌动能越充足，这时该形态的看跌信号就越强烈。

2. 如果在股价下跌的同时成交量放大，则该形态的看跌信号更加强烈。

3. 如果最后一根K线有较长的下影线，说明股价可能会获得支撑。这时投资者不必急于卖出所有股票，可以先卖出部分股票，保持轻仓观望。

第二十三节 绵绵阴跌形态的卖出点

绵绵阴跌形态比喻股价的下跌好像绵绵细雨,虽然跌幅不大,但市场行情已经转弱。

形态解析

绵绵阴跌形态一般出现在股价调整一段时间后,由多根(一般不少于八根)并列的小阳线、小阴线和十字线组成,如图3—48所示。

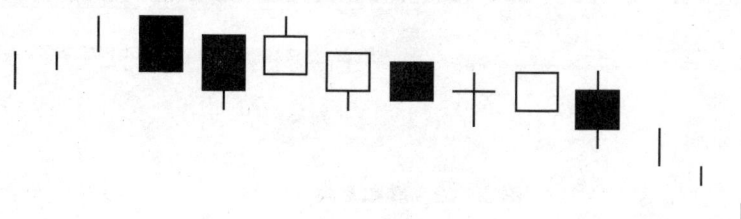

图3—48 绵绵阴跌形态

在组成绵绵阴跌形态的K线中,以小阴线居多,中间夹杂少量的小阳线和十字线。这些K线组成略微向下倾斜的形状。

操作要点

1. 虽然股价在绵绵阴跌过程中的跌幅并不大,但这代表行情转弱,空方力量正在聚集并逐渐占据主动。后市出现破位下跌行情的可能性很大。

2. 看到绵绵阴跌形态后,投资者可以先卖出部分股票。如果未来股价有加速下跌趋势,则需要果断地将剩余股票卖出。

实盘分析

如图3—49所示,2016年11月14日至2016年11月24日,盛和资源(600392)日K线图上出现绵绵阴跌形态。

在连续九个交易日中,盛和资源股价呈略微向下倾斜的横盘整理形态,总计跌幅只有4%左右。虽然这段时间股价跌幅不大，但空方力量正在聚集，市场行情已经转弱。

11月25日，股价高开低走，形成一根中阴线，与前一根K线形成看跌吞没形态，这是另一个看跌信号。综合两种看跌形态，投资者要注意及时卖出持股。

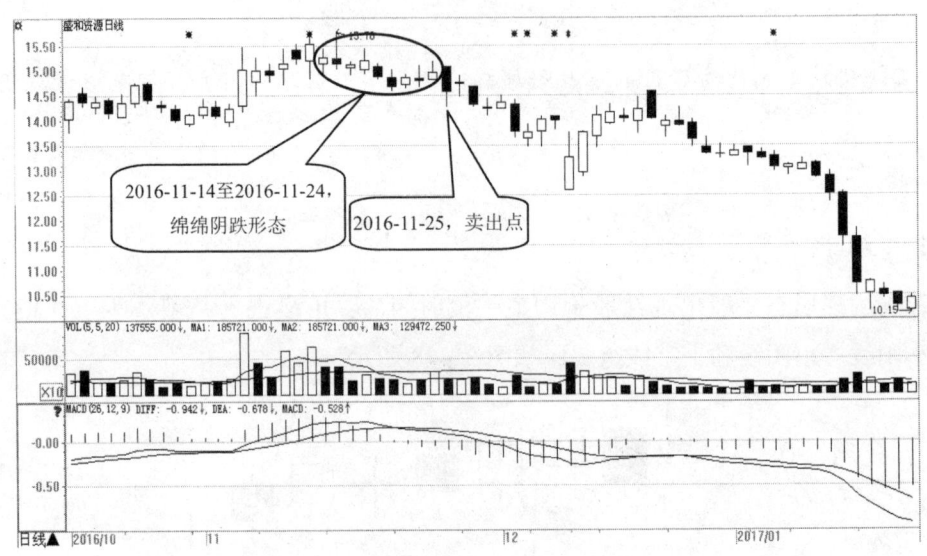

图3—49　盛和资源日K线

➲ 应用规律

1. 如果在股价绵绵阴跌的同时成交量逐渐放大，表示空方力量正在快速聚集。这时后市股价加速下跌的可能性将大大增强。

2. 如果绵绵阴跌形态中的小阴线或者小阳线均有较长的下影线，说明下方暂时有一定的支撑力量。这时持股的投资者可以不必急于卖出，继续观望。但如果未来股价破位下跌，投资者应该将手中的股票全部清空。

第二十四节　下跌不止形态的卖出点

下跌不止形态是一种股价连续下跌的K线组合。

● 形态解析

下跌不止形态出现在股价下跌过程中，由多根持续下跌的K线组成，如图3—50所示。

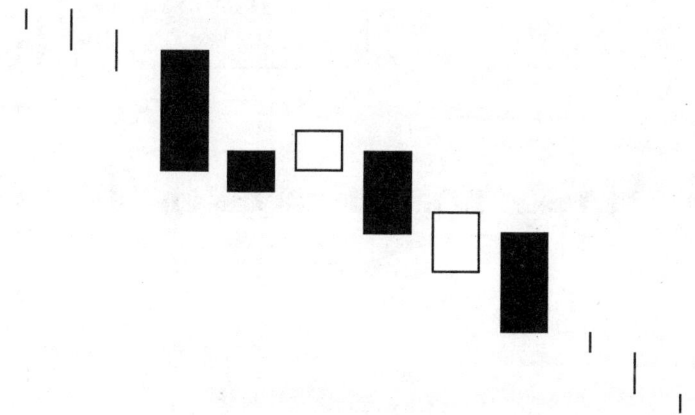

图3—50　下跌不止形态

在组成下跌不止形态的K线中，以阴线居多，中间夹杂少量的阳线。这些K线多数是下跌的，也有少数上涨，但整体上呈现出明显的下跌趋势。

● 操作要点

1. 下跌不止形态表示空方强势、多方弱势，但双方力量都比较稳定，股价暂时处于一个稳定的运行通道内。

2. 看到下跌不止形态后，投资者应该尽快将手中的股票卖出。

3. 下跌不止形态持续一段时间后，股价运行节奏或者方向势必出现变化，或者加速下跌，或者开始回升，单从下跌不止形态来看，很难判断这种变化的方向。这时投资者应该结合其他分析方法加以综合研判。

实盘分析

如图3—51所示，2015年12月22日至2015年12月31日，海澜之家（600398）日K线图上出现下跌不止形态。

2015年11月，该股由上涨趋势转为下跌趋势。12月22日，股价经过短暂反弹后再次向下，之后连续七个交易日整体上都在下跌，构成下跌不止形态，这表示空方已经完全占据主动。

2016年1月4日，海澜之家加速下跌，投资者要注意及时清仓。

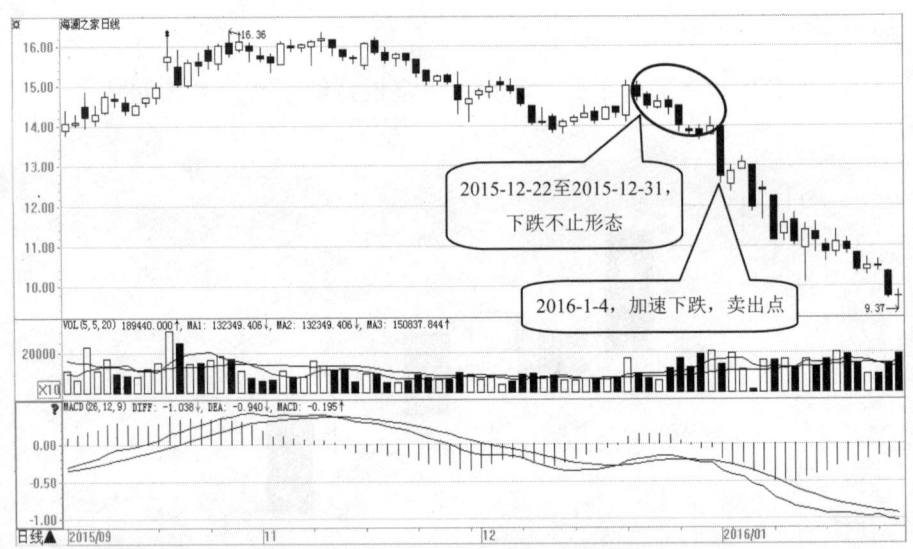

图3—51　海澜之家日K线

应用规律

1. 在下跌不止形态中，后面的阴线"吃掉"前面阳线的速度越快、覆盖越强，则形态完成后股价向下突破并加速下跌的可能性越大。

2. 如果伴随着股价下跌，成交量逐渐放大，说明空方力量强势，这种下跌形态可能会持续较长时间。相反，如果伴随着股价下跌，成交量逐渐萎缩，说明空方力量逐渐减弱，这种下跌形态不会持续太久，而且在形态完成后股价很可能向上突破，进入横盘整理或者是上涨行情。

第二十五节　下降抵抗线的卖出点

> 下降抵抗线是股价下跌过程中出现的抵抗性假阳线。这种假阳线的抵抗力很弱，难以改变股价下跌趋势。

◉ 形态解析

下降抵抗线形态出现在股价下跌过程中，是连续多根阴线中出现的假阳线，如图3—52所示。

在股价下跌过程中，出现连续多根下跌的阴线。在出现阴线 a 后，紧跟着股价跳空低开，虽然最终收出阳线 b，但阳线 b 的收盘价低于阴线 a 的收盘价，为假阳线（所谓假阳线，是指虽然实体为阳线，但收盘价低于前一根 K 线的收盘价，实际股价与上一个交易日相比是下跌的 K 线）。

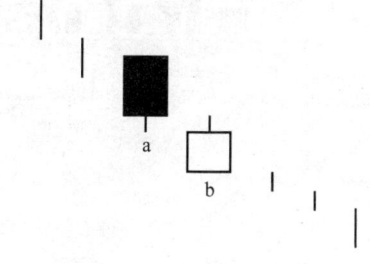

图3—52　下降抵抗线形态

当假阳线 b 出现在连续多根下跌的阴线之后时，就称为下降抵抗线。

◉ 操作要点

1. 下降抵抗线形态表示虽然股价短暂反弹，但反弹力量不足，是下跌趋势还将继续的信号。

2. 下降抵抗线形态是股价在下跌过程中的一次暂时休整。如果出现下降抵抗线形态后股价继续低开，投资者应该果断地将手中的股票全部卖出。

3. 如果下降抵抗线形态完成后股价继续高开，则表示反弹还有希望，这时投资者可以继续持股。但如果股价之后跌破假阳线 b 的开盘价，投资者就应该尽快将持有的股票卖出。

◉ 实盘分析

如图3—53所示，2016年12月2日至2016年12月5日，处于连续下跌趋势中的中国软件（600536）出现下降抵抗线形态。它表明虽然盘中出现反弹，但是反弹的力量很弱，空方依然主导着股价的运行。随后两个交易日，股价持续震荡。

12月8日，下降抵抗线形态形成后K线出现看跌吞没形态，此时投资者应该及时将手中的筹码悉数卖出。

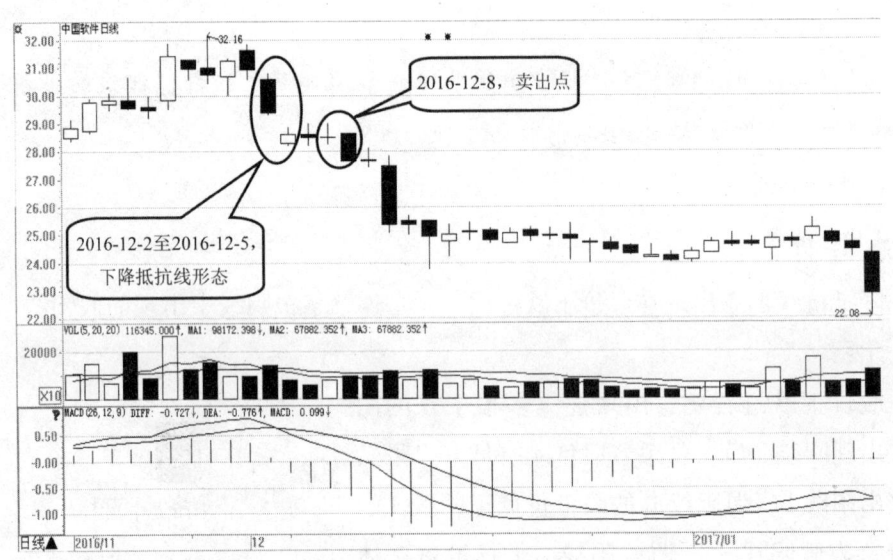

图3—53　中国软件日K线

➩ 应用规律

1. 假阳线b只有出现在连续下跌的阴线后才能称为下降抵抗线，为看跌信号。如果出现在上涨行情中，则没有这样的指示意义。

2. 假阳线b的跌幅越大、成交量越小，该形态的看跌信号就越强烈。如果假阳线b与阴线a之间有跳空缺口，则该形态的看跌信号更加强烈。

3. 如果假阳线b带有较长的上影线或者下影线，并且成交量较之前大幅放大，表示多空双方搏杀激烈，之后由哪一方主导行情存在很大的不确定性。在这种情况下，投资者可以先卖出部分股票，留下部分仓位继续观望。

第二十六节　空方尖兵的卖出点

空方尖兵比喻空方尖兵部队深入多方腹地。如果在随后的走势中，尖兵刺入部分被空方彻底占据，则未来股价会被空方持续打压。

➲ 形态解析

空方尖兵形态出现在下跌行情中，由一根带有长下影线的K线和一根中阴线或者大阴线组成，如图3—54所示。

在股价下跌过程中，出现一根带有长下影线的K线a，同时股价创出新低。这根K线a的实体部分可以是阳线，也可以是阴线。其阴影部分就是形态中的"尖兵"，是空方在打压股价过程中向下试探支撑位的信号。

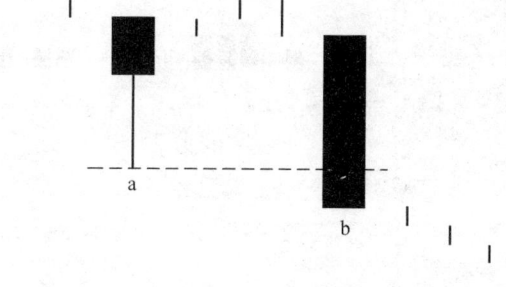

图3—54　空方尖兵形态

出现K线a后，股价并没有马上下跌，而是经过一段时间的整理。之后又出现一根中阴线或者大阴线b。阴线b的收盘价超过K线a的最低价，完成向下突破。

➲ 操作要点

1. 空方尖兵形态表示空方在试探下方支撑位后，认为这个价位支撑力量不足，希望将股价继续向下打压。在这个形态出现后，股价往往还会有一段较大幅度的下跌行情。

2. 看到这个形态后，投资者应该尽快将手中的股票卖出。

➲ 实盘分析

如图3—55所示，2016年12月26日至2017年1月13日，华鹏飞（300350）日K线图上出现空方尖兵形态。

2016年12月26日，处于下降趋势中的华鹏飞出现一根带有长下影线的K线。随后经过一段时间的震荡盘整，2017年1月13日，该股收出一根大阴线，且此阴线向下跌破了前方带有长下影线K线的最低点，形成空方尖兵形态。它预示着下方的支撑被击破，股价将要进一步下跌，发出卖出信号。此时手中有筹码的投资者应该及时卖出，持币观望的投资者继续等待时机。

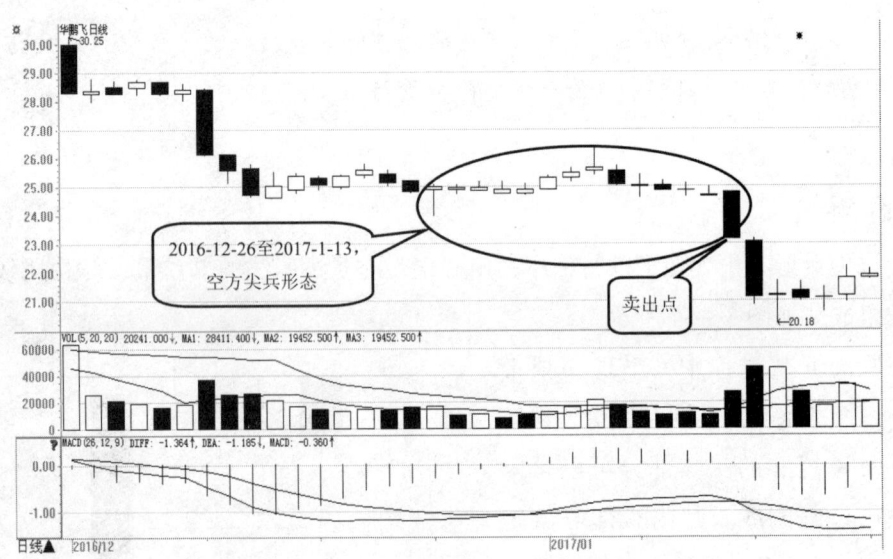

图3—55　华鹏飞日K线

⬤ 应用规律

1. 只有等到阴线b完成向下突破后，空方尖兵形态才算是完成。在刚刚出现带有下影线的K线a后，投资者可以保持观望。如果下影线不被突破，这根K线有可能变成倒锤头线，为股价见底反弹的信号。

2. 如果在出现阴线b的同时成交量放大，表示空方力量强劲，这时该形态的看跌信号更加强烈。

3. K线a的实体部分可以是阳线，也可以是阴线。两种K线均可以作为看跌信号。但是，如果K线a的实体部分是阳线，表示下方支撑力量较强，这样的看跌信号不如阴线强烈。

4. 在空方尖兵形态中，可能有多根带有长下影线的K线出现，这表示空方多次下探支撑位。下探次数越多，该形态的看跌信号就越强烈。

第二十七节　下降三部曲的卖出点

下降三部曲又称跌势三杰，是股价下跌过程中出现的三根阳线。这三根阳线代表反弹力量有限，难以改变股价长期下跌趋势。

形态解析

下降三部曲形态出现在股价下跌过程中，由两根阴线和三根阳线组成。五根K线组成类似倒英文字母N的形态，如图3—56所示。

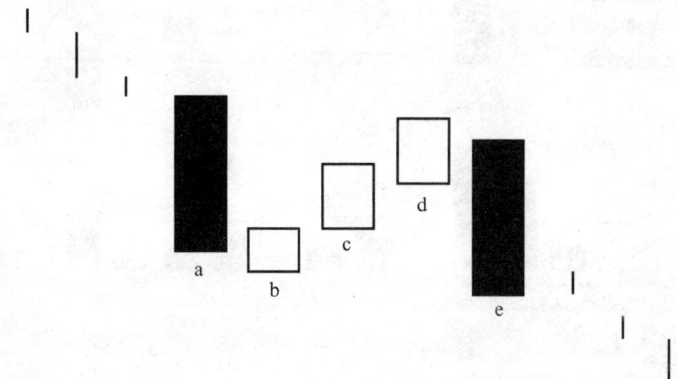

图3—56　下降三部曲形态

在股价下跌过程中，首先出现一根中阴线或者大阴线a。

紧跟阴线a之后，股价反弹，出现三根连续上涨的小阳线b、c、d，但是这三根K线均未能突破阴线a的开盘价。

在阳线d完成后，又出现一根中阴线或者大阴线e。阴线e的收盘价低于阳线b、c、d中最低的一个开盘价，完全吞没了这三根阳线的涨幅。

操作要点

1. 下降三部曲形态表示在下跌过程中股价虽然小幅反弹，但多方力量不足，空方仍旧占据主动，是行情继续下跌的信号。

2. 在看到下降三部曲形态后，未持股的投资者可以继续观望，而已经买入股票的投资者则应该尽快将股票卖出。

➡ 实盘分析

如图3—57所示，2016年11月30日至2016年12月12日，处于下降趋势中的＊ST钱江（000913）出现下降三部曲K线组合形态。

11月30日，股价收出一根大阴线。之后连续七个交易日，该股以小阴小阳线的形式持续震荡。12月12日，股价再次大幅下跌，表明股价经过短时间的反弹走势后，再次遭到空方打压，将要延续之前的跌势继续运行。投资者要注意把握这个卖点。

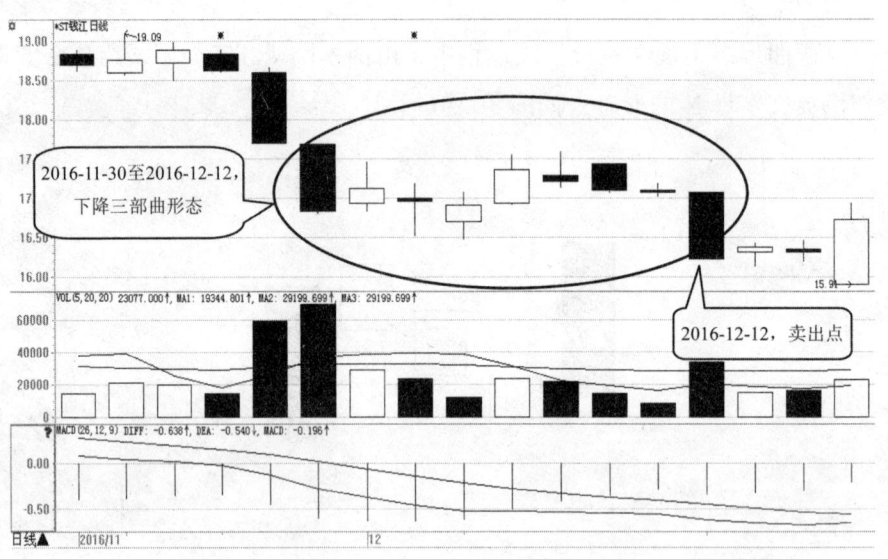

图3—57　＊ST钱江日K线

➡ 应用规律

1. 如果在出现小阳线b、c、d的同时成交量萎缩，而出现阴线e时成交量放大，则下降三部曲形态的看跌信号会更加强烈。

2. 阴线e的跌幅越大，空方力量越强，这时该形态的看跌信号会更加强烈。

第四章

发出反转信号的K线组合

第一节 大阳线的买卖点

> 大阳线是指实体部分较长的阳线。

➲ 形态解析

大阳线形态可能出现在任何行情中,这种阳线一般没有上、下影线,或者只有很短的上、下影线。在日K线图中,实体部分的涨幅超过5%的阳线才能被称为大阳线,如图4—1所示。

大阳线形态表示多方力量强势,在盘中一直积极拉升股价。空方可能在盘中有所抵抗,但多方不计价格地疯狂买进,最终使价格一路上扬,直至收盘。

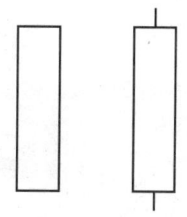

图4—1 大阳线形态

➲ 操作要点

1. 如果在股价刚刚出现上涨势头时就出现大阳线,表示股票有加速上扬的可能,这时投资者可以积极买入。

2. 如果在股价上涨一段时间后出现大阳线,同时成交量萎缩,则表示多方力量可能已经耗尽,这根阳线只是多方的最后一搏,股价将见顶回落。如果出现大阳线后股价下跌,投资者可以先卖出一部分股票,轻仓观望。

3. 如果在股价持续下跌的过程中出现大阳线,则表示股价有见底回升的势头。如果之后股价跳空高开,投资者可以适当买入股票建仓。

4. 投资者按照大阳线的看涨信号买入股票后,应该将止损位设定在大阳线的低端。如果股价在几个交易日内跌破这个价位,说明多方拉升股价失败,投资者需要尽快将手中的股票卖出。

➲ 实盘分析1

如图4—2所示,2016年5月12日,安泰科技(000969)日K线图上出现大阳线形态。

从 2016 年 4 月开始，安泰科技股价进入震荡行情。5 月 12 日，股价低开高走，中途一度创出阶段新低，但最终大涨 6.45%，收成一根大阳线。这说明多方开始强势拉升股价，市场行情即将反转。

5 月 13 日，股价略低于前一个交易日的收盘价开盘，之后一路上行，印证了之前的看涨信号。这时投资者可以积极买入股票。

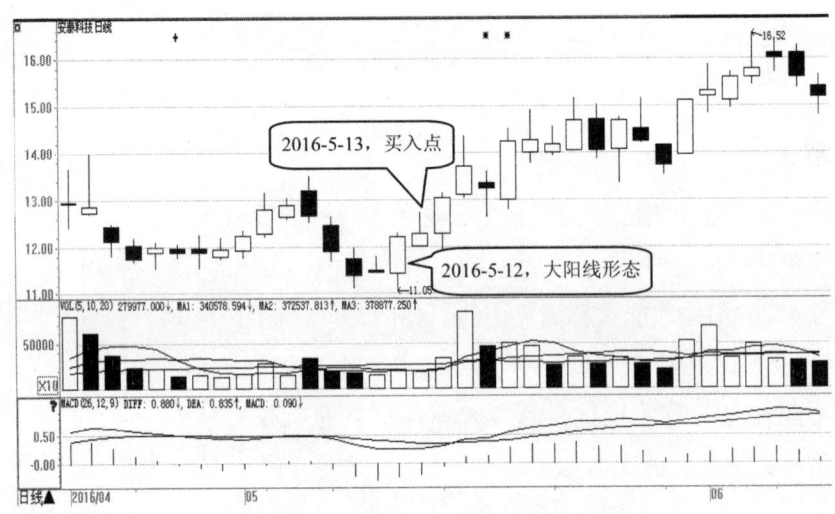

图 4—2　安泰科技日 K 线

➲ 实盘分析 2

如图 4—3 所示，2015 年 12 月 18 日，国统股份（002205）日 K 线图上出现大阳线形态。

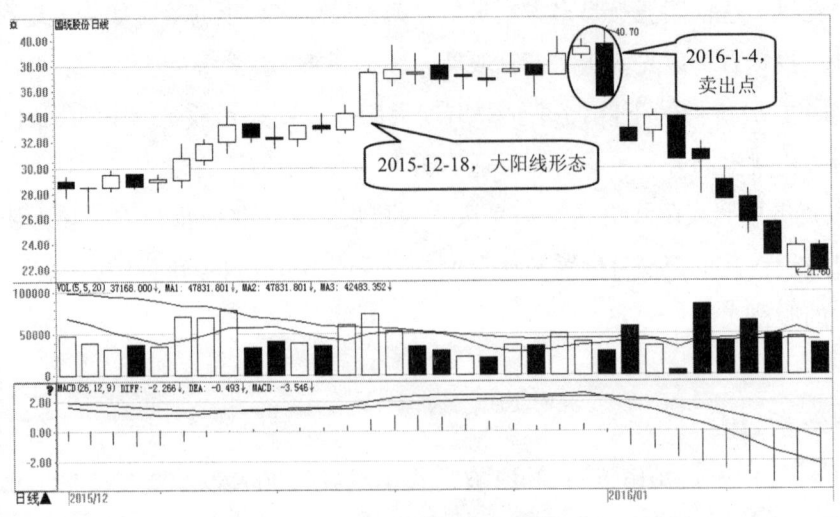

图 4—3　国统股份日 K 线

12月18日，经过一段时间上涨的国统股份再次加速上涨，涨幅超过9%，逼近涨停，收出大阳线，同时成交量放大。这表示多方正在大力拉升股价。

随后一段时间，该股在高位滞涨，以小阴小阳线的形式持续震荡。2016年1月4日，股价大跌，逼近跌停，K线形成经典的看跌吞没形态，卖点出现。

➲ 应用规律

1. 大阳线的实体部分越长，表示多方力量越强势，该形态的看涨信号也就越强烈。

2. 如果出现大阳线后的一个交易日，股价不能突破大阳线高点，则表示多方力量不足。这时大阳线的看涨信号大大变弱，投资者应该谨慎操作。希望买入股票的投资者可以先少量买入股票观望。

第二节 大阴线的买卖点

> 大阴线是指实体部分较长的阴线。

● 形态解析

大阴线形态可能出现在任何行情中，这种阴线一般没有上、下影线，或者只有很短的上、下影线。在日K线图中，实体部分的跌幅超过5%的阴线才能被称为大阴线，如图4—4所示。

大阴线形态表示空方力量强势，盘中一直在打压股价。虽然股价可能在盘中获得多方支撑，但是在空方不计成本的卖盘压力下，最终一路下跌，直至收盘。

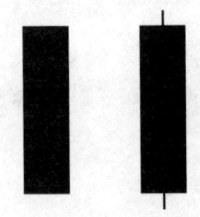

图4—4 大阴线形态

● 操作要点

1. 如果在股价上涨一段时间后出现大阴线，表示空方已经完全占据主动。如果之后股价继续低开，则证明了这个信号。此时投资者应该尽快将手中的股票卖出。需要投资者注意的是，大阴线预示下跌与大阳线预示上涨不同，不需要有成交量的配合。

2. 如果大阴线出现在股价下跌过程中，既是对下降趋势的推动，也是对下降趋势的验证。这时行情继续看跌，持股的投资者应该尽快将手中的股票卖出。

3. 如果在股价下跌一段时间后出现大阴线，紧随其后的几根K线又逐渐止跌，表示股价可能获得支撑，多方力量有复苏迹象。此时投资者可以适当观望。如果股价能在未来一段时间内向上突破大阴线的顶端，则构成买入信号。此时投资者可以买入股票。

● 实盘分析1

如图4—5所示，2016年2月29日，大立科技（002214）日K线图上出现底部大阴线。

从2016年2月中旬开始，大立科技股价持续下跌。2月29日，股价低开低走，最终收出大阴线。在大阴线形态完成后，股价逐渐走稳，这说明之前的阴线很可能是空方的最后一搏。

3月11日，股价突破2月29日大阴线的开盘价，这说明多方力量已经完全复苏。此时投资者可以适当买入股票建仓。

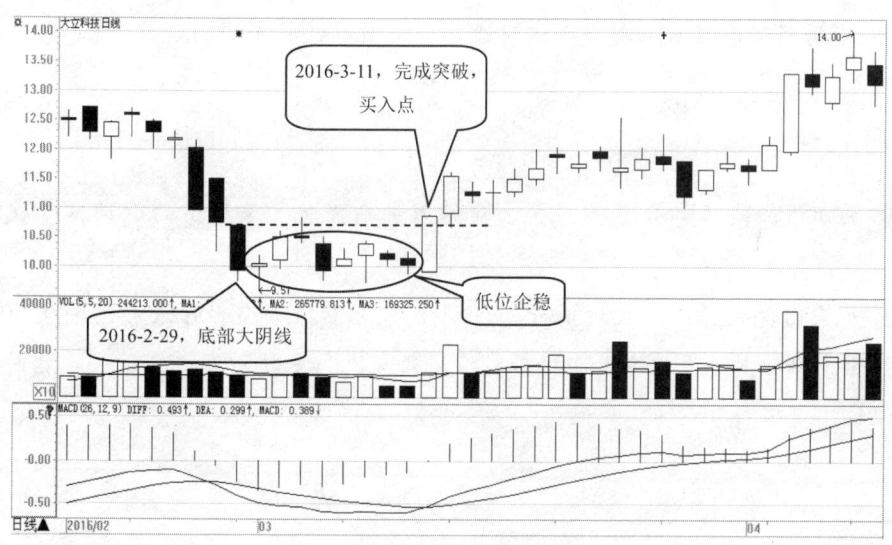

图4—5　大立科技日K线

● 实盘分析2

如图4—6所示，2015年8月18日，中科三环（000970）日K线图上出现顶部大阴线。

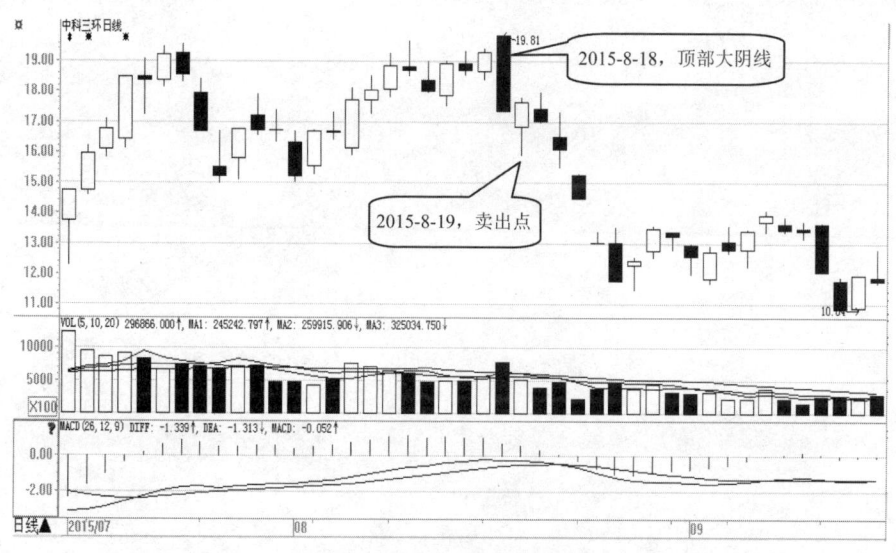

图4—6　中科三环日K线

2015年7月至8月中旬,中科三环股价一直处于上涨趋势中。8月18日,股价以阶段性高点开盘,但盘中持续大跌,直至跌停,最终在K线图上留下了顶部大阴线,而且这一天的成交量也明显放大。

这根大阴线说明股价上涨遇到了巨大阻力,空方力量强盛。8月19日,股价低开,说明市场弱势已经基本形成。这时投资者应该尽快将手中的股票卖出。

⊃ 应用规律

1. 大阴线的实体部分越长,表示空方力量越强势,该形态的看跌信号也就越强烈。

2. 如果出现大阴线后股价低开,说明市场处于弱势,此时该形态的卖出信号更加强烈。相反,如果出现大阴线后股价高开,说明多方还有力量反击,这时投资者可以继续观望。

第三节 捉腰带线的买卖点

> 捉腰带线的名称来自日本相扑运动的一个术语——羚羊挂角。这个术语的意思是"抓住对手的腰带,将他推出圈外"。捉腰带线比喻股价在开盘后即呈单边上涨或下跌行情,盘中很少有反复。

● 形态解析

根据具体形态不同,捉腰带线可以分为看涨捉腰带线和看跌捉腰带线。

如图4—7所示,看涨捉腰带线又称光脚阳线,往往出现在股价下跌之后的底部区域,是一根没有下影线的中阳线或者大阳线。在股价持续下跌后,出现一根坚挺的白色阳线。这根阳线没有下影线或者下影线很短,代表股价开盘后一路上涨,多方强势,为看涨信号。

如图4—8所示,看跌捉腰带线又称光头阴线,往往出现在股价上涨之后的顶部区域,是一根没有上影线的中阴线或者大阴线。在股价持续上涨后,出现一根坚挺的黑色阴线。这根阴线没有上影线或者上影线很短,代表股价开盘后一路下跌,空方强势,为看跌信号。

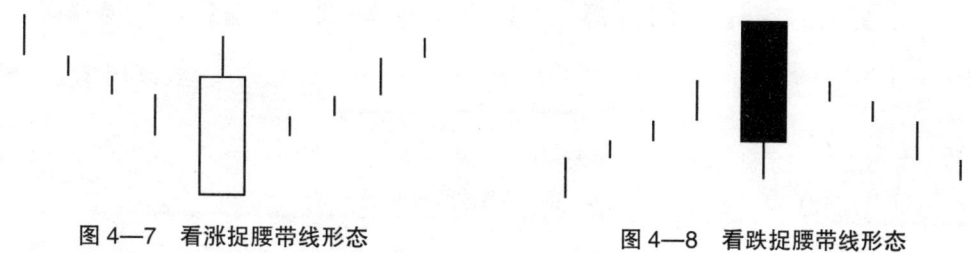

图4—7 看涨捉腰带线形态　　　　图4—8 看跌捉腰带线形态

● 操作要点

1. 看涨捉腰带线形态为买入信号。出现这个形态后,如果随后股价高开,说明多方强势,投资者应该积极买入。如果随后股价低开,说明上涨过程还可能会有反复,投资者可以等股价突破捉腰带线形态的最高价后再买入股票。

2. 按照看涨捉腰带线形态买入股票后,投资者应该将止损位设定在捉腰带线的最低价上。如果股价跌破这个价位，说明上攻失败，股价可能会继续下跌。

3. 看跌捉腰带线形态为卖出信号。出现这个形态后，投资者应该先卖出一部分股票，轻仓观望。如果随后股价低开低走，跌破捉腰带线的最低价，则反转形态成立，投资者应该尽快将手中的股票全部卖出。

⇨ 实盘分析1

如图4—9所示，2016年6月27日，泛海控股（000046）日K线图上出现看涨捉腰带线形态。

2016年5月至2016年6月，泛海控股一路缓缓下跌。6月24日，该股在低位出现经典的锤子线形态。6月27日，股价低开高走，最终收出一根没有下影线的中阳线，构成看涨捉腰带线形态。它表明股价开盘后一路上涨，多方开始占据主动。投资者可以在6月28日开盘后积极买入。

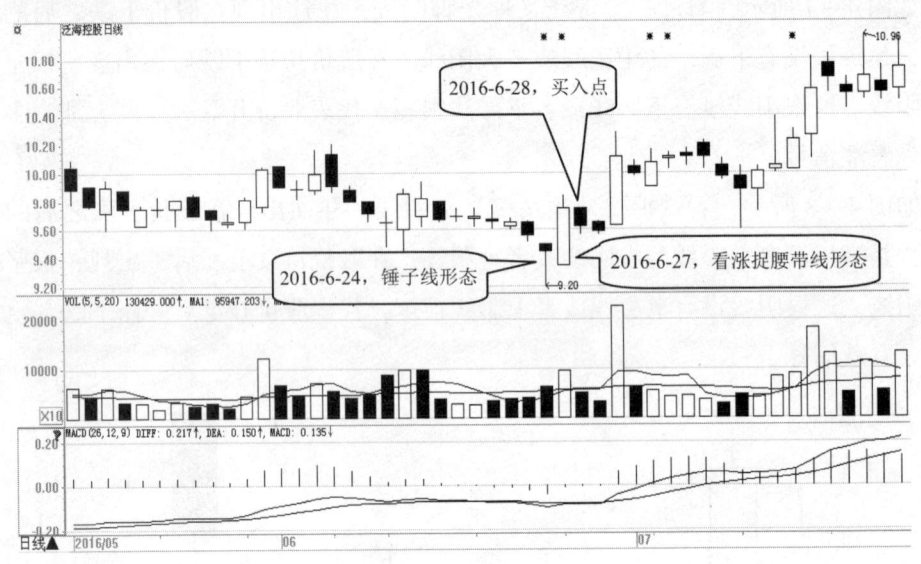

图4—9　泛海控股日K线

⇨ 实盘分析2

如图4—10所示，2016年7月7日，方大集团（000055）日K线图上出现看跌捉腰带线形态。

2016年6月，方大集团持续上涨，并于7月6日创出新高。7月7日，该股上涨受阻，开盘后一路放量下跌，当天收出一根没有上影线的大阴线，形成看跌捉腰带线形态。这个形态表示空方已经占据主动，多方全无反击能力。

7月8日，方大集团低开。这时下跌态势已经形成，投资者应该尽快将手中的股票卖出。

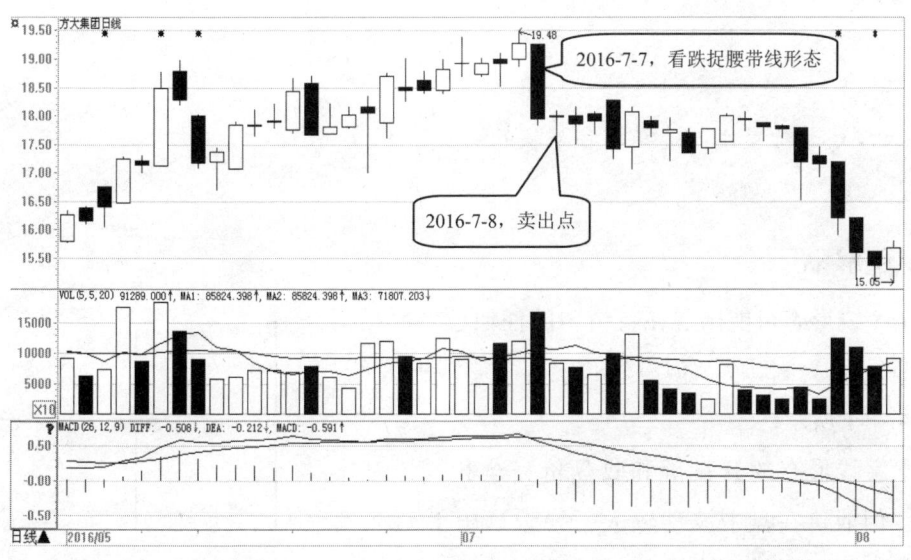

图4—10　方大集团日K线

➲ 应用规律

> 1. 捉腰带线形态的实体部分越长，反转信号越强烈。
>
> 2. 如果在捉腰带线形态出现之前股价已经有了较大幅度的上涨或者下跌，则捉腰带线形态的转势信号更加强烈。
>
> 3. 在看涨捉腰带线形态中，如果未来股价下跌，收盘价位于捉腰带线形态的开盘价之下，则形态失败。同样，在看跌捉腰带线形态中，如果未来股价上涨，收盘价位于捉腰带线形态的开盘价之上，则形态失败。

第四节 十字线的买卖点

> 十字线又称星线，是指十字形状的 K 线。

➲ 形态解析

十字线形态可能出现在行情中的任何位置，是指实体部分为"一"字，但有较长上、下影线的 K 线，如图 4—11 所示。

十字线形态的开盘价和收盘价完全相同或基本相等，但股价在盘中波动较大，导致这根 K 线带有较长的上、下影线。这样的 K 线表示多空双方陷入僵持，之前强势的一方优势已经不明显，市场行情有转变的迹象。

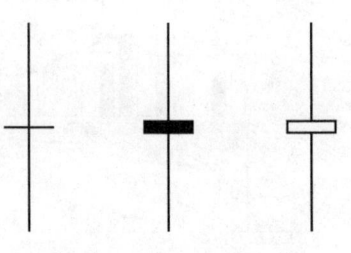

图 4—11　十字线形态

➲ 操作要点

1. 十字线形态为市场行情反转的信号。在上涨行情中，多方一直占据主动。如果这时出现十字线形态，表示多空双方陷入僵持。之前多方推动的上涨行情已经结束，市场可能在空方的压力下出现下跌行情。

2. 下跌行情中出现十字线形态的含义与上涨行情相反。在下跌行情中，空方一直占据主动。如果这时出现十字线形态，表示多空双方陷入僵持。之前空方打压股价下跌的行情已经结束，市场可能在多方的推动下开始上涨。

3. 十字线形态的转势信号较弱。投资者不能仅凭单一的十字线形态就判断市场行情走向。当十字线形态出现后，投资者可以等待 1~2 个交易时段，观察行情发展，再做出决定。

4. 如果在上涨行情中出现十字线形态后，股价马上突破十字线顶端，则表示多方重新夺回主动权。这时投资者不必急于卖出股票，可以继续持股待涨。

5. 如果在下跌行情中出现十字线形态后，股价马上跌破十字线底端，则表示空方重新夺回主动权。这时投资者不能急于买入股票，应该继续持币观望。

⊃ 实盘分析 1

如图 4—12 所示，2016 年 11 月 3 日，华发股份（600325）日 K 线图上连续出现一根十字线。

2016 年 10 月，华发股份持续下跌。11 月 3 日，该股低开，但经过反复波动后，最终收盘价与开盘价基本持平，收出底部十字线。这说明经过一段空方主导的下跌行情后，空方力量衰竭，多方有复苏迹象，多空双方陷入僵持。

11 月 4 日，股价高开，这表示多方开始重新占据主动，投资者可以积极买入。

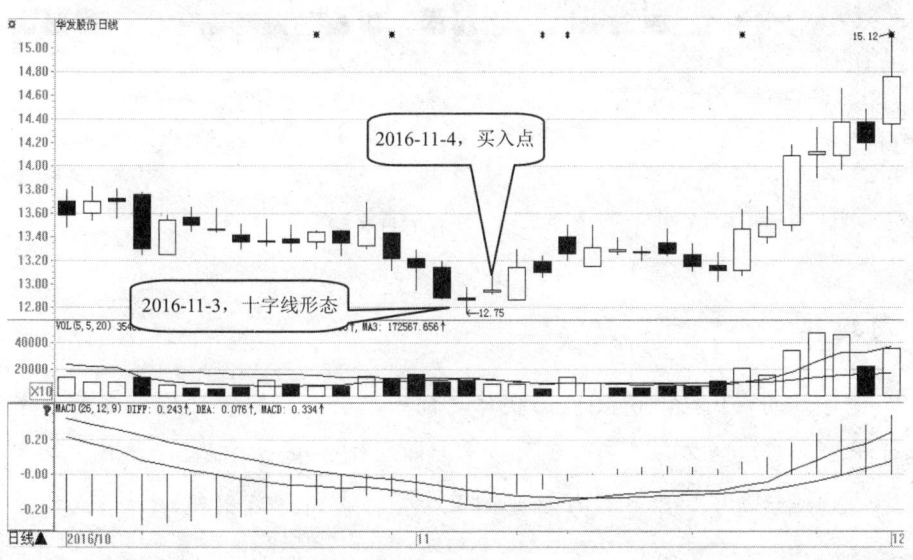

图 4—12 华发股份日 K 线

⊃ 实盘分析 2

如图 4—13 所示，2016 年 11 月 24 日，大东方（600327）日 K 线图上出现顶部十字线形态。

当天大东方股价开盘后反复波动，最终的收盘价与开盘价完全相同，收出一根带有长上、下影线的十字线。这根 K 线表示多空双方陷入僵持，之前推动股价上涨的多方优势已经不明显。

11 月 25 日，股价开盘后一路下跌。这说明空方开始占据主动，此时投资者应该将手中的股票卖出，规避风险。

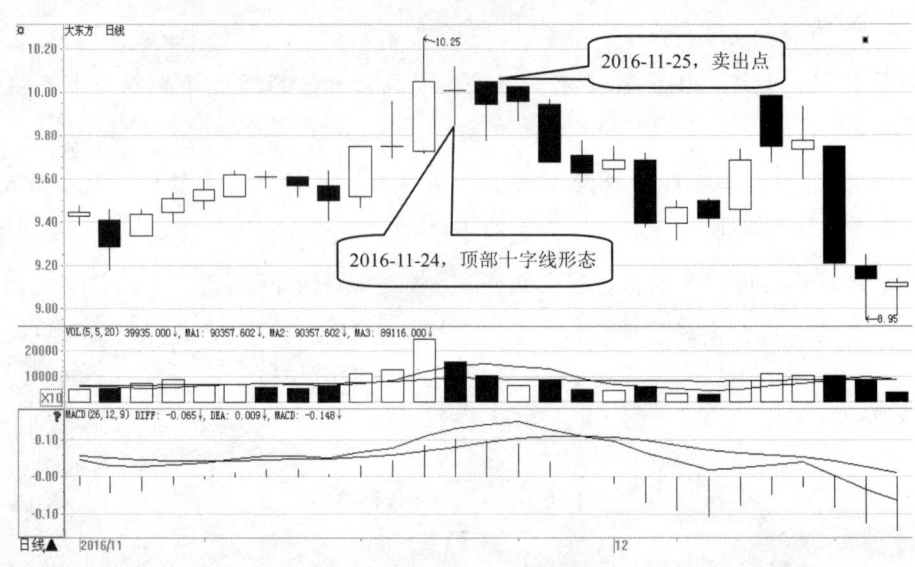

图4—13 大东方日K线

应用规律

1. 十字线的实体与之前K线的实体之间一般会形成价格跳空。如果十字线的实体位于之前K线的实体之内，则可以参照孕育组合中十字胎线的操作方法。

2. 在阳线后出现的十字线往往会向上跳空，在阴线后出现的十字线往往会向下跳空。

3. 十字线的上、下影线越长，该形态发出的反转信号就越可靠。

4. 十字线出现时的成交量越大，说明多空双方争夺越激烈，此时该形态的反转信号就越强烈。

第五节　螺旋桨形态的买卖点

> 螺旋桨形态是指带有较长上、下影线的小阴线或者小阳线，形似螺旋桨。

➲ 形态解析

螺旋桨形态的实体部分为小阴线或者小阳线，同时带有较长的上、下影线。一般情况下，上、下影线的长度均超过实体部分长度，如图4—14所示。

螺旋桨形态和十字线形态类似，也是表示之前主导行情的多方或空方力量衰竭，股价即将结束之前的行情。因此，该形态也是反转信号。

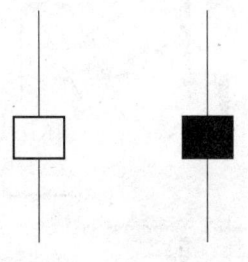

图4—14　螺旋桨形态

➲ 操作要点

1. 在股价上涨一段时间后出现螺旋桨形态，表示多方力量衰竭，空方逐渐占据主动。此时该形态为看跌信号。

2. 在股价下跌一段时间后出现螺旋桨形态，表示空方力量衰竭，多方逐渐占据主动。此时该形态为看涨信号。

3. 如果在上涨行情中出现螺旋桨形态后，股价马上突破螺旋桨顶端，则表示多方重新夺回主动权。这时投资者不必急于卖出股票，可以继续持股待涨。

4. 如果在下跌行情中出现螺旋桨形态后，股价马上跌破螺旋桨底端，则表示空方重新夺回主动权。这时如果投资者已经买入股票，需要尽快卖出止损，而未买入股票的投资者则需要继续持币观望。

➲ 实盘分析1

如图4—15所示，2015年11月11日至2015年11月12日，湖南发展（000722）日K线图上出现顶部螺旋桨形态。

从2015年10月开始，湖南发展股价连续上涨，多方强势。11月11日，股价在顶部留下一根带有长上、下影线的小阴线，形成顶部螺旋桨形态。这个形态表示多方力量不再强势，空方力量复苏，多空双方陷入僵持。

11月12日，股价高开，但当天股价剧烈震荡，最终再次收出一个顶部螺旋桨形态。

11月13日，股价低开，这确定了多方的弱势，此时投资者应该尽快将手中的股票卖出。

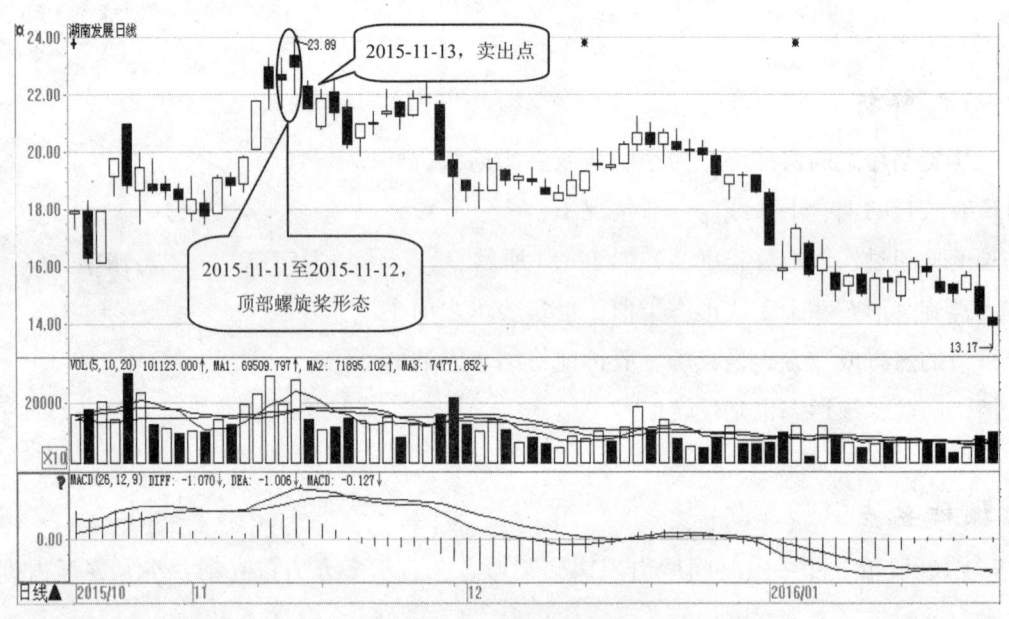

图4—15 湖南发展日K线

实盘分析2

如图4—16所示，2017年1月16日，大华股份（002236）日K线图上出现底部螺旋桨形态。

当天大华股份股价高开，在反复震荡后收出一根带有长上、下影线的小阳线，形成底部螺旋桨形态。这个形态表示之前推动股价下跌的力量衰竭，多方已经重新占据主动。

1月17日，大华股份继续上涨，这验证了之前的反转信号，此时投资者可以大胆买入股票。

发出反转信号的 K 线组合 / 第四章

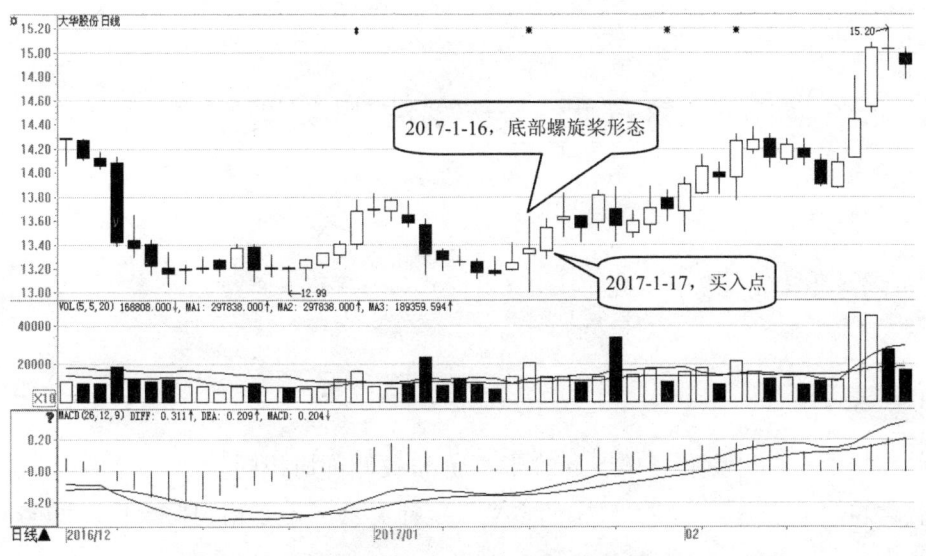

图 4—16　大华股份日 K 线

◆ 应用规律

1. 螺旋桨形态的实体部分既可以是阳线，也可以是阴线，两者并没有本质区别。但是在实战中，一般认为在上涨行情中出现螺旋桨形态，阴线的看跌信号要比阳线更强烈；而在下跌行情中出现螺旋桨形态，阳线的看涨信号要比阴线更强烈。

2. 螺旋桨形态的影线部分越长，表示该形态的反转信号越强烈。

3. 螺旋桨形态出现时的成交量越大，说明多空双方争夺越激烈，此时该形态的反转信号就越强烈。

4. 在股价前期走势、成交量等其他条件均相似的前提下，螺旋桨形态的反转信号强度要超过十字线形态。

第六节 一字线的买卖点

> 一字线是股价在整个交易时段内没有变化的一字形K线。

● 形态解析

一字线形态的开盘价、收盘价、最高价和最低价均相同。在涨跌停板制度下，一字线有特别的意义。这种K线一般是由于股价涨停或跌停造成的。股价从开盘就被封在涨停板或者跌停板上，直到收盘股价都没有波动，如图4—17所示。

图4—17 一字线形态

● 操作要点

1. 涨停板上的一字线表示多方力量十分强势，空方完全没有反击的力量，为买入信号。看到这样的形态后，投资者应该积极买入股票。

2. 跌停板上的一字线表示空方力量十分强势，多方完全没有反击的力量，为卖出信号。看到这样的形态后，投资者应该尽快将手中的股票卖出。

3. 出现连续涨停一字线时，虽然市场明显处于强势，但投资者很难有机会买入股票。同样，出现连续跌停一字线时，虽然市场明显处于弱势，但投资者也很难有机会卖出股票。这时，准确把握涨停板或者跌停板打开的时机就显得十分重要。在股价连续涨停或跌停过程中，如果某个交易日的成交量突然大幅放大，这是连续涨停或者跌停趋势将要结束的信号，这时想要买入或者卖出股票的投资者应该尽快入场操作。

● 实盘分析1

如图4—18所示，2015年10月14日，成发科技（600391）日K线图上出现涨停一字线。

在这个涨停出现之前，成发科技已经连续多个交易日上涨。这个涨停一字线更加坚定了多方强势的信号。看到这个信号后，投资者可以寻找机会买入股票。

10月15日，股价虽然再次高开，但投资者也可以趁此机会买入股票。

发出反转信号的K线组合 / 第四章

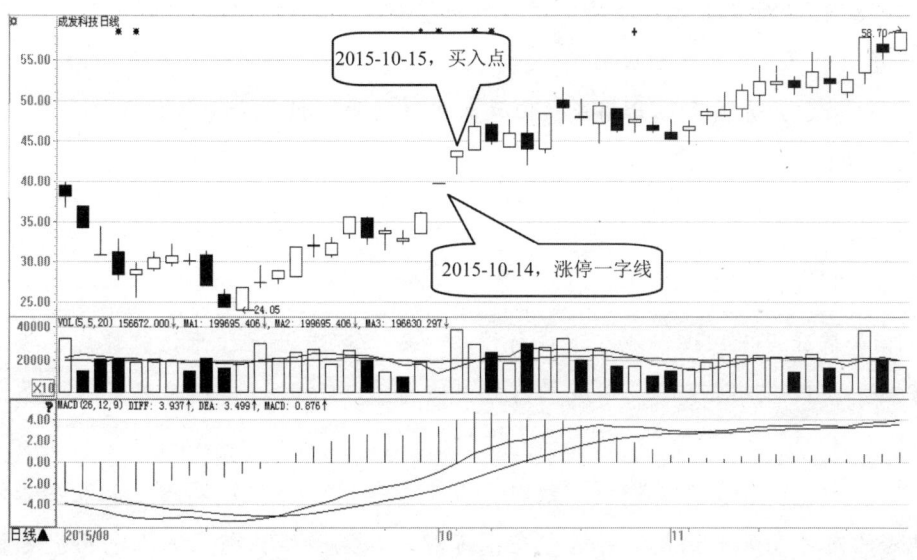

图4—18 成发科技日K线

➡ 实盘分析2

如图4—19所示，2015年8月28日至2015年8月31日，广东榕泰（600589）日K线图上连续出现跌停一字线。

从2015年4月13日起，广东榕泰因"定增+现金收购森华易腾进入互联网行业"

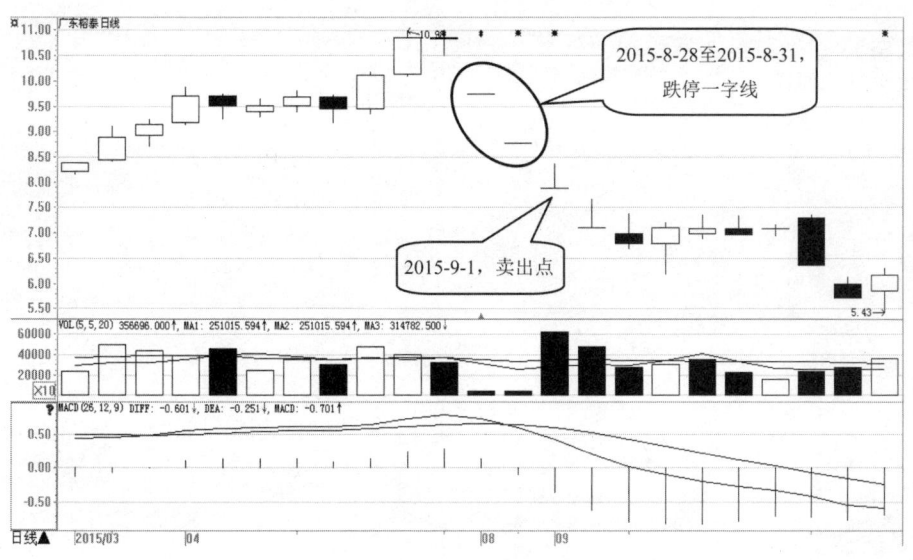

图4—19 广东榕泰日K线

165

而停牌。8月28日复盘后，连续出现两个一字跌停。这种形态说明空方力量强势，但此时投资者很难有机会卖出股票。

9月1日，广东榕泰低开高走，但收盘仍报跌停。投资者应该借此机会尽快将手中的股票卖出。

● 应用规律

1. 如果涨停一字线出现在下跌行情中，或者在涨停板打开之前股价已经有了相当幅度的上涨，则涨停一字线很可能是庄家诱多的骗线。此时投资者应该谨慎操作。

2. 在出现涨停或者跌停一字线时，成交量一般都会极度萎缩。如果在涨停或者跌停的同时成交量放大，则该形态很可能是庄家骗线，即庄家在利用涨停板出货，或者利用跌停板吸筹。此时投资者需要谨慎操作。

第七节　T字线的买卖点

> T字线是实体很短，没有上影线，但下影线较长的T字形K线。

◉ 形态解析

T字线形态的开盘价、收盘价、最高价基本相等，但最低价较低。这种形态表示空方在盘中打压股价，造成一轮下跌行情，但多方随后将股价拉起，使开盘价与收盘价基本相等，如图4—20所示。

图4—20　T字线形态

◉ 操作要点

1. T字线形态表示多方力量强势，虽然空方在盘中打压股价，但多方最终将股价拉回开盘价位置，重新夺回主动权。因此，一般情况下，T字线形态为看涨信号。看到这个形态后，投资者应该尽快买入股票。

2. 按照T字线形态买入股票后，投资者可以把止损位设定在T字线的下影线底端。如果股价跌破这个位置，说明多空双方继续纠缠，而且空方略占优势。此时投资者应该将手中的股票卖出。

3. 如果T字线形态出现时股价涨停，同时成交量大幅放大，则有可能是庄家在借助涨停板出货，这时T字线形态为看跌信号。看到这样的形态后，投资者应该尽快将手中的股票卖出。

◉ 实盘分析1

如图4—21所示，2017年1月17日，中毅达（600610）日K线图上出现T字线形态。

2017年1月中旬，中毅达出现一波下跌走势。1月17日，股价低开后继续下跌，但是在收盘前多方将股价拉升，使当天的收盘价和开盘价基本持平。这个形态表示股价在当前价位获得有效支撑。

1月18日，股价低开后大涨，冲击涨停板，收出一根大阳线。这表示多方力量强劲，是对前面T字线形态的确认，投资者可以积极买入。

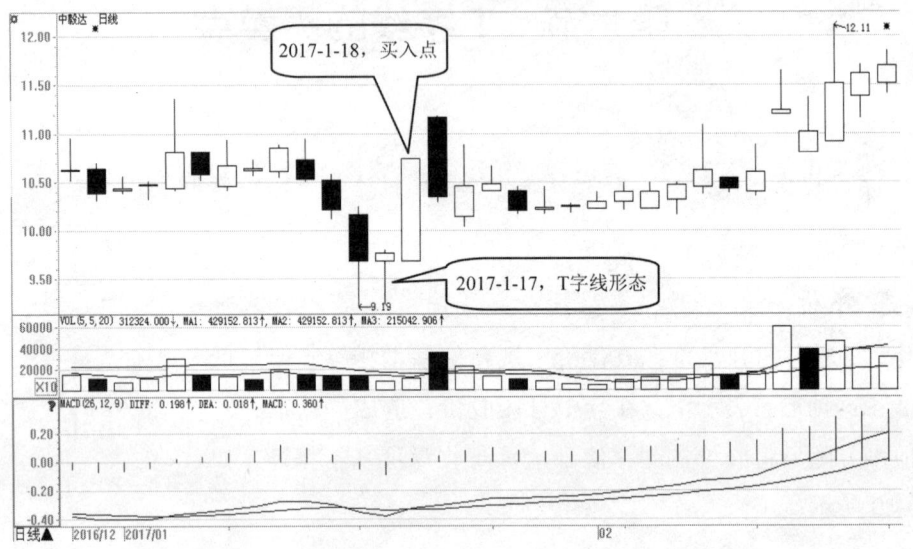

图4—21　中毅达日K线

⇨ 实盘分析2

如图4—22所示，2016年12月16日，上海凤凰（600679）日K线图上出现T字线形态。

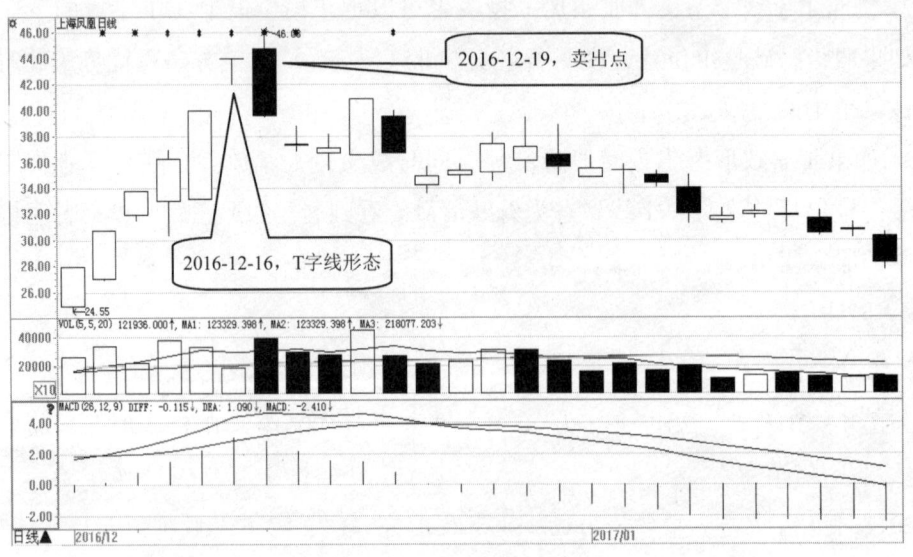

图4—22　上海凤凰日K线

当天上海凤凰以涨停板开盘，虽然盘中股价小幅下跌，但最终仍以涨停板收盘，在高位形成一个T字线形态。这说明空方动能正在增强，庄家可能借助涨停在顶部出货。

12月19日，股价高开低走，形成放量大阴线，庄家出货确定无疑，此时投资者应该尽快将手中的股票卖出。

➲ 应用规律

> 1. 无论是在上涨还是下跌行情中，只要出现T字线形态的同时成交量没有大幅放大，则该形态就可以作为看涨买入信号。
> 2. T字线形态作为看涨信号时，下影线越长，看涨信号越强烈。
> 3. T字线形态作为看跌信号时，成交量越大，看跌信号越强烈。

第八节 倒T字线的买卖点

> 倒T字线是没有下影线，上影线较长的K线。

⊃ 形态解析

倒T字线形态的开盘价、收盘价、最低价基本相等，但最高价较高。这种形态表示多方在盘中拉升股价，但空方随即将股价打压，最终的开盘价和收盘价基本相等，如图4—23所示。

图4—23 倒T字线形态

⊃ 操作要点

1. 如果倒T字线形态出现在股价上涨行情或者横盘整理行情中，为卖出信号。这时倒T字线形态表示空方力量强盛，多方虽然在盘中拉升股价，但空方最终将股价打压到开盘价附近。最终收盘时，空方已经重新夺回主动权。因此，一般情况下，倒T字线形态为看跌信号。看到这个形态后，投资者需要尽快将手中的股票卖出。

2. 如果倒T字线形态出现在股价长期下跌后，为买入信号。这时倒T字线形态表示长期受到压制的多方力量有反攻迹象。虽然股价上涨暂时受到压制，但反转行情即将到来。如果未来股价能突破倒T字线的上影线顶端，投资者可以尽快买入股票。

3. 如果投资者按照倒T字线形态的信号买入股票，应该将止损位设定在倒T字线形态的底端。如果股价跌破这个价位，说明空方仍然强势，反转形态失败，投资者应该将手中的股票卖出。

⊃ 实盘分析1

如图4—24所示，2015年9月2日，百川能源（600681）日K线图上出现倒T字线形态。

从2015年9月1日开始，百川能源由原来的上涨走势突然跌停。9月2日，股价以跌停价开盘，盘中一度大幅上涨，但最终仍被打压回开盘价附近。这种形态表明多方力量开始复苏，股价有较大可能上涨。

9月7日,百川能源继续上涨,这验证了多方力量复苏的信号,此时投资者可以尽快买入股票。

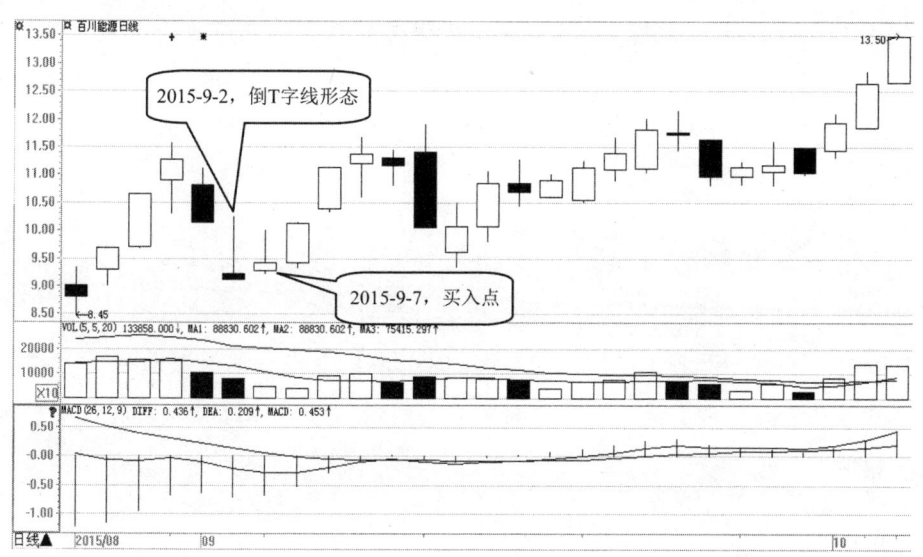

图4—24 百川能源日K线

⇒ 实盘分析2

如图4—25所示,2017年3月7日,澳洋顺昌(002245)日K线图上出现倒T字线形态。

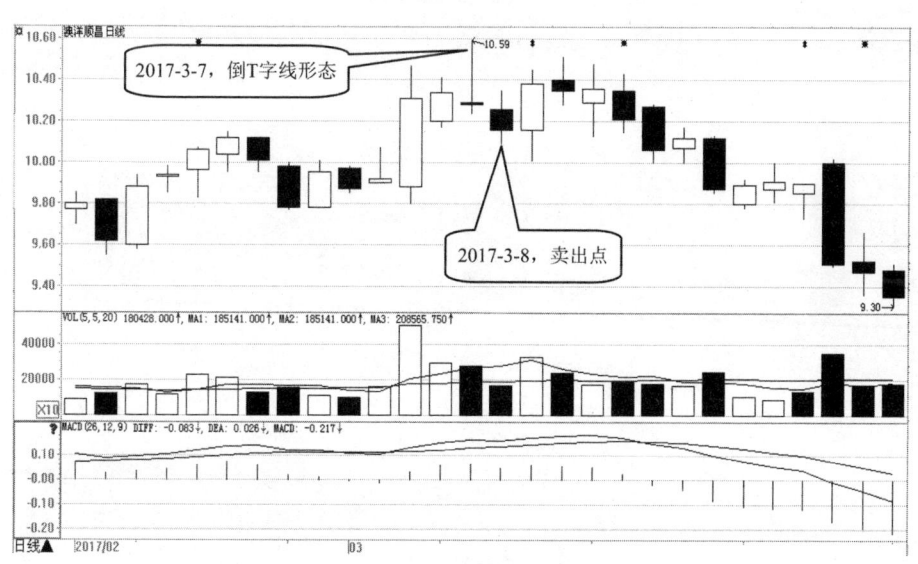

图4—25 澳洋顺昌日K线

当天该股股价冲高回落，最终收盘价与开盘价基本相同。这个形态表示经过一段时间的整理，空方开始占据主动，完全压制了多方拉动的上涨行情。

3月8日，股价低开低走，这验证了空方强势的信号，此时投资者应该尽快将手中的股票卖出。

➲ 应用规律

1. 倒T字线形态作为看跌信号时，上影线越长，看跌信号越强烈。
2. 倒T字线形态作为看涨信号时，成交量越大，看涨信号越强烈。
3. 如果在股价连续一字线跌停后出现倒T字线形态，同时股价跌停，则该形态表示连续跌停行情即将结束，为股价跌势减缓的信号，但此时距离股价反转可能还有一段时间。

第九节 揉搓线的买卖点

> 揉搓线比喻股价反复波动，是多空双方僵持的信号。

● 形态解析

揉搓线形态是由一根T字线和一根倒T字线组成的K线组合，表示多空双方僵持不下。如果这种形态出现在一段上涨或者下跌走势之后，往往是行情反转的信号，如图4—26所示。

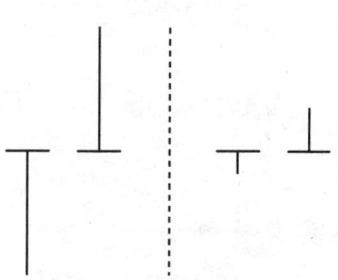

图4—26 揉搓线形态

● 操作要点

1. 揉搓线形态出现在一段下跌行情之后，表示空方力量衰竭，多方力量增强，导致双方陷入僵持。此时揉搓线形态为买入信号。如果未来股价能突破揉搓线的上影线顶端，投资者就可以大胆买入股票。

2. 揉搓线形态出现在一段上涨行情之后，表示多方力量衰竭，空方力量增强，导致双方陷入僵持。此时揉搓线形态为卖出信号。如果未来股价低开低走，投资者应该尽快将手中的股票卖出。

3. 如果投资者按照揉搓线形态的信号买入股票，应该将止损位设定在揉搓线形态的最低点。如果股价跌破这个价位，说明空方重新占据主动，此时投资者应该将手中的股票卖出。

● 实盘分析1

如图4—27所示，2016年11月25日至2016年11月28日，信威集团（600485）在缓缓上移中出现高位揉搓线形态，显示空方已经占据主动。

11月29日，股价继续下跌，弱势尽显，卖点出现，此时投资者应该及时清仓离场。

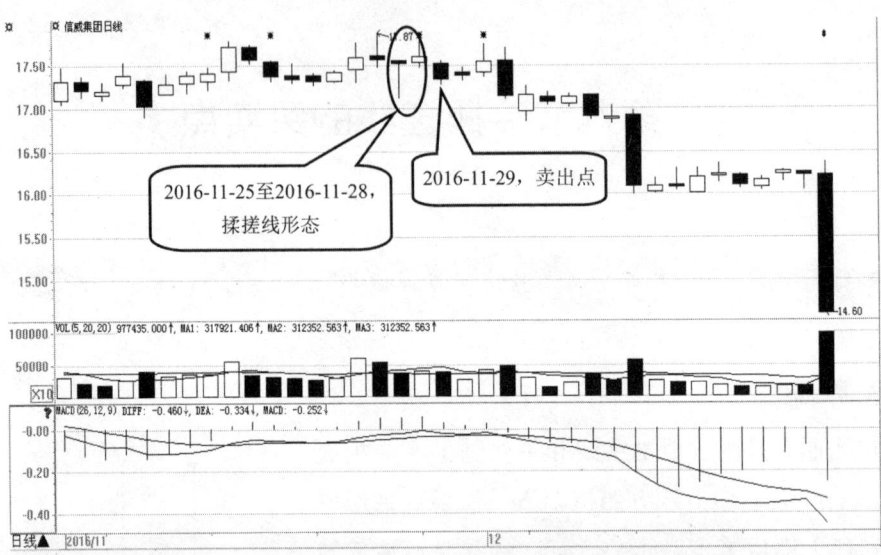

图4—27　信威集团日K线

➲ 实盘分析2

如图4—28所示，2016年12月7日至2016年12月8日，宝新能源（000690）日K线图上出现揉搓线形态。

12月7日，宝新能源股价在一波下跌走势后，收出倒T字线。12月8日，宝新能源在底部收出一根T字线。

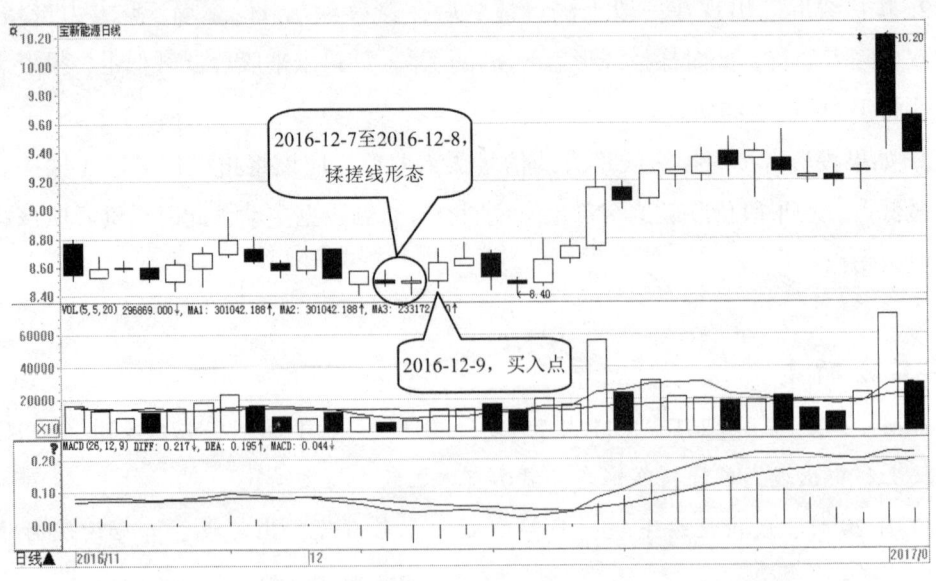

图4—28　宝新能源日K线

这两个交易日的K线形成底部揉搓线形态，表示经过一段时间空方主导的下跌行情后，多空双方再次陷入僵持，股价有见底反弹的可能。

12月9日，股价上涨突破揉搓线顶端，证明了多方的强势。看到这个信号后，投资者可以积极买入。

➲ 应用规律

1. 揉搓线形态中的上、下影线越长，行情反转信号越强烈。如果揉搓线的上、下影线均很短，则不能构成市场行情反转信号。

2. 如果在出现揉搓线形态的同时成交量放大，表示多空双方争夺激烈，该形态的反转信号更加强烈。

3. 在揉搓线形态中，是先出现T字线还是先出现倒T字线并没有本质区别。但是在实战中，一般认为上涨行情中先出现倒T字线、后出现T字线，则未来行情反转下跌的可能性更大；在下跌行情中先出现T字线、后出现倒T字线，则未来行情反转上涨的可能性更大。

第十节　尽头线的买卖点

> 尽头线是指当前上涨或下跌行情已经达到尽头的 K 线组合。

➜ 形态解析

按照 K 线组合和所处位置不同，尽头线可以分为下跌尽头线和上涨尽头线两种。

如图 4—29 所示，下跌尽头线形态出现在一段下跌行情之后，由一根带有长下影线的阴线 a 和一根小 K 线 b 组成。K 线 b 可以是小阳线、小阴线或十字星线。K 线 b 的实体以及影线完全依附在阴线 a 的下影线之内，即 K 线 b 的最高价低于阴线 a 的收盘价，最低价高于阴线 a 的最低价。

如图 4—30 所示，上涨尽头线形态出现在一段上涨行情之后，由一根带有长上影线的阳线 a 和一根小 K 线 b 组成。K 线 b 可以是小阳线、小阴线或十字星线。K 线 b 的实体以及影线完全依附在阳线 a 的上影线之内，即 K 线 b 的最高价低于阳线 a 的最高价，最低价高于阳线 a 的收盘价。

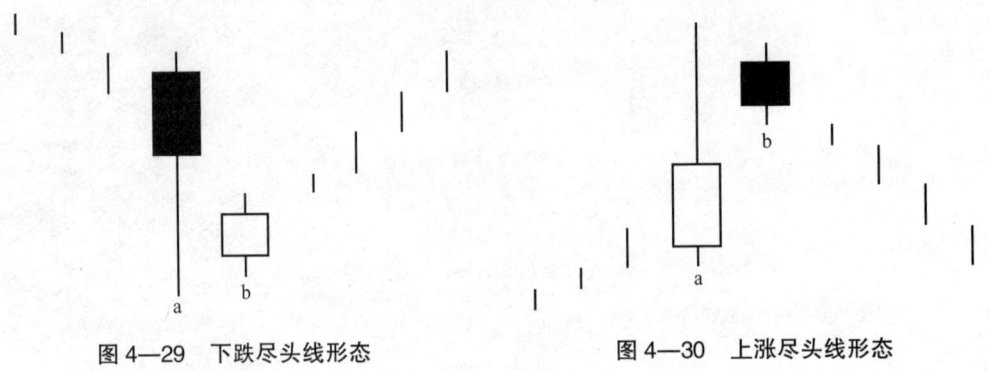

图 4—29　下跌尽头线形态　　　　图 4—30　上涨尽头线形态

➜ 操作要点

1. 下跌尽头线形态表示股价经过一段时间下跌后，多方力量开始反击，股价在短期内不仅不会继续下跌，而且有上涨的可能。该形态为买入信号。看到这个形态后，投资者可以抄底买入股票。

2. 上涨尽头线形态表示股价经过一段时间上涨后，空方力量开始反击，股价上涨遇到巨大阻力。该形态为卖出信号。看到这个形态后，投资者应该尽快将手中的股票卖出。

3. 投资者按照下跌尽头线形态的信号买入股票后，可以将止损位设定在阴线 a 的下影线底端。如果股价跌破这个价位，说明多方对股价的支撑无效，形态失败。此时投资者应该尽快卖出股票。

⊃ 实盘分析 1

如图 4—31 所示，在经过一波下跌之后，2016 年 3 月 8 日至 2016 年 3 月 10 日，长园集团（600525）日 K 线图上出现下跌尽头线形态。

2016 年 2 月底 3 月初，该股经过一波下跌之后，在低位企稳。3 月 8 日，K 线形成低位 T 字线，这是上涨动能强劲的标志。随后两个交易日，股价以小阴线的形式震荡，且被之前的 T 字线完全包含，形成尽头线形态。它的看涨意义颇为明显。

3 月 11 日，该股股价继续上涨，越过前一根 K 线实体，买点出现。

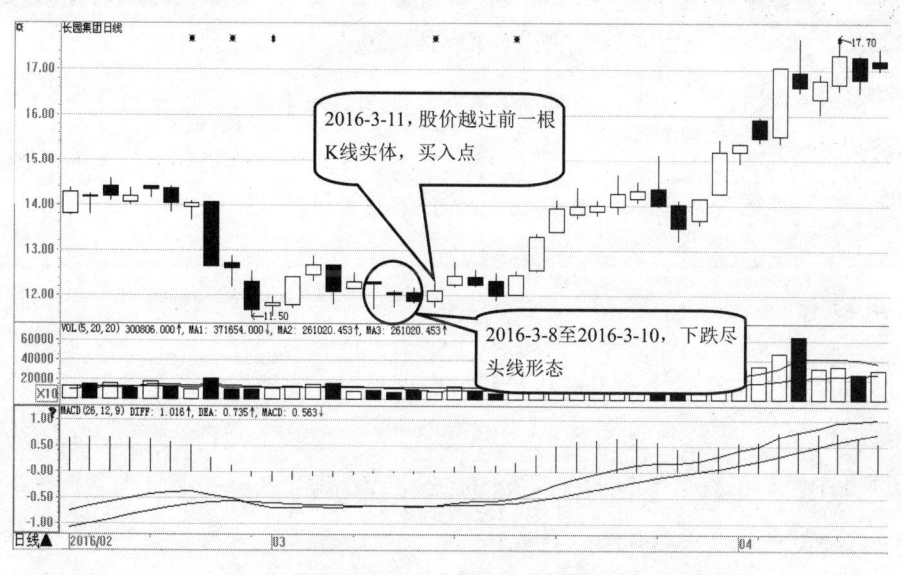

图 4—31　长园集团日 K 线

⊃ 实盘分析 2

如图 4—32 所示，2016 年 12 月 12 日至 2016 年 12 月 13 日，象屿股份（600057）股价在经过一段时间的上涨后出现上涨尽头线形态。

12 月 12 日，象屿股份经过一波上涨之后开始滞涨，当日 K 线的长上影线显示出上方强劲的下跌动能。12月13日，股价虽然高开高走，形成一根阳线，但阳线完全包含在前一根K线之内，形成尽头线形态。它表明盘中的获利盘大量涌出，导致股价上涨受阻，股价有可能已经见顶。

12月14日，该股低开低走，验证了上涨尽头线形态发出的看跌信号，卖点出现，此时投资者应该及时获利了结。

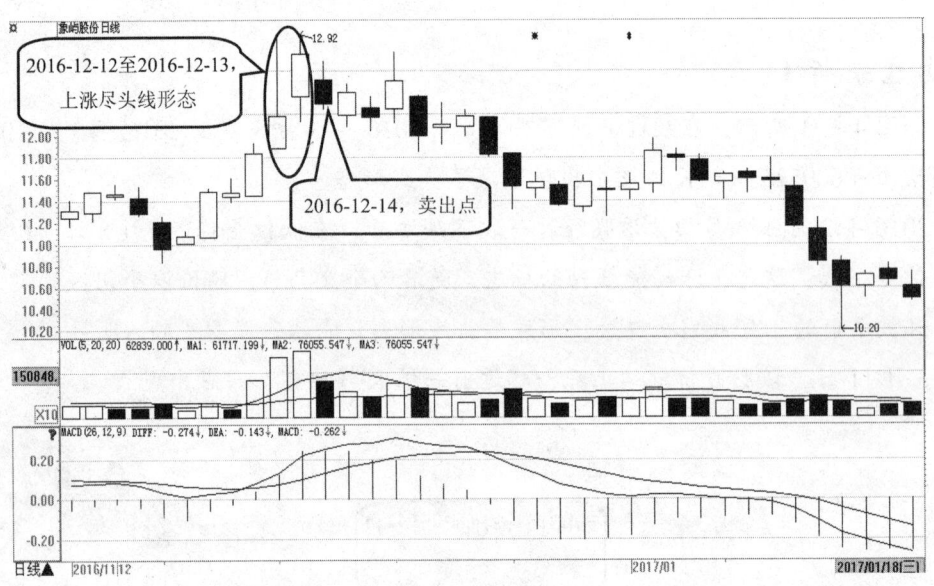

图4—32　象屿股份日K线

➲ 应用规律

1. 在下跌尽头线形态和上涨尽头线形态中，K线a的影线部分越长，行情反转信号越强烈。

2. 在下跌尽头线形态和上涨尽头线形态中，K线b可以是小阳线、小阴线或十字星线，三者并没有本质区别。在实战中，一般认为这根K线的实体部分越短，行情反转信号越强烈。十字星线所发出的反转信号强度要超过小阳线或小阴线。

3. 如果在下跌尽头线形态出现的同时成交量放大，则该形态的看涨信号更强烈。而上涨尽头线形态的看跌信号则不需要成交量的配合。

第十一节　吞没形态的买卖点

> 吞没形态又称包容线、抱线、穿头破脚形态，是后一根K线将前一根K线完全吞没的K线组合。

形态解析

按照K线组合和所处位置不同，吞没形态可以分为看涨吞没形态和看跌吞没形态两种。

如图4—33所示，看涨吞没形态出现在股价下跌行情中，是前小后大、前阴后阳的两根K线组合。在股价持续下跌一段时间后，出现一根阴线a。阴线a的实体部分较短，表示下跌趋势减缓。紧跟阴线a之后，出现一根阳线b。阳线b的实体将阴线a完全吞没（但并不一定吞没阴线a的上、下影线），表示多方力量压倒空方，开始占据主动。因此，看涨吞没形态为底部看涨信号。

如图4—34所示，看跌吞没形态出现在股价上涨行情中，是前小后大、前阳后阴的两根K线组合。在股价持续上涨一段时间后，出现一根阳线a。阳线a的实体部分较短，表示上涨趋势减缓。紧跟阳线a之后，出现一根阴线b。阴线b的实体将阳线a完全吞没（但并不一定吞没阳线a的上、下影线），表示空方力量压倒多方，开始占据主动。因此，看跌吞没形态为顶部看跌信号。

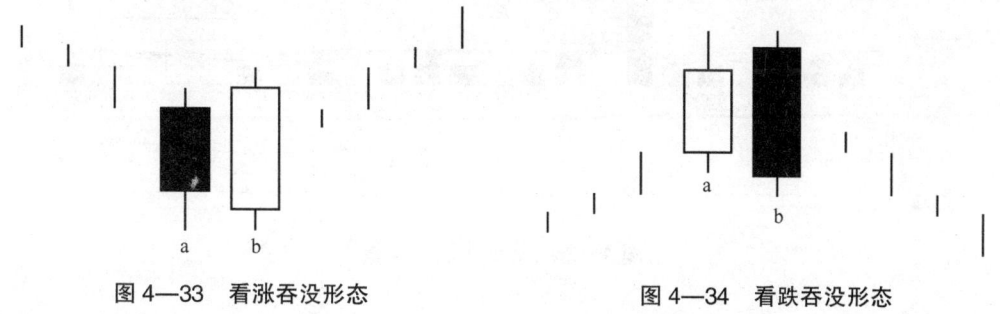

图4—33　看涨吞没形态　　　　图4—34　看跌吞没形态

◯ 操作要点

1. 看涨吞没形态为底部看涨信号。看到此形态后，投资者可以积极买入股票。
2. 看跌吞没形态为顶部看跌信号。看到此形态后，投资者应该尽快卖出股票。
3. 投资者按照看涨吞没形态的信号买入股票后，可以将止损位设定在阳线 b 的最低价上。如果股价跌破这个价位，说明下跌行情还在继续，此时投资者应该尽快卖出股票。

◯ 实盘分析 1

如图 4—35 所示，2016 年 4 月 21 日至 2016 年 4 月 22 日，启迪古汉（000590）日 K 线图上出现看涨吞没形态。

4 月 21 日，股价低开低走，收出一根中阴线。4 月 22 日，股价再次低开后被大幅拉升，最终收出一根大阳线。这根大阳线完全吞没前一根阴线的实体部分，两者组成看涨吞没形态，为股价反转上涨的信号。

4 月 25 日（中间隔有周末），启迪古汉高开，反转信号得到确认，此时投资者可以积极买入股票。

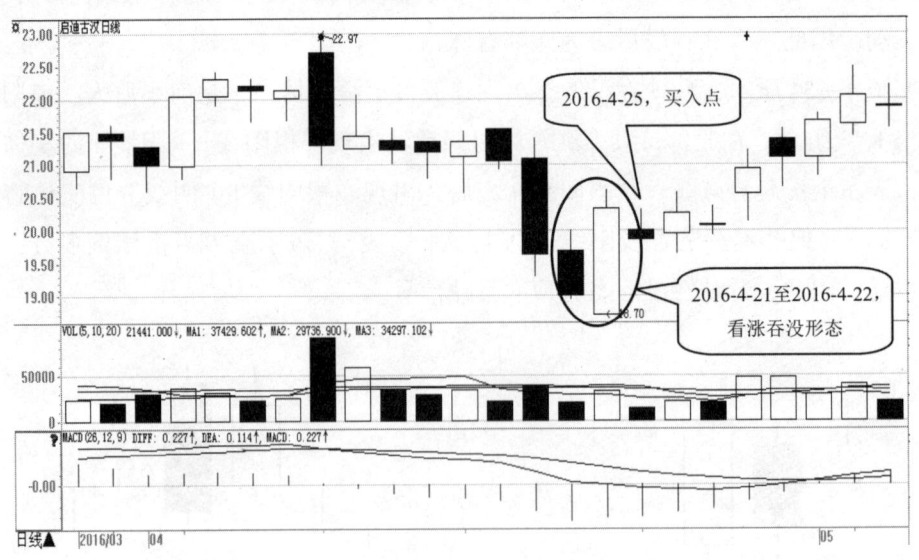

图 4—35　启迪古汉日 K 线

◯ 实盘分析 2

如图 4—36 所示，2016 年 4 月 18 日至 2016 年 4 月 19 日，荣安地产（000517）

日K线图上出现看跌吞没形态。

4月18日，荣安地产继续延续前期上涨趋势，最终收出一根中阳线。

4月19日，荣安地产高开后被持续打压，最终收出一根带有长上影线的大阴线。这根阴线的实体完全吞没了前一根阳线的实体，两者形成看跌吞没形态。这个形态出现后表示多方力量衰竭，空方强势打压股价。

4月20日，荣安地产股价低开，空方强势得到验证，此时投资者应该尽快将手中的股票卖出。

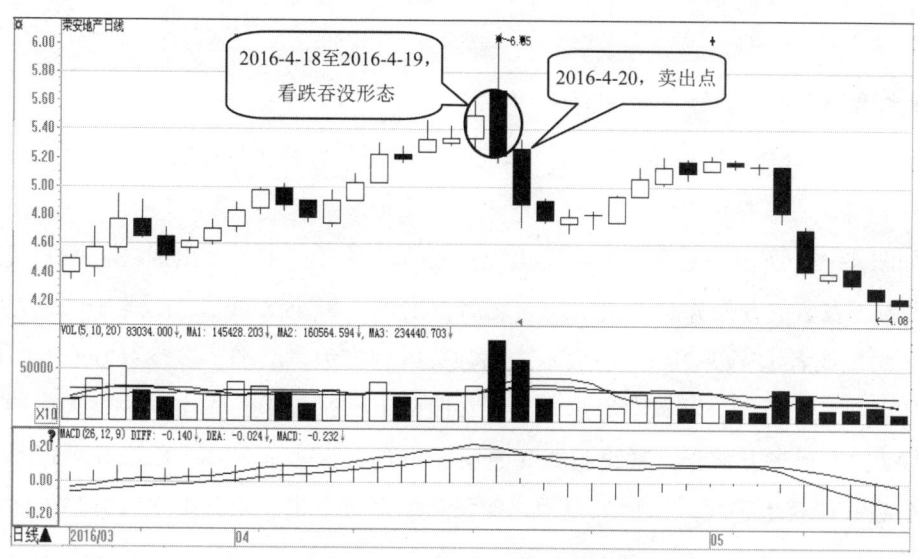

图4—36　荣安地产日K线

应用规律

1. 在吞没形态中，前一根小K线也可以是十字星线，这并不影响该形态对股价反转的指示作用。

2. 在吞没形态出现之前，股价必须有一段明确的上涨或者下跌行情，否则该形态不具备行情反转的指示作用。

3. 在吞没形态中，两根K线的长短越悬殊，该形态的反转指示作用越强。

第十二节　孕育形态的买卖点

> 孕育形态又称身怀六甲形态，是后一根K线完全孕育在前一根K线之内的K线组合。

⊃ 形态解析

按照K线组合和所处位置不同，孕育形态可以分为看涨孕育形态和看跌孕育形态两种。

如图4—37所示，看涨孕育形态出现在股价下跌过程中，先出现一根大阴线或者中阴线a，表示空方强势。紧跟阴线a之后，出现一根小K线b。K线b可以是小阳线、小阴线或者十字线。该形态表示之前强势的空方力量衰竭，多空双方陷入僵持。

如图4—38所示，看跌孕育形态出现在股价上涨过程中，先出现一根大阳线或者中阳线a，表示多方强势。紧跟阳线a之后，出现一根小K线b。K线b可以是小阳线、小阴线或者十字线。该形态表示之前强势的多方力量衰竭，多空双方陷入僵持。

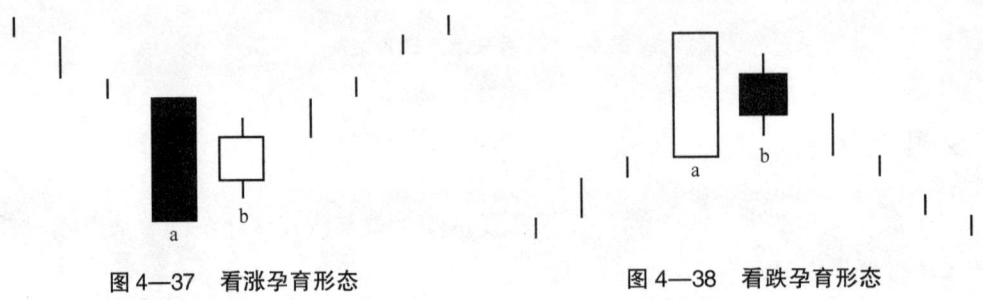

图4—37　看涨孕育形态　　　　　图4—38　看跌孕育形态

⊃ 操作要点

1. 孕育形态的反转信号强度不如吞没形态。在孕育形态出现后，当前上涨或下跌行情将会结束，但之后市场往往会转入平静状态。

2. 看涨孕育形态表示市场行情由空方主导变成多空僵持，为股价见底的信号。此时投资者不能贸然买入股票，可以先观察一段时间。如果未来股价突破阴线a的开盘价，则可以买入股票。

3. 看跌孕育形态表示市场行情由多方主导变成多空僵持，为股价见顶的信号。此时投资者应该卖出部分股票，轻仓观望。如果未来股价跌破阳线 a 的最低价，则应该将剩余股票卖出。

➡ 实盘分析1

如图4—39所示，2016年3月4日至2016年3月7日，宝塔实业（000595）日 K 线图上出现看涨孕育形态。

3月4日，宝塔实业高开低走，最终收出一根大阴线。

3月7日（3月5日、3月6日为周末），股价高开，经过反复波动后收出小阳线。这根 K 线的实体位于之前的中阴线之内，两者形成看涨孕育形态。因为3月7日的 K 线不是十字线，所以该买入信号不强烈，投资者应耐心等待。

3月18日，股价高开高走，顺利突破3月4日大阴线的开盘价和最高价，此时多方强势得到彻底确认，投资者可以大胆买入股票。

激进型投资者在3月18日确认看涨孕育形态形成时即可买入。

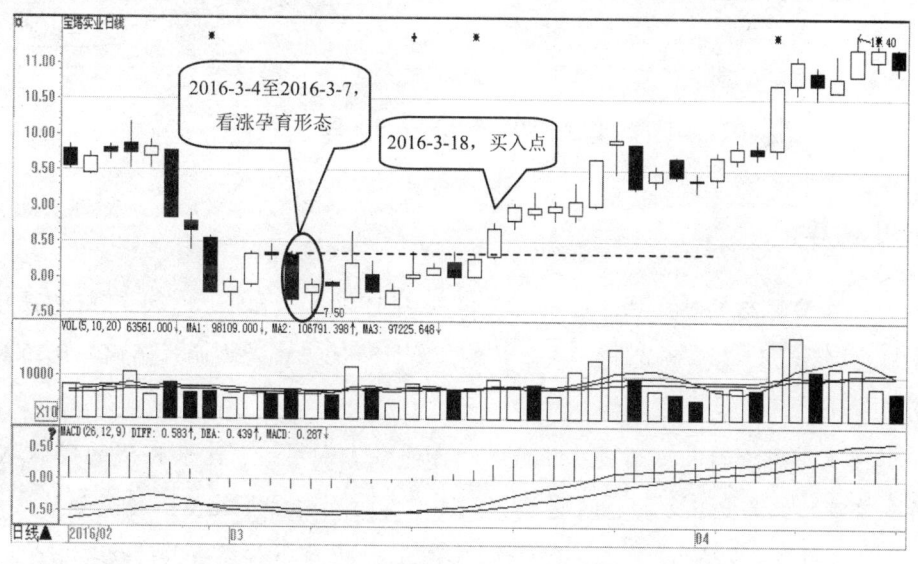

图4—39　宝塔实业日 K 线

➡ 实盘分析2

如图4—40所示，2016年5月4日至2016年5月5日，茂化实华（000637）日 K 线图上出现看跌孕育形态。

5月4日，茂化实华股价高开高走，收出一根中阳线。

5月5日，茂化实华小幅低开，之后股价持续震荡，收出一根十字线。这根十字线完全孕育在前一根阳线的实体之内，两者形成看跌孕育形态。

5月6日，股价持续下跌，盘中股价跌破5月4日阳线的最低点。这时下跌趋势已经形成，投资者应该尽快卖出手中的股票。

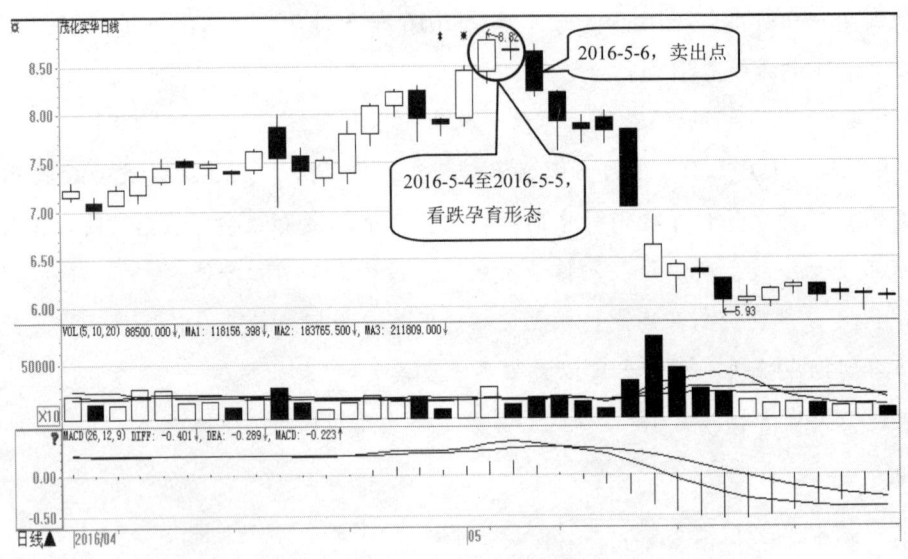

图4—40　茂化实华日K线

➲ 应用规律

1. 与吞没形态不同，孕育形态的两根K线可以是一阴一阳，也可以都是阳线或者都是阴线。但是在实战中，孕育形态在多数情况下都是由两根不同颜色的K线组成的。

2. 孕育形态中的K线b是小阴线、小阳线或者十字线。这根K线的实体越小，说明当前市场上多空双方的分歧越严重，该形态的反转信号就越强烈。如果这根K线实体部分过长，即使它被前一根K线"孕育"，也难以构成有效的反转信号。

3. 如果孕育形态中的K线b为十字线，则这种孕育形态成为十字胎。十字胎是反转信号中最为强烈的孕育形态。遇到看涨十字胎时，投资者可以大胆买入股票；而遇到看跌十字胎时，投资者应该尽快将手中的股票全部卖出。

第十三节　舍子线的买卖点

> 舍子线是一根前后均有跳空缺口的十字线。

● 形态解析

按照K线组合和所处位置不同，舍子线形态可以分为底部舍子线形态和顶部舍子线形态两种。

如图4—41所示，底部舍子线形态出现在股价下跌行情中。首先出现一根阴线a，表示空方强势。之后出现十字线b，表示多方力量增强，多空僵持。最后出现阳线c，表示多方开始占据主动。

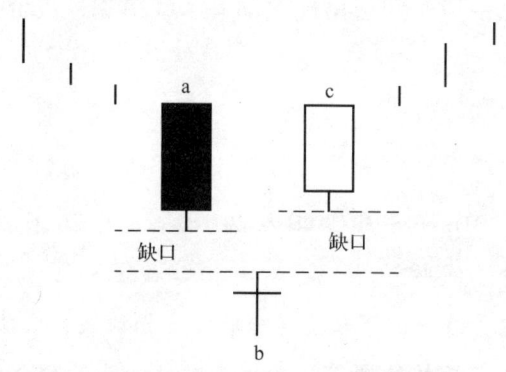

图4—41　底部舍子线形态

与启明之星形态相比，底部舍子线形态中的星线b与a、c两根K线之间均有跳空缺口。阳线c的向上跳空缺口弥补星线b的向下跳空缺口，这预示着更强的反转信号。

如图4—42所示，顶部舍子线形态出现在股价上涨行情中。首先出现一根阳线a，表示多方强势。之后出现十字线b，表示空方力量增强，多空僵持。最后出现阴线c，表示空方开始占据主动。与底部舍子线形态类似，顶部舍子线形态是比黄昏之星形态更为强烈的看跌信号。

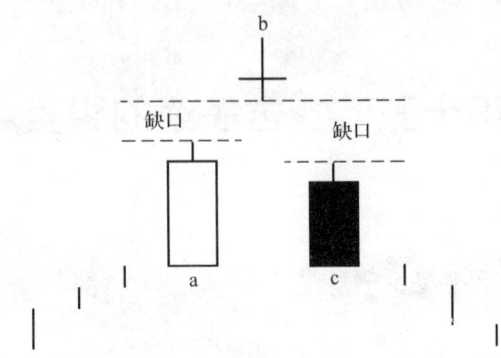

图 4—42 顶部舍子线形态

◎ 操作要点

1. 如果在股价下跌一段时间后出现底部舍子线形态，投资者可以大胆买入股票。

2. 按照底部舍子线形态的信号买入股票后，投资者可以将止损位设定在星线 b 的底端。如果未来股价跌破这个价位，说明反弹失败，投资者应该将手中的股票卖出。

3. 如果在股价上涨一段时间后出现顶部舍子线形态，投资者应该尽快将手中的股票卖出。

◎ 实盘分析 1

如图 4—43 所示，2016 年 8 月 24 日至 2016 年 8 月 26 日，锌业股份（000751）日 K 线图上出现底部舍子线形态。

8 月 24 日，锌业股份在一波下跌走势中收出一根阴线，表明此时空方依然强势。

8 月 25 日，股价低开后持续震荡，至收盘时收出小阴线。虽然这根 K 线和之前的 K 线之间有跳空缺口，但股价没有持续下跌，说明多方力量增强，多空陷入僵持。

8 月 26 日，股价跳空上涨，且成交量明显放大，当天收出一根阳线。这表示经过调整后，多方已经完全占据主动。

8 月 29 日开盘后，投资者可以大胆买入股票。

◎ 实盘分析 2

如图 4—44 所示，2017 年 1 月 10 日至 2017 年 1 月 12 日，模塑科技（000700）日 K 线图上出现顶部舍子线形态。

1 月 10 日，模塑科技出现一根小阳线，表示多方依然占据优势。1 月 11 日，股

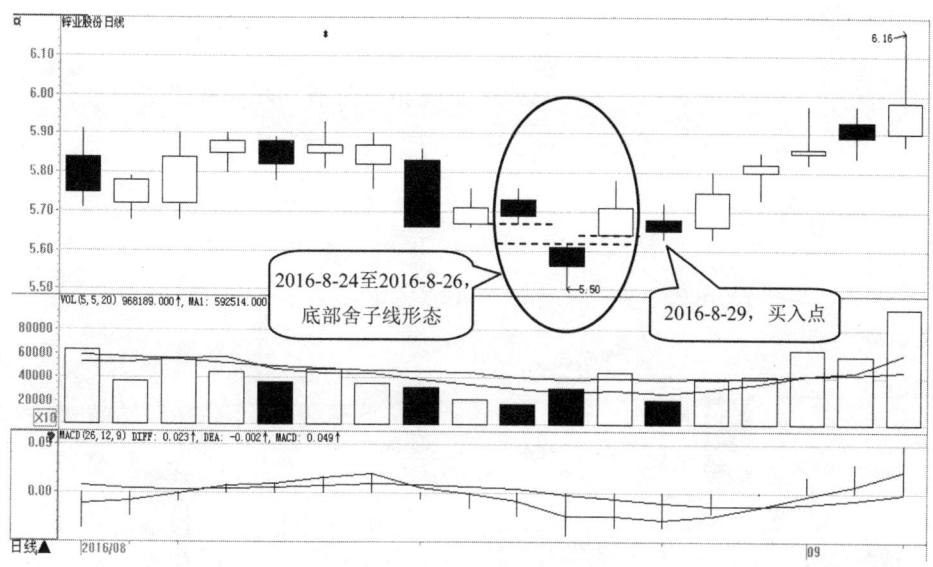

图 4—43　锌业股份日 K 线

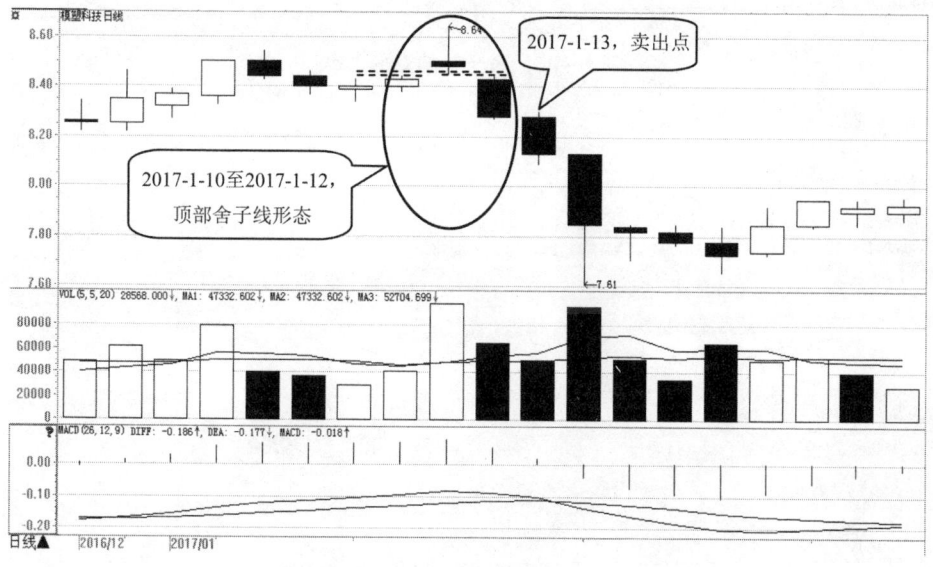

图 4—44　模塑科技日 K 线

价跳空上涨，收出带有长上影线的小阴线，表示多空陷入僵持。1 月 12 日，股价低开低走，收出中阴线，表示空方已经占据主动。

在这三根 K 线中，1 月 11 日的星线与前后两根 K 线之间均形成跳空缺口，三根 K 线组成舍子线形态，为强烈的反转信号。

看到这个形态，投资者应该在 1 月 13 日开盘后尽快将手中的股票卖出。

➲ 应用规律

1. 舍子线形态比较罕见，该形态一旦出现，股价将出现十分强势的反转。
2. K线a和b之间的跳空缺口越大，该形态的反转信号越强烈。
3. 因为舍子线形态比较罕见，在实战中，只要K线a和b之间存在跳空缺口的组合就可以近似看作舍子线形态，对K线b和c之间的缺口要求并不严格。但是，K线c的实体部分必须要深入到K线a的实体之中，如图4—45所示。

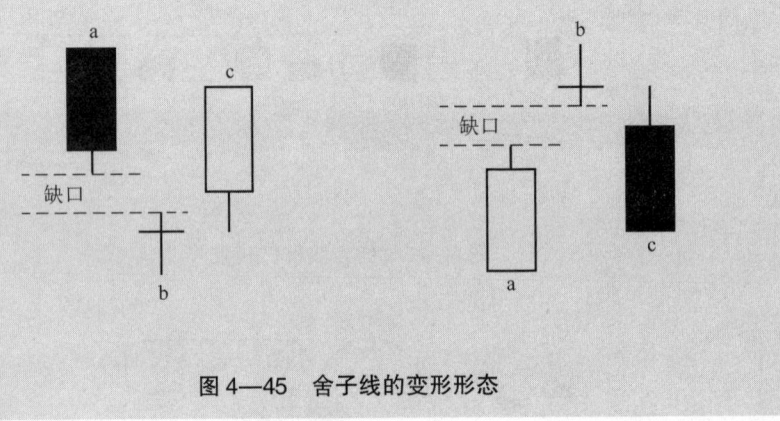

图4—45　舍子线的变形形态

第十四节 镊子线的买卖点

> 镊子线是一个形似有人拿镊子夹住一个小东西的 K 线组合。

◆ 形态解析

按照 K 线组合和所处位置不同，镊子线形态可以分为底部镊子线形态和顶部镊子线形态两种。

如图 4—46 所示，底部镊子线形态是由一根中阴线或者大阴线 a、一根小阴线或者小阳线 b，以及一根中阳线或者大阳线 c 共同组成的 K 线组合。这三根 K 线实体部分的最低点基本持平，并且均没有下影线或者只有很短的下影线。这表示股价在这个价位获得有力支撑。而 K 线的颜色由阴转阳，表示市场由空方主导的下跌行情，逐渐转变成多方主导的上涨行情。

如图 4—47 所示，顶部镊子线形态是由一根中阳线或者大阳线 a、一根小阴线或者小阳线 b，以及一根中阴线或者大阴线 c 共同组成的 K 线组合。这三根 K 线实体部分的最高点基本持平，并且均没有上影线或者只有很短的上影线。这表示股价在这个价位遇到较大阻力。而 K 线的颜色由阳转阴，表示市场由多方主导的上涨行情，逐渐转变成空方主导的下跌行情。

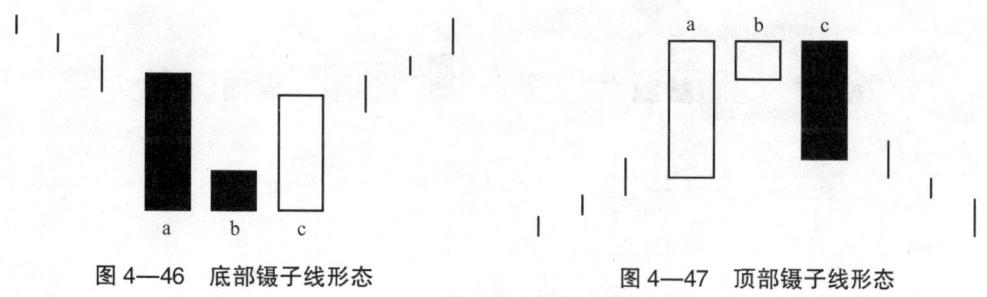

图 4—46　底部镊子线形态　　　　图 4—47　顶部镊子线形态

◆ 操作要点

1. 底部镊子线形态为股价见底反弹的信号。看到这个形态后，投资者可以积极买入股票。

2. 按照底部镊子线形态的信号买入股票后，投资者可以将止损位设定在三根 K 线实体的最低点上。这个价位是当前一个有效的支撑位。如果未来某根 K 线的实体部分跌破这个价位，说明下跌行情仍将继续，投资者应该尽快将手中的股票卖出。

3. 顶部镊子线形态为股价见顶下跌的信号。这个形态出现后，投资者可以先卖出部分股票，轻仓观望。如果随后几根 K 线都无法突破上方压力，投资者应该将手中的股票全部卖出。

⊃ 实盘分析 1

如图 4—48 所示，2016 年 6 月 13 日至 2016 年 6 月 15 日，伊力特（600197）日 K 线图上出现底部镊子线形态。

6 月 13 日，伊力特股价低开低走，形成一根中阴线。之后两个交易日，股价都收阳线，而且开盘价基本就是最低价，且与 6 月 13 日的收盘价位于同一条水平线上。它表示股价在当前价位获得支撑。同时市场行情已经由空方强势变成多方强势，形成买入信号。

看到这个信号后，投资者可以在 6 月 16 日开盘后大胆买入股票。

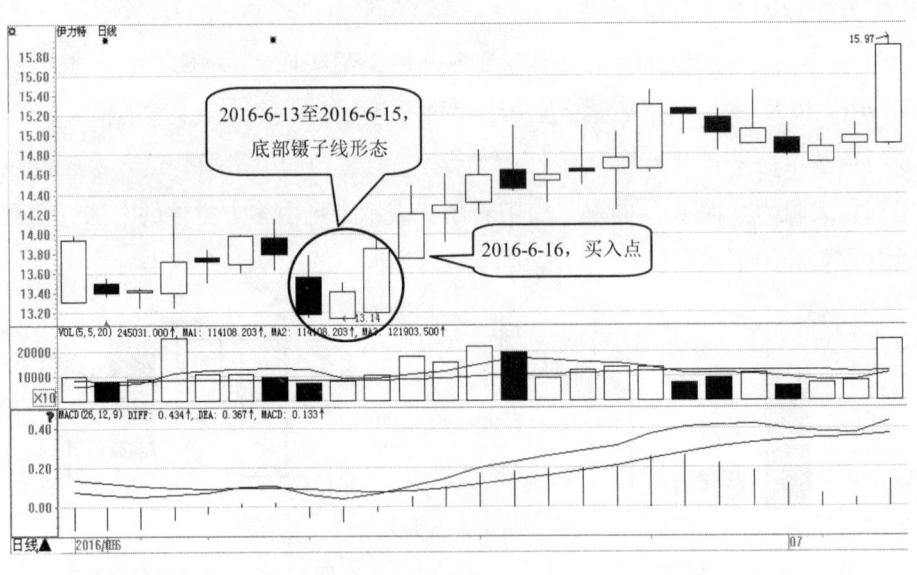

图 4—48　伊力特日 K 线

⊃ 实盘分析 2

如图 4—49 所示，2017 年 4 月 10 日至 2017 年 4 月 12 日，浩物股份（000757）

日K线图上出现顶部镊子线形态。

4月10日，浩物股份股价低开高走，收出大阳线。4月11日，股价收出小阳线。4月12日，股价持续下跌，收出中阴线。

这三根K线实体部分的顶端基本持平，表示股价在当前价位遇到较大阻力。同时K线由阳变阴，表示市场由多方主导变成空方主导。这个形态为顶部卖出信号。

看到这个形态后，投资者应该在4月13日开盘后尽快将手中的股票卖出。

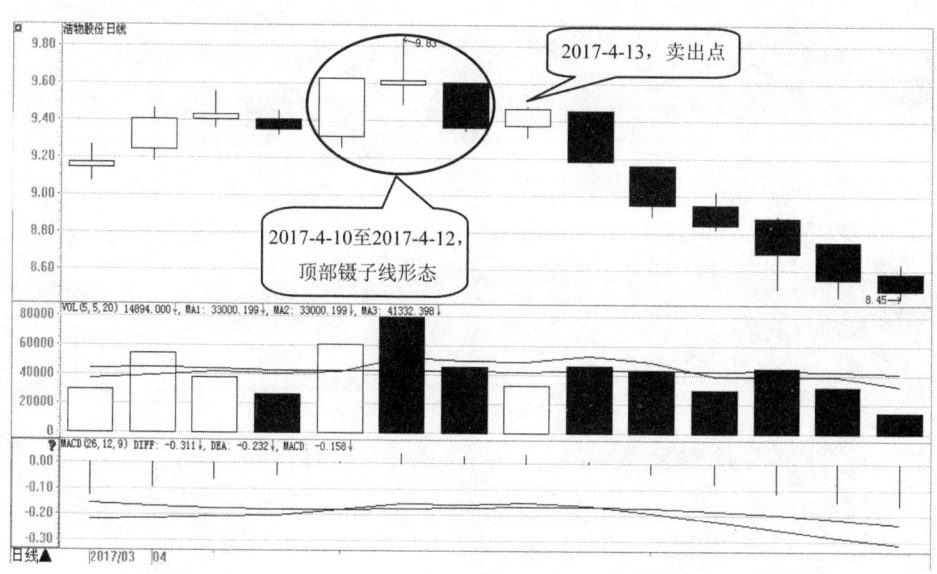

图4—49 浩物股份日K线

➲ 应用规律

1. 在镊子线形态中，K线c的实体部分越长（无论是阳线c还是阴线c），该形态发出的反转信号越强烈。

2. 在底部镊子线形态中，如果出现阳线c的同时成交量放大，说明多方力量强势，看涨信号更加可靠。但是在出现顶部镊子线形态时，不需要成交量的配合。

3. 在底部镊子线形态中，三根K线的下影线越短，该形态的看涨信号越强烈；在顶部镊子线形态中，三根K线的上影线越短，该形态的看跌信号越强烈。

4. 镊子线中的K线b既可以是小阳线，也可以是小阴线，两者并没有本质区别。但是在实战中，一般认为如果底部镊子线中间的K线是小阳线，则该形态的看涨信号较强；如果顶部镊子线中间的K线是小阴线，则该形态的看跌信号较强。

第五章

泄露庄家玄机的 K 线组合

第一节 多方炮的买入点

> 多方炮又称两阳夹一阴形态,一旦"开炮",股价将有很大的上涨空间。

◆ 形态解析

多方炮形态既可能出现在上涨行情中,也可能出现在下跌行情中,由两阳一阴共三根 K 线组成,如图 5—1 所示。

在股价下跌的尾端或者上涨行情中,首先出现一根中阳线或大阳线 a。

紧跟阳线 a 之后,股价并没有继续上涨,而是出现一根实体略小于阳线 a 的阴线 b。阴线 b 的实体部分完全处于阳线 a 的实体部分之内。

在阴线 b 之后,股价走势再次转变,收出一根实体略大于阴线 b 的阳线 c。阳线 c 的实体部分完全包容了阴线 b 的实体部分。

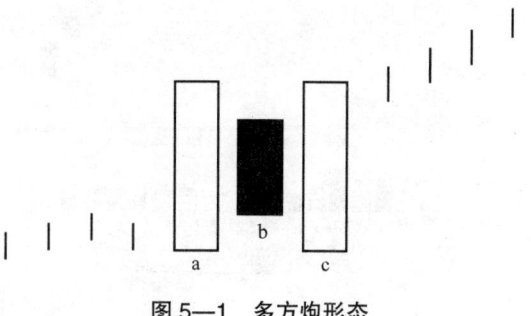

图 5—1 多方炮形态

◆ 操作要点

1. 多方炮形态是庄家常用的洗盘手法。阳线 a 的出现容易使散户投资者获利了结。而阴线 b 使形态变坏,会诱使投资者继续抛出手中的筹码。在阳线 c 出现后,已经抛出筹码的投资者会十分懊悔,不愿再将股票买回。

2. 多方炮形态是庄家即将拉升股票的征兆,是一种强势的看涨信号。

3. 在多方炮形态完成后,激进型投资者可以买入股票,保守型投资者可以等股价突破多方炮形态中的最高点后再买入股票。

4. 多方炮形态的止损位应该设定在三根 K 线的最低价位置。如果股价跌破这个位置,则形态失败。这时多方炮形态就变成了"哑炮",股价可能持续整理甚至大幅下跌,投资者需要果断地卖出股票止损。

实盘分析

如图5—2所示,在经过前期一波下跌走势之后,2017年1月18日至2017年1月20日,连云港(601008)日K线图上出现多方炮形态,发出看涨信号。

实际上,2017年1月17日,该股在经历连续五天的下跌之后,出现长下影线,这是庄家开始在低位加仓的标志,之后股价明显企稳。1月18日至1月20日,多方炮形态出现,表明多方已经占据优势。

1月23日,该股股价继续上涨,越过多方炮形态第三根K线的实体,买点出现。

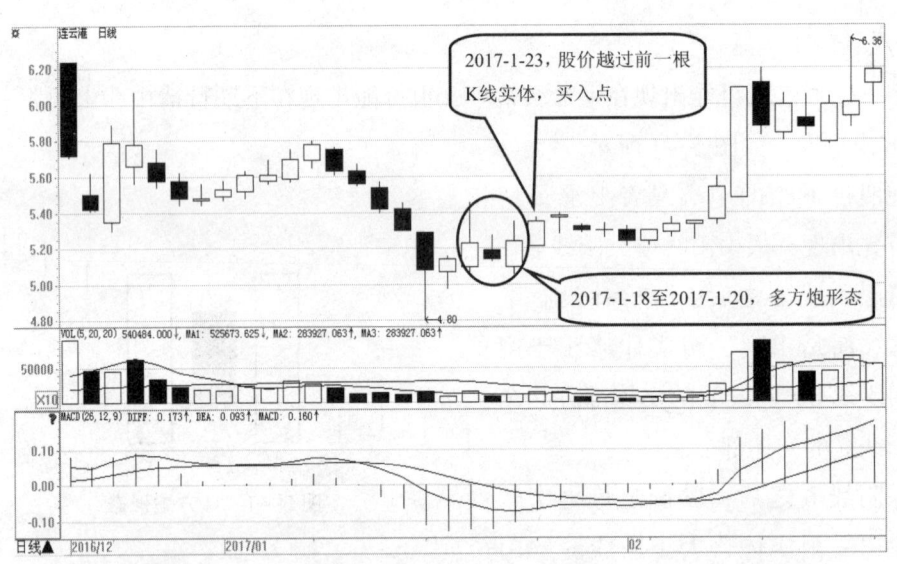

图5—2 连云港日K线

应用规律

1. 如果在多方炮形态出现之前股价已经上涨一段时间,该形态只能算作是短线看涨信号,长期走势难以判断,投资者应该短线进出。这种行情并不适合中长线投资者的参与,只有那种处于底部区域的多方炮形态才适合中长线投资者逢低买入。

2. 在多方炮形态中,如果阴线b的成交量萎缩,表示洗盘效果明显,这时的看涨信号将大大增强。

3. 如果一次多方炮形态洗盘效果不明显,庄家可能在其后马上再做一个多方炮形态,形成三阳夹两阴的K线组合。这种形态称为重叠多方炮形态,如图5—3所示。

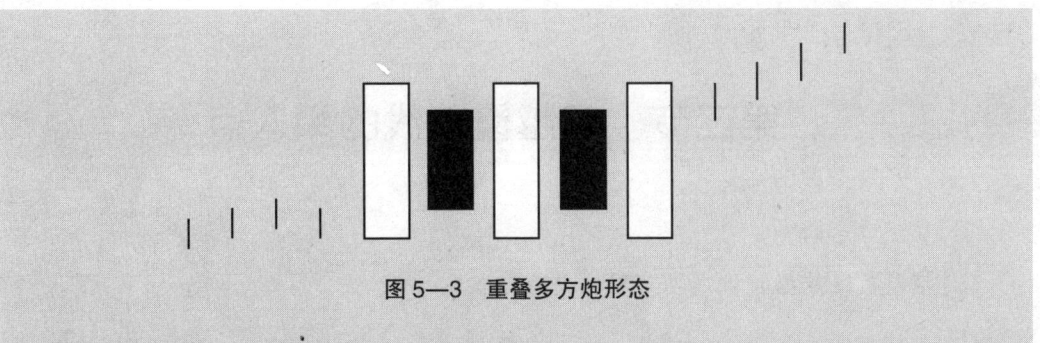

图5—3 重叠多方炮形态

重叠多方炮形态与多方炮形态一样，也是一种强势的上涨信号。投资者在看到这种形态时，可以参照多方炮形态的操作方法买卖股票。

第二节 超越覆盖线的买入点

超越覆盖线是指股价成功实现对前期覆盖线的超越。

◆ 形态解析

超越覆盖线形态出现在股价上涨行情中，由一个覆盖线组合和一根超越线组成，如图5—4所示。

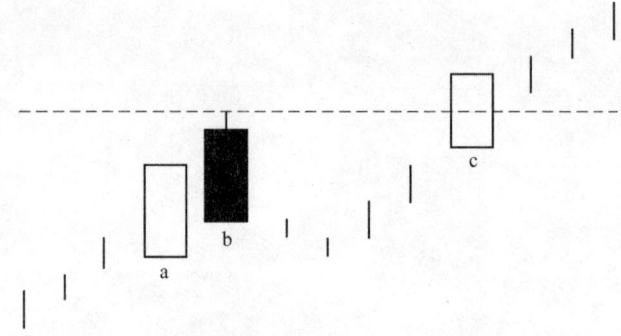

图5—4 超越覆盖线形态

在股价上涨过程中，首先出现阳线 a 和阴线 b 的 K 线组合。阴线 b 的开盘价要高于阳线 a 的开盘价，但收盘价低于阳线 a 的收盘价。这两根 K 线形成覆盖线组合，表示股价上涨受阻。阴线 b 的顶端成为股价上涨的压力位。

在出现覆盖线组合后，股价开始下跌，但跌幅并不大，之后逐渐走稳并再次上涨。经过几个交易日后，出现一根阳线 c，成功突破阴线 b 上方的压力，再创新高。这根阳线 c 也就是超越线，表示股价超越压力位，后市看涨。

◆ 操作要点

1. 超越覆盖线形态表示股价上涨到一定阶段后出现调整压力。之后出现突破的阳线 c 则表示股价结束调整，股价将继续强势。

2. 首先出现阳线 a 和阴线 b 的覆盖线组合是一个明显的卖出信号，这时很多投资者可能会卖出股票。但是当出现阳线 c，股价再创新高信号时，之前卖出股票的投资者应该果断地将股票买回，避免踏空后市行情。

3. 超越覆盖线形态的止损位在阴线 b 的最高价上。这个价位一旦被突破，就会变成股价继续上涨的支撑位，股价再次回调到这个位置时会获得支撑。但是如果股价跌破支撑位，则表示向上突破失败。按照此形态买入股票的投资者应该尽快卖出。

4. 在实战操作中，超越覆盖线形态经常被庄家当作最后出货的骗线形态。因此，投资者在操作时应该认真观察个股基本面和消息面。

⇒ 实盘分析

如图 5—5 所示，在经历连续上涨之后，2015 年 5 月 14 日至 2015 年 5 月 21 日，雅本化学（300261）日 K 线图上出现超越覆盖线形态。该形态出现之前，该股整体上一直处于上涨趋势中。之后，股价在高位出现覆盖线，表明庄家正在洗盘，但 5 月 21 日的大阳线一举打破这种状态，显示出极强的上涨动能。第二个交易日，即 5 月 22 日，该股股价虽然收出阴线，但没有跌破覆盖线的最高点，买点出现。

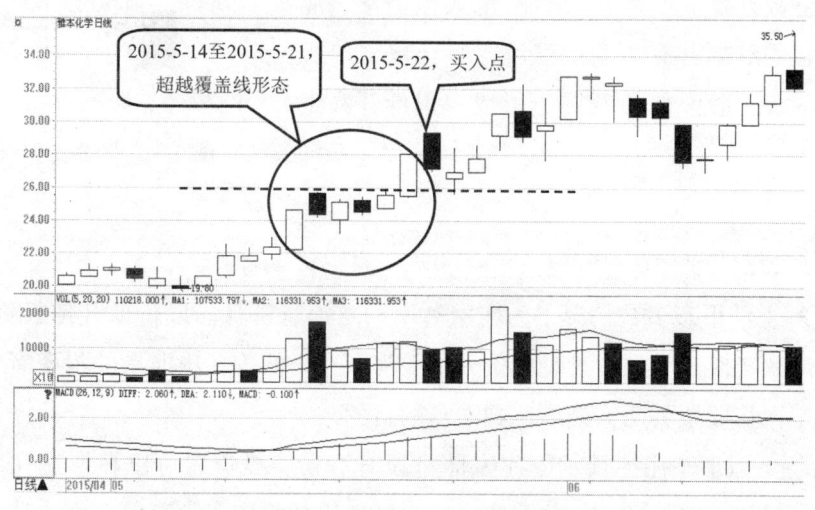

图 5—5　雅本化学日 K 线

⇒ 应用规律

1. 如果在出现阴线 b 后股价缩量下跌，表示空方力量萎缩，看涨信号的可信度更高。

2. 阳线 c 的实体部分越长，成交量越大，表示多方反攻越有力，看涨信号的强度也就越大。

第三节　下探上涨形态的买入点

> 下探上涨形态是指一根大幅低开，下探底部，但最终股价上涨的大阳线。这种从底部崛起的大阳线被许多投资者形象地称为"擎天柱"。

➡ 形态解析

下探上涨形态是一根出现在上涨行情中的大阳线，如图5—6所示。

在股价上涨过程中，某日突然大幅跳空低开，甚至以跌停板开盘。但是开盘后股价大幅上涨，完全弥补开盘的跌幅并有可观的涨幅，甚至以涨停板收盘。这一天的股价在K线图上形成一根低开高走的大阳线。

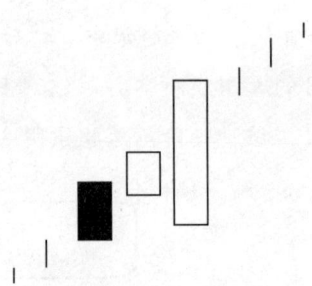

图5—6　下探上涨形态

➡ 操作要点

1. 下探上涨形态多数情况下为庄家利用利空消息洗盘。股价低开使投资者恐慌，在低位将股票卖出。等到收盘时股价大幅上涨，这时低价卖出股票的投资者会产生后悔情绪，不愿将股票买回，最终达到洗盘的目的。

2. 下探上涨形态往往预示着庄家即将拉升股价，投资者可以在形态完成后积极买入股票，等待上涨。即使之前因庄家洗盘被洗出的投资者也可以再次追高买入。

3. 下探上涨形态的止损位在大阳线的低端。如果股价跌破这个位置，则很可能是庄家要借此形态出货，投资者应该果断地卖出股票止损。

➡ 实盘分析

如图5—7所示，2016年10月31日，华钰矿业（601020）日K线图上出现下探上涨形态。

2016年10月27日，华钰矿业经过一段时间上涨后进入整理形态。10月31日，该股低开，开盘价比前一个交易日的收盘价低了2元左右，之后股价持续上涨，到收盘时反而涨停，收出一根大阳线，形成下探上涨形态。

这是庄家在拉升股价前进行洗盘的信号，已经持有股票的投资者可以继续持股待涨。而未持有股票的投资者则可以在11月1日开盘后大胆买入，等待股价上涨。

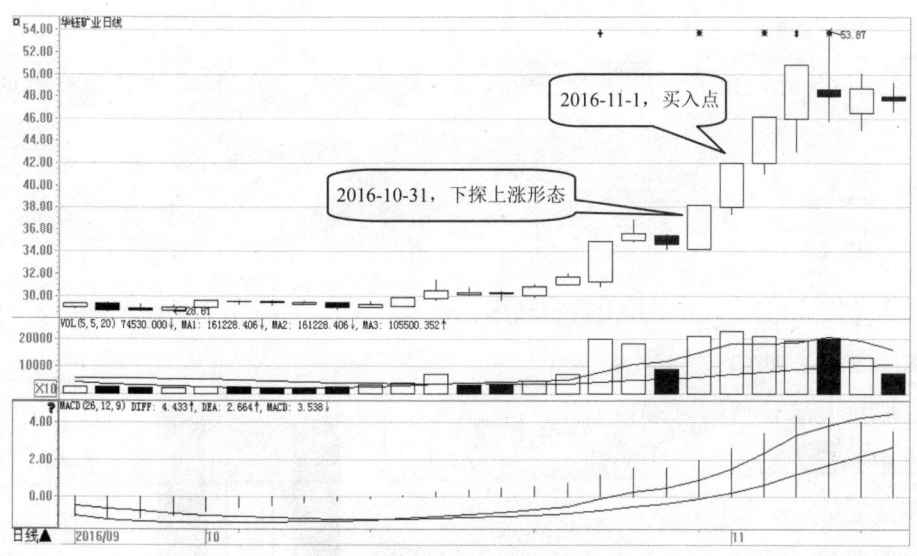

图5—7 华钰矿业日K线

➡ 应用规律

1. 如果在下探上涨形态出现之前股价的上涨幅度不大，则该形态发出的买入信号会更加可靠，之后股价的上涨空间也会更大。

2. 一般来说，下探上涨形态中的大阳线实体部分涨幅在10%以上（ST类股票可以在6%以上）。实体部分越长，该形态发出的看涨信号就越强烈。

第四节　空方炮的卖出点

> 空方炮又称两阴夹一阳形态，一旦空方炮形态"开炮"，股价将有较大的跌幅。

形态解析

空方炮形态既可能出现在上涨行情中，也可能出现在下跌行情中，由两阴一阳共三根K线组成，如图5—8所示。

在股价上涨行情的末端或者上涨过程中，首先出现一根中阴线或者大阴线a。

紧跟阴线a之后，股价并没有继续下跌，而是出现一根实体略小于阴线a的阳线b。阳线b的实体部分完全处于阴线a的实体部分之内。

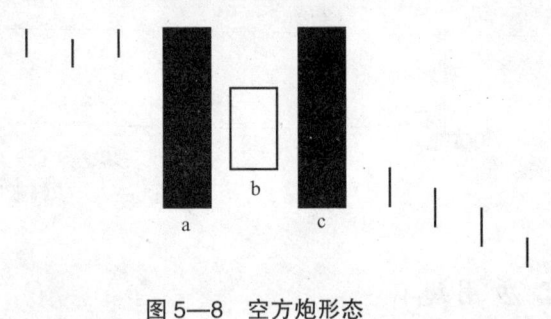

图5—8　空方炮形态

在阳线b之后，股价走势再次转变，收出一根实体略大于阳线b的阴线c。阴线c的实体部分完全包容了阳线b的实体部分。

操作要点

1. 空方炮形态是庄家常用的出货手法。首先出现阴线a，会吸引部分投资者抄底买入。阳线b和阴线a组成的身怀六甲形态，又会使更多的投资者认为行情即将反转，纷纷买入股票。最后出现一根下跌的阴线c，会将大量跟风买入股票的投资者套牢。这些投资者一旦被套牢，就会不愿卖出手中的股票。

2. 空方炮形态意味着庄家在诱多出货，是看跌信号。

3. 空方炮形态完成后，投资者应该尽快卖出股票，防止股价下跌造成损失。

⟶ 实盘分析

如图 5—9 所示，2016 年 11 月 16 日至 2016 年 11 月 18 日，处于上涨行情末端的加加食品（002650）在高位出现空方炮形态，预示着股价有反转的可能。

在此之前，股价已经在高位盘旋震荡，尤其是 11 月 10 日，K 线形成长长的上影线，同时成交量大幅放大，这是庄家卖出的信号。

随后一个交易日，该股跳空低开并持续下跌，表明盘中空方已经占据了优势，股价走势将要发生转变，卖点出现。此时投资者应该尽快将手中的筹码出掉。

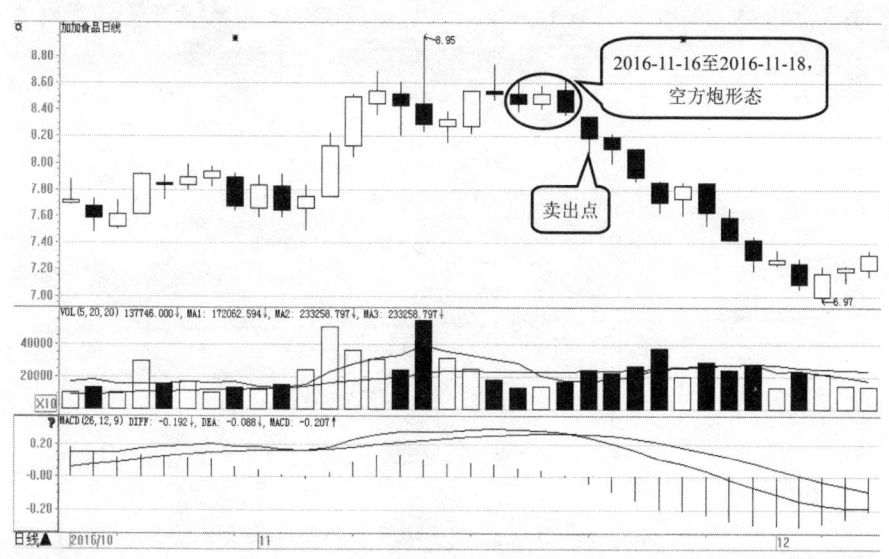

图 5—9　加加食品日 K 线

⟶ 应用规律

1. 如果在空方炮形态形成前股价已经上涨了很长一段时间，无论空方炮的实体部分是长还是短，均为看跌信号。特别是空方炮中的阴线跌破短期均线时，为强烈的看跌信号。

2. 作为看跌信号，空方炮形态的看跌信号强度与成交量并没有太大关系。如果顶部出现放量的空方炮形态，通常未来行情为放量杀跌；如果顶部出现缩量的空方炮形态，则后市行情很可能会演变成无量杀跌。

3. 如果一次空方炮形态未能达到预期的出货效果，庄家可能在其后马上再进行一次相同形态的出货，形成三阴夹两阳的 K 线组合。这种形态被称为重叠空方炮形态，如图 5—10 所示。

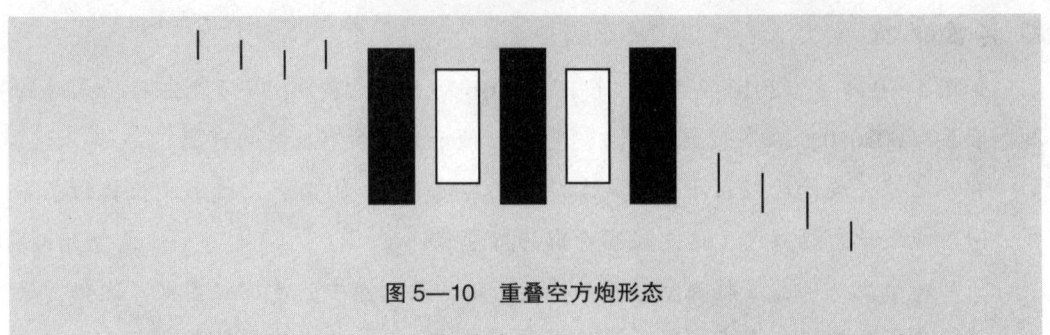

图5—10　重叠空方炮形态

重叠空方炮形态与空方炮形态一样，也是一种强烈的看跌信号。投资者在看到这个形态时，需要尽快卖出股票。

第五节　倒三阳的卖出点

> 倒三阳形似反转的红三兵形态，其形态含义也与红三兵形态相反，是看跌信号。

● 形态解析

倒三阳形态往往出现在下跌行情或横盘整理行情中，由三根阳线组成，如图5—11所示。

在股价上涨或者横盘整理过程中，出现连续三根阳线a、b、c。这三根阳线的位置依次降低，同时三根阳线均是低开高走，而且最终收盘价也低于前一根K线的收盘价，为假阳线。

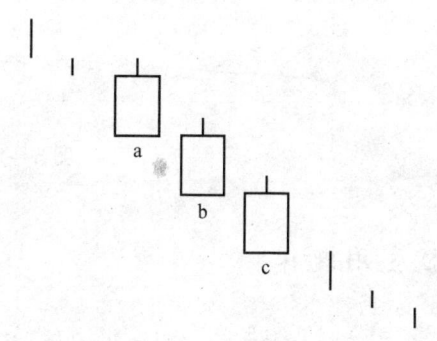

图5—11　倒三阳形态

● 操作要点

1. 倒三阳形态经常出现在庄股上，是庄家为了顺利出货而做出的骗线。这种形态的出现，意味着股价即将进入跌势，为看跌信号。

2. 倒三阳形态中的K线虽然为阳线，但股价实际为下跌。看到这种形态时，投资者一定不要被表面的阳线所迷惑，应该尽快卖出股票。

● 实盘分析

如图5—12所示，2017年3月8日至2017年3月10日，银河生物（000806）日K线图上出现倒三阳形态。

2017年2月底，银河生物经过一天的快速反弹后再次向下。随后，该股连续三个交易日收出小阳线。但因为连续低开，这三个交易日的股价均是下跌的，形成由三根假阳线组成的倒三阳形态，为卖出信号。

如果投资者此时还持有股票,应该在3月13日开盘后尽快将手中的股票卖出。

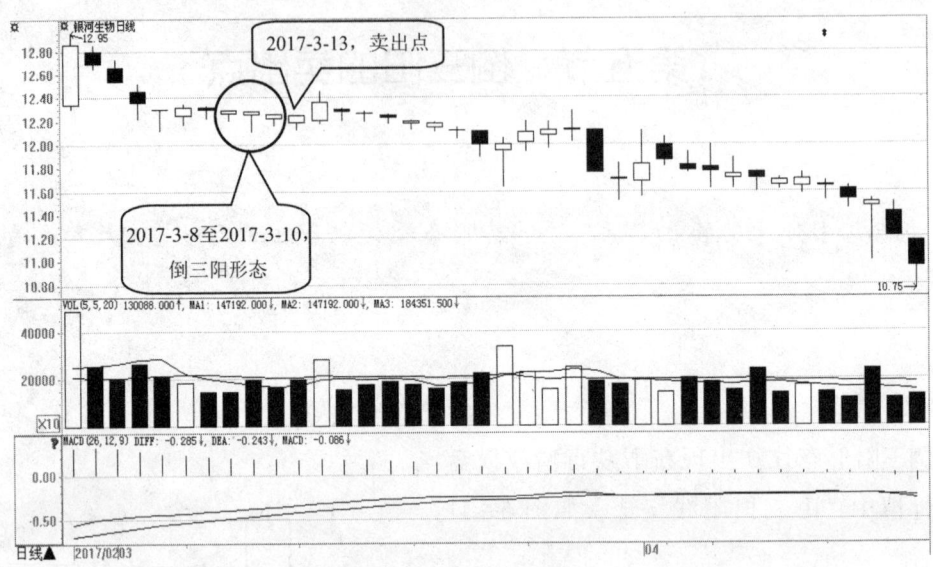

图5—12 银河生物日K线

➲ 应用规律

1. 倒三阳形态中的三根阳线都以下跌收盘,否则不构成看跌信号。

2. 倒三阳形态中股价下跌幅度越大,则看跌信号越强烈。

3. 如果在出现倒三阳形态的同时成交量同步放大、换手率增加,说明庄家正在加紧出货,这时该形态的看跌信号更加强烈。

第六节　高开出逃形态的卖出点

> 高开出逃形态是指一根股价大幅高开后随即走低,最终下跌的大阴线。这种阴线往往代表庄家在出逃。

◆ 形态解析

高开出逃形态往往出现在上涨行情的末端或者整理行情中,是一根高开低走的大阴线,如图5—13所示。

某个交易日,股价突然大幅跳空高开,甚至以涨停板开盘。但是开盘后股价开始持续下跌,至收盘时已经完全丧失了开盘的涨幅并有很大的跌幅,甚至以跌停板收盘。这个交易日的股价在日K线图上留下一根高开低走的大阴线。

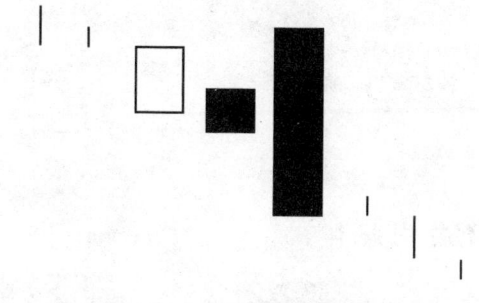

图5—13　高开出逃形态

◆ 操作要点

1. 高开出逃形态往往代表庄家借助拉高股价来出货。股价高开后会有大量投资者买入股票。之后庄家顺势打压股价,将所有等待成交的买盘全部吃下,达到出货的目的。庄家出货完成后,股价往往会有较大的跌幅。

2. 高开出逃形态为看跌信号。看到这个形态后,投资者应该尽快将手中持有的股票卖出。

◆ 实盘分析

如图5—14所示,2015年6月18日,恒基达鑫(002492)日K线图上出现高开出逃形态。

当天恒基达鑫高开低走,一路下跌,至收盘时几乎跌停,在K线图上留下一根大阴线,形成高开出逃形态。

这根大阴线是庄家借助股价高开出货的信号。看到这个信号后，投资者应该在 6 月 19 日开盘后尽快将手中的股票卖出。

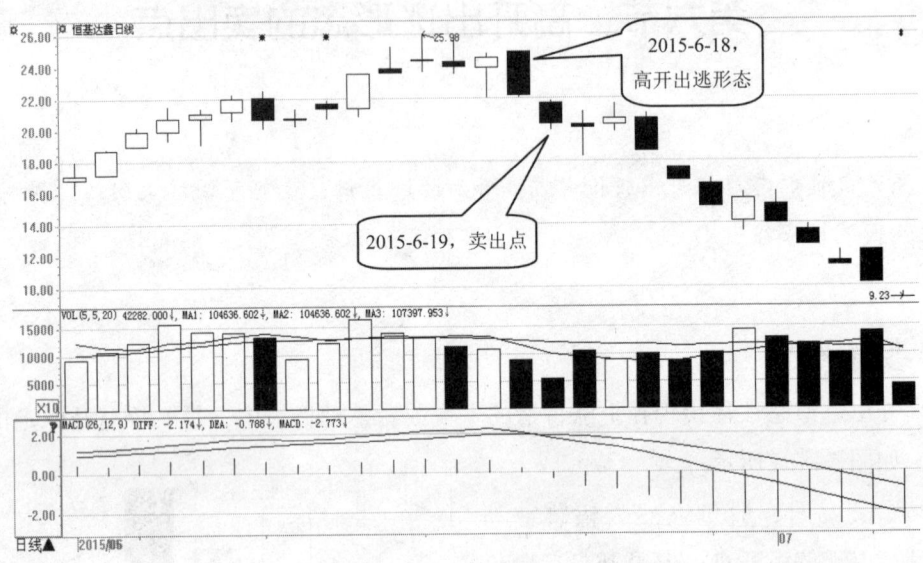

图 5—14　恒基达鑫日 K 线

➲ 应用规律

> 1. 如果在高开出逃形态出现之前股价已经有了较大的涨幅，则庄家借助该形态出货的可能性更大，这时该形态的看跌信号更加可靠。
>
> 2. 一般来说，在高开出逃形态中，收盘价较开盘价下跌幅度在 10% 以上（ST 类股票可以在 6% 以上）。实体部分越长，则该形态发出的看跌信号就越强烈。
>
> 3. 如果在高开出逃形态完成的同时成交量大幅放大，则更加确定了庄家出货的可能性。这种情况下，该形态的看跌信号更加强烈。

第六章

K 线顶部形态及卖出点

第一节 倒V形顶的卖出点

> 倒V形顶又称尖顶，是股价先涨后跌，而且上涨和下跌趋势中完全没有过渡的一种K线形态，形似倒过来的V形。

● 形态解析

倒V形顶形态出现在股价上涨行情的尾端，先是股价快速上扬，随后快速下跌，头部为尖顶，就像倒置的英文字母V。倒V形顶走势十分尖锐，常在几个交易日内形成，而且在转势点处往往有较大的成交量，如图6—1所示。

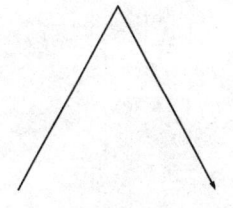

图6—1 倒V形顶形态

● 操作要点

1. 由于在前期上涨过程中股价上涨速度很快，使得多数投资者已经获利。此时股价突然转入下跌行情，会导致这些获利的投资者大量卖出股票。所以，倒V形顶形态出现后，股价往往会有较大的跌幅。

2. 倒V形顶形态是强势见顶信号。当股价在顶部放量下跌时，倒V形顶形态已经基本可以确定，此时投资者应该卖出部分股票，轻仓观望。

3. 如果在成交量萎缩后股价仍继续下跌，说明虽然抛盘压力减弱，但多方萎靡不振。此时上涨行情已经被完全破坏，投资者应该尽快将手中剩余的股票卖出。

● 实盘分析

如图6—2所示，2015年12月中旬，运行在震荡走势中的丽江旅游（002033）开始快速上涨。12月30日，股价在顶部出现乌云盖顶形态，表明短期内下跌动能占据优势，卖点1出现。之后该股快速下跌，然后反弹。2016年1月7日的大阴线说明反弹受阻，此时卖点2出现，投资者可以继续减仓。

丽江旅游此后继续下跌，并在2016年1月下旬出现反弹走势，1月26日的大阴线表示反弹结束，此时尖顶形态基本明朗，卖点3出现，投资者需要尽快清仓。

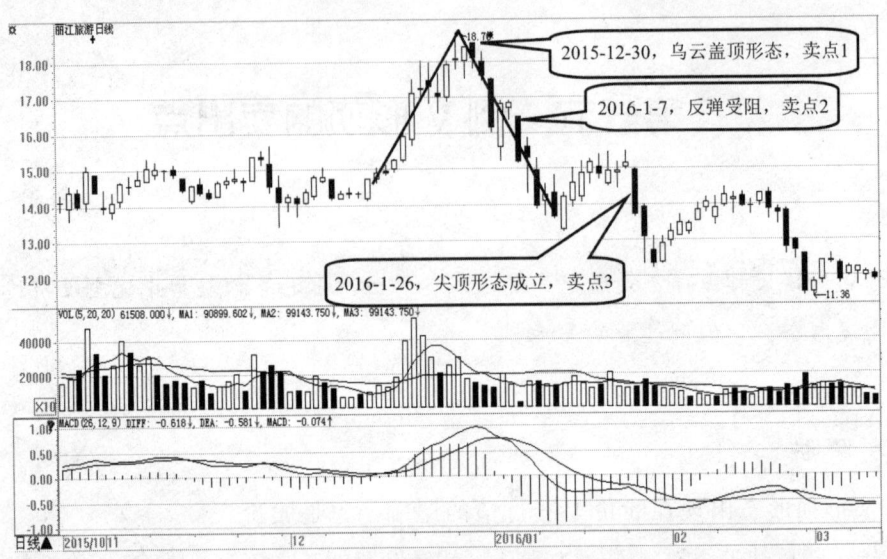

图 6—2　丽江旅游日 K 线

> **应用规律**

> 1. 倒 V 形顶形态一旦形成，股价下跌的速度会很快。在 1~2 周内股价跌去大半是非常正常的。因此，投资者看到这个形态后就应该果断卖出。
> 2. 股价前期上涨速度越快、涨幅越大，之后的下跌行情就会越凶猛。
> 3. 在倒 V 形顶形态顶端的成交量越大，该形态的看跌信号就越强烈。

第二节　M头的卖出点

> M头又称双重顶，是指股价在顶部出现的两个顶峰，形似英文字母M。

◆ 形态解析

M头形态出现在一段上涨行情之后。股价连续两次上攻失败，形成两个顶峰。从M头中第一次回调的低点作一条水平线，即可得到颈线，如图6—3所示。

在M头形态形成过程中，股价先是经过连续上涨，为多数投资者带来不错的收益。当股价上涨到一定幅度时，会有已经获利的投资者将手中的股票卖出，股价下跌，形成顶a。

经过短暂的下跌后，在颈线位置会有短线投资者抄底买入，造成股价反弹，形成底c。

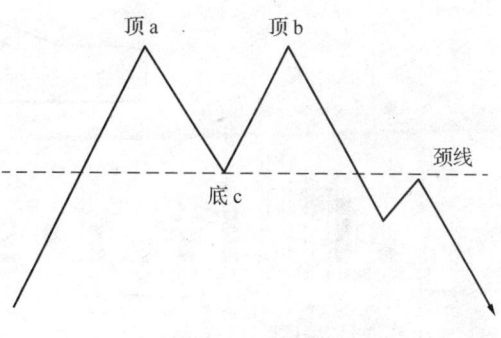

图6—3　M头形态

但这些短线投资者不会持续拉升股价，当股价到达前期高点时，他们就会将股票抛出。股价受到压力会再次下跌，形成顶b。

在股价下跌过程中，一旦跌破颈线，说明上涨行情已经被完全破坏。此时，虽然可能会有个别投资者入场抄底，拉动股价小幅回抽，但这种回抽难以突破颈线。此后，股票将进入持续的下跌行情。

◆ 操作要点

1. M头形态为股价见顶下跌的信号。如果在顶b位置为缩量上涨行情，则M头形态已经基本确立。此时投资者可以卖出部分股票，轻仓观望。

2. 如果股价跌破颈线，M头形态完成，此时投资者应该尽快将手中的股票卖出。

3. 如果M头形态完成后股价缩量回抽，这是持股投资者的另一个卖出机会。此时如果投资者手中还有股票，应该果断地全部清空。

实盘分析

如图6—4所示，2016年11月至2016年12月，云南铜业（000878）股价走势形成一个双重顶形态。

通过回调低点画出一条水平直线，即双重顶的颈线。12月2日，股价一路下滑，并一举跌破双重顶颈线，双重顶形态得到确认，股价将要进入下跌走势，卖点1出现。随后股价在下跌一段时间后出现反弹走势，12月12日，股价在颈线附近再次遇阻回落，卖点2出现。

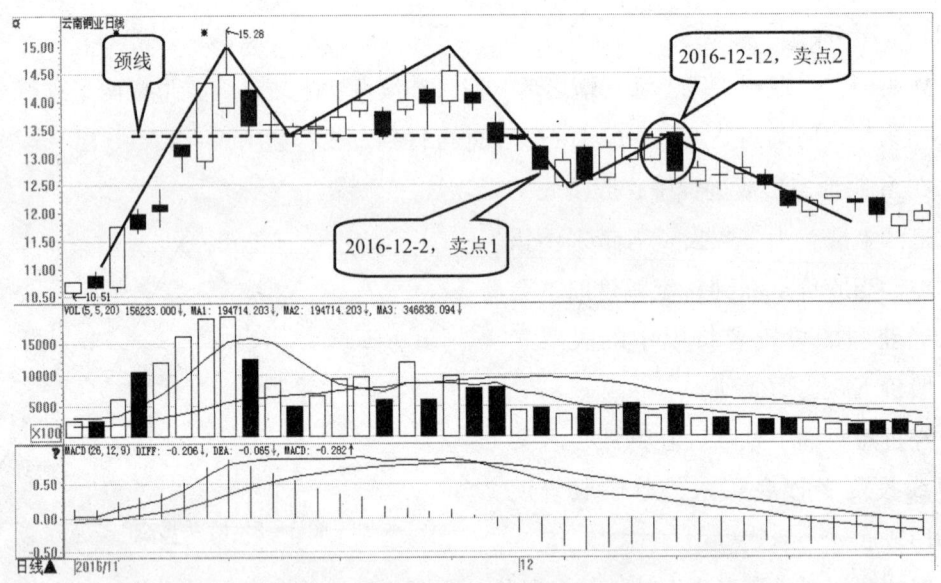

图6—4 云南铜业日K线

应用规律

1. M头形态中的顶b要比顶a弱势，具体表现为成交量萎缩，或者上涨高度略低。如果顶b的成交量和股价均超过顶a，则该形态并不能构成M头的卖出信号。

2. M头形态完成后股价可能有小幅回抽，也可能没有。因此，投资者不能死等回抽点作为卖出点。

3. 投资者可以通过M头的顶部与颈线之间的距离推算之后的下跌幅度。这个距离越长，未来股价下跌的幅度就会越大。

第三节 三重顶的卖出点

> 三重顶又称三尊头，是指股价在顶部出现的连续三个顶峰。

● 形态解析

三重顶形态出现在股价上涨一段时间后，股价连续三次上攻失败，形成三个顶峰。这三个顶峰基本相同。而前两次上涨失败后，股价回调的低点也基本相同，将这两个低点连接起来的水平线就是颈线，如图6—5所示。

三重顶形态的含义与倒V形顶形态和M头形态类似，表示股价经过一段时间上涨后，多方获利回吐。在大量卖盘压力下，股价下跌。虽然在底d和e位置不断有短线资金进入抄底，但顶b

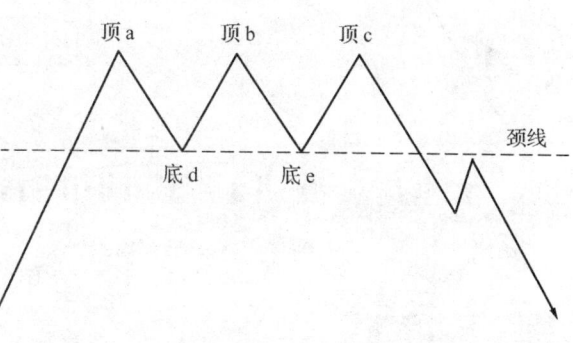

图6—5 三重顶形态

和c位置的连续两次上攻失败，充分证明短线资金无法推动股价持续上涨。

在顶c完成后的下跌中，股价跌破颈线，此时多方力量完全崩溃。虽然可能有抄底资金进入，拉动股价短暂回抽，但这无法改变整体趋势。之后股价将进入持续的下跌行情。

● 操作要点

1. 三重顶形态为卖出信号。如果前两次股价上攻失败，在顶c位置成交量萎缩，说明市场做多动能不强。此时投资者可以先卖出部分股票，轻仓观望。

2. 在顶c完成后的下跌过程中，股票一旦跌破颈线，标志着市场顶部已经形成。此时投资者应该尽快将手中的股票全部卖出。

3. 股价跌破颈线后，可能会有部分抄底资金进入，造成股价小幅回抽。股价回抽时往往会在颈线附近遇到阻力继续下跌。如果此时投资者手中还持有股票，应该趁回抽的机会将股票全部卖出。

➲ 实盘分析

如图6—6所示，2015年9月至2016年1月，原来运行在上涨趋势中的东方电子（000682）K线走势图中出现三重顶形态。

投资者将其在高位回调产生的两个低点相连，得到三重顶形态的颈线。

2016年1月7日，该股低开，盘中一举跌破该形态的颈线，三重顶形态得到确认，卖点出现。随后股价进入下跌趋势。

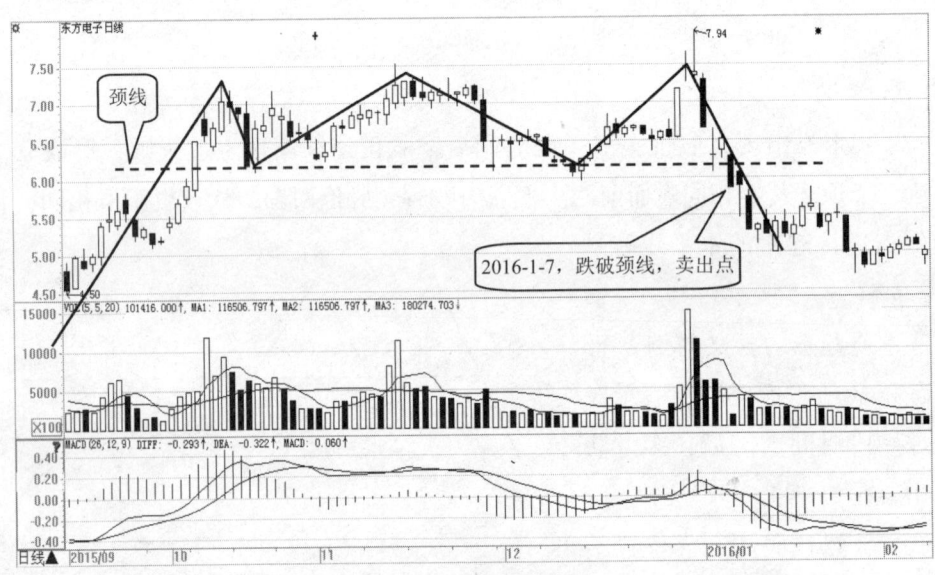

图6—6　东方电子日K线

➲ 应用规律

1. 标准的三重顶形态应该是在a、b、c三个顶部形成的过程中，成交量依次减少。

2. 投资者可以通过三重顶形态的顶部与颈线之间的距离推算之后的下跌幅度。这个距离越长，则未来股价下跌的幅度会越大。

3. 股价跌破颈线后可能有小幅回抽，也可能没有。因此，投资者不能将回抽点作为唯一的卖出点。

4. 在三重顶形态形成过程中，股价经过多次反复波动，多方力量已经被彻底消化。因此，在其他条件相同的情况下，三重顶形态的信号强度要超过倒V形顶形态和M头形态。

第四节 头肩顶的卖出点

> 头肩顶是股价在顶部形成的三个峰顶,中间的峰顶比两边的高,形似人体的头部和左、右两个肩部。

◆ 形态解析

头肩顶形态出现在上涨行情的尾端,由连续三个峰顶组成。两边的峰顶基本水平,中间的峰顶略高。这三个峰顶从左到右依次叫作左肩、头部、右肩。左肩和头部两次回调后所形成的低点基本水平,这两个低点的连线为颈线,如图6—7所示。

在头肩顶形态形成过程中,左肩的成交量最大,头部的成交量略小,右肩的成交量最小,成

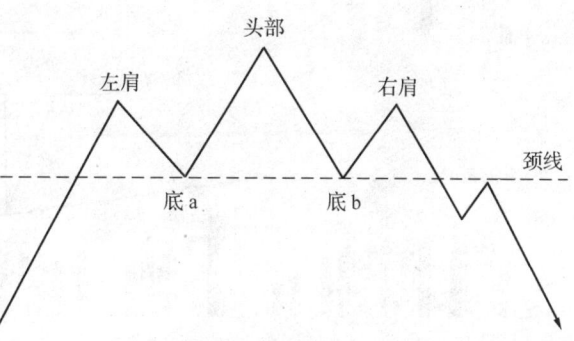

图6—7 头肩顶形态

交量呈递减趋势。这说明股价上升时追涨力量越来越弱,股价的上涨已到尽头。因此,头肩顶形态是一种见顶信号。该形态一旦形成,股价下跌几乎成定局。

◆ 操作要点

1. 如果形成头部时成交量萎缩,而在形成右肩时又出现缩量上涨行情,投资者就可以认为头肩顶形态已经基本完成。此时投资者可以先卖出部分股票,轻仓观望。

2. 形成右肩后,股价一旦跌破颈线,投资者应该将手中的股票全部卖出。

3. 如果在股价跌破颈线后有小幅回抽,并且在颈线位置受到阻力回调,则形成对头肩顶形态最后的确认。这是投资者的另一个卖出机会。

◆ 实盘分析

如图6—8所示,2015年5月至2015年6月,山西证券(002500)日K线图上出

现头肩顶形态。在股价连续三次上攻过程中，左肩、头部和右肩的成交量依次减少，这说明多方弱势。

2015年6月上旬，股价第三次上涨但不能再创新高，同时成交量也逐渐萎缩。

6月9日，股价见顶回调，此时投资者应该卖出部分股票，轻仓观望。

6月18日，股价跌破颈线，投资者应该在6月19日将手中剩余的股票卖出。

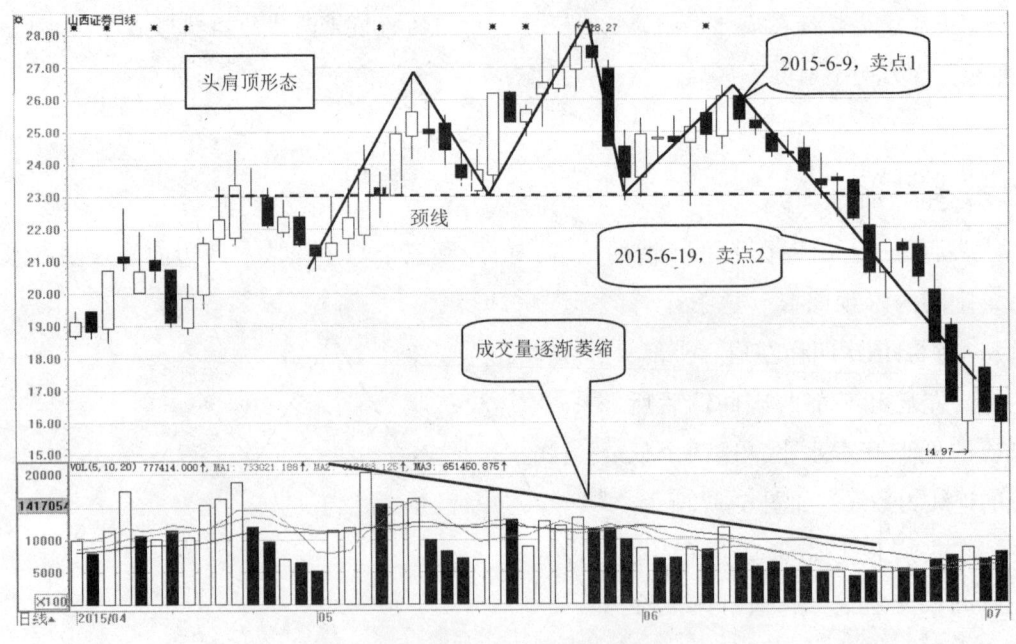

图6—8 山西证券日K线

⇨ 应用规律

1. 头肩顶形态形成的时间越长，则该形态的看跌信号就越强烈。

2. 股价跌破颈线后可能有小幅回抽，也可能没有。因此，投资者不能死等回抽点作为卖出点。

3. 在股价跌破颈线后的回抽过程中，KDJ、RSI等指标可能会出现低位金叉。但只要股价没有放量向上突破颈线，投资者就不能按照这些信号贸然买入股票。

4. 在实战中，头肩顶形态可能会演变成多个头部或者多个肩部。这些图形构成复合头肩顶形态，如图6—9和图6—10所示，它们与标准的头肩顶形态的技术含义相同。

K线顶部形态及卖出点 / 第六章

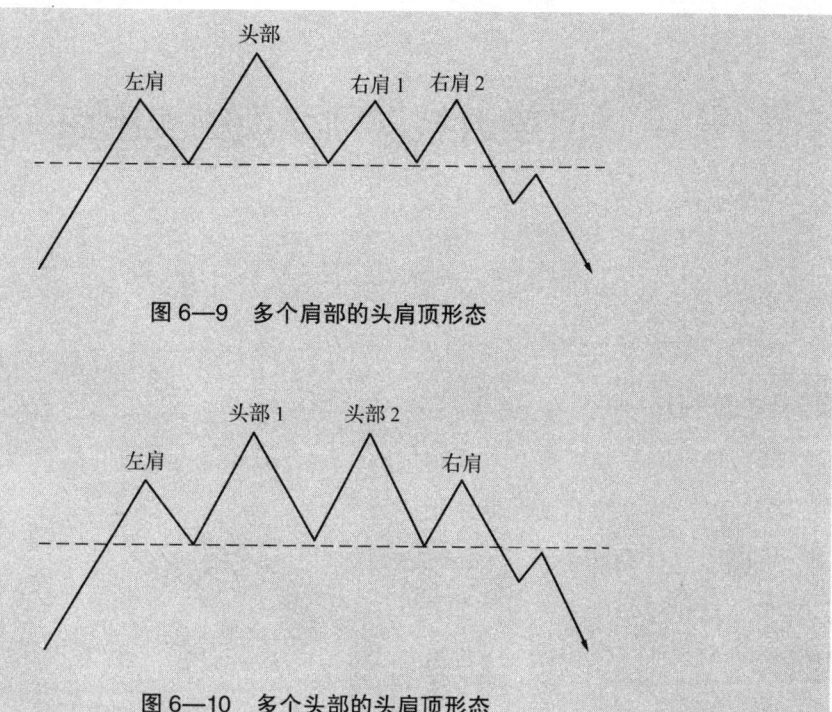

图6—9　多个肩部的头肩顶形态

图6—10　多个头部的头肩顶形态

第五节　圆弧顶的卖出点

> 圆弧顶是股价在顶部形成的圆弧形状。

● 形态解析

圆弧顶形态往往出现在上涨行情的尾端。在上涨一段时间后，股价开始在高位反复震荡。如果将多次震荡的高点用线连起来，可以形成一个向上凸起的圆弧形状。这样的形态就叫作圆弧顶，如图6—11所示。

圆弧顶形态表示股价经过一段时间上涨后，虽然上涨趋势仍然持续，但主导上涨的多方力量正逐渐衰竭。股价上涨速度

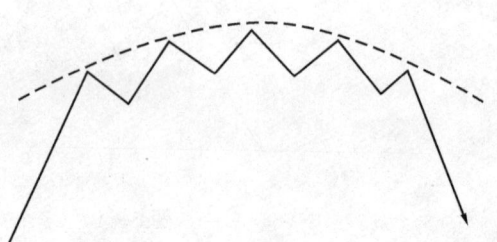

图6—11　圆弧顶形态

越来越慢，最终处于停滞状态。在不知不觉中，空方力量逐渐增强。股价开始进入缓慢的下滑态势，而且下跌速度逐渐变快。当人们发现股价下跌势头形成时，头部就会出现一个明显的圆弧状。

● 操作要点

1. 圆弧顶形态出现在一段上涨行情的尾端，表示多空双方力量转换，为股价见顶下跌的信号。

2. 与三重顶、头肩顶等形态不同，圆弧顶形态并没有颈线。因此，投资者一旦发现股价上涨一段时间后逐渐滞涨，之后又由涨转跌，就应该卖出部分股票，轻仓观望。

3. 如果股价确立下跌趋势，并且下跌速度越来越快，则圆弧顶形态已经完成。此时投资者应该尽快将手中的股票全部卖出。

⊙ 实盘分析

如图6—12所示，2016年7月至2016年9月，中粮生化（000930）日K线图上出现圆弧顶形态。

在圆弧顶形态形成过程中，中粮生化连续多次上涨到弧线位置遇到阻力。在不断受阻回调过程中，股价逐渐由减速上涨行情变成加速下跌行情。

9月6日，股价创出阶段新低，此时顶部形态已经形成。9月12日，股价跳空低开，投资者要注意及时卖出持有的股票。

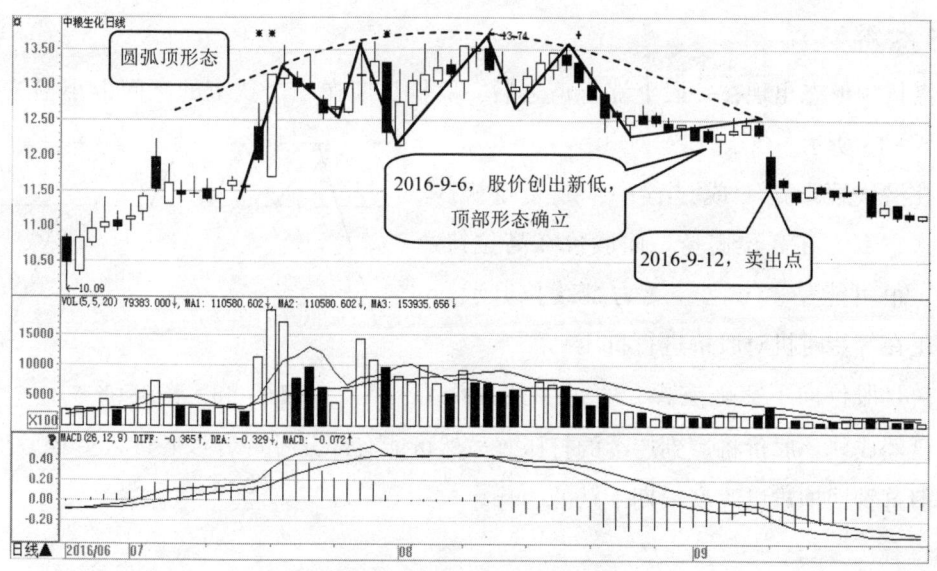

图6—12 中粮生化日K线

⊙ 应用规律

1. 如果在股价减速上涨时成交量萎缩，而在股价加速下跌时成交量放大，成交量与股价同步形成圆弧形状，则圆弧顶形态的看跌信号更加强烈。

2. 圆弧顶形态形成的时间越长，说明多空双方的转换越彻底，这时圆弧顶形态的看跌信号就更加强烈。

3. 圆弧顶形态与K线组合圆顶形态有所不同。圆顶形态是短线看跌的K线组合，所有K线均处于圆弧上；而圆弧顶形态属于中长线看跌的K线组合，只是股价反复波动过程中的最高点处于一个圆弧之上。

第六节 潜伏顶的卖出点

> 潜伏顶比喻空方在顶部横盘行情中潜伏，伺机而动。

◎ 形态解析

潜伏顶形态出现在一段上涨行情之后，股价长期在一个狭窄的区间内小幅波动，如图6—13所示。

在潜伏顶形态形成过程中，成交量极少，表示多空双方在高位僵持。而股价在高位持续调整，很可能是多方已经无力继续拉升股价，空方正在等待时机对股价进行打压。

一旦股价向下突破支撑位，说明空方认为时机已经成熟，股价将遭到持续的打压。虽然可能有部分投资者抄底进入造成股价回抽，但这种回抽难以改变长期下跌的趋势。

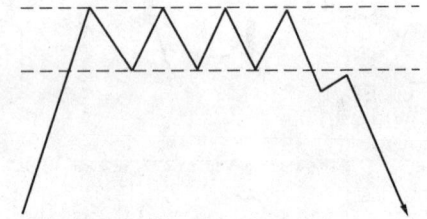

图6—13 潜伏顶形态

◎ 操作要点

1. 如果股价长期在高位横盘整理，即使没有向下突破，多方弱势也已经显现。此时投资者应该卖出部分股票，轻仓观望。

2. 如果股价跌破支撑位，则形成明确的卖出点。此时投资者应该果断地将手中的股票全部卖出。

◎ 实盘分析

如图6—14所示，2016年3月中旬至2016年4月下旬，英飞拓（002528）日K线图上出现潜伏顶形态。

在一个多月的时间里，股价一直在高位横盘整理，而成交量却逐渐萎缩。这个形态表示多方已经上攻乏力，空方正在伺机打压股价。

4月20日，股价高开低走，形成一根大阴线，跌破潜伏顶形态的支撑位。此时投资者应该果断地将手中的股票卖出。

之后，股价虽然一度还有反弹，但未能突破之前潜伏顶形态的支撑位，表明下跌趋势已经彻底形成。此时如果投资者手中还有股票，应该马上卖出。

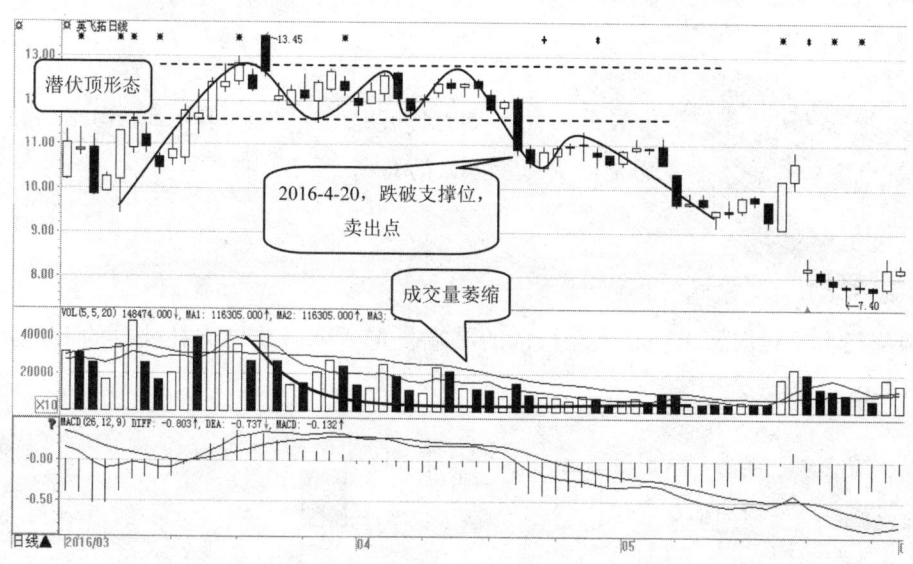

图6—14　英飞拓日K线

应用规律

1. 所谓"横有多长，竖有多高"，潜伏顶形态的看跌信号强度与股价横盘整理的时间有关。股价在高位横盘整理的时间越长，则未来股价向下突破的可能性就越大。一旦突破支撑位后，股价下跌的幅度也会越大。

2. 在潜伏顶形态完成后，股价可能回抽，也可能没有。因此，投资者不能将回抽点作为卖出点。

3. 潜伏顶形态出现时，必须伴随有极小的成交量。如果股价在高位横盘整理的同时成交量放大，则可能是多方在努力突破上方压力位，这样的形态并不能构成潜伏顶的卖出信号。

第七节 顶部岛形反转的卖出点

> 顶部岛形反转是指一段K线与左右两边的K线之间分别有向上和向下的缺口，两个缺口基本水平，使这段K线形似被孤立的岛屿。

➲ 形态解析

顶部岛形反转形态出现在上涨行情的尾端，是一个以缺口弥补缺口的K线形态，如图6—15所示。

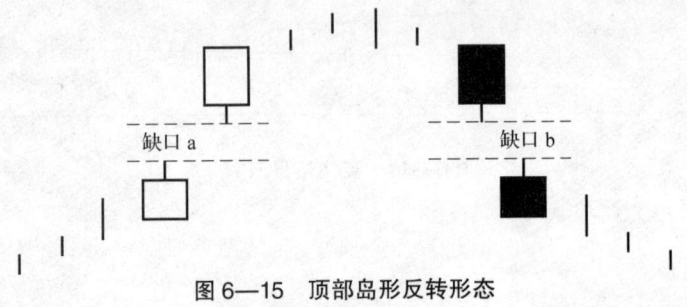

图6—15 顶部岛形反转形态

在股价上涨过程中，首先出现一个跳空上涨的缺口a。在缺口a出现之后，股价开始在顶部整理，但是缺口a一直没有被补回。

股价在顶部整理一段时间后，逐渐进入跌势。此时出现一个跳空下跌的缺口b。缺口b的位置与缺口a基本水平，以缺口弥补缺口。

缺口a和b在K线图上形成一段价格空白区域。两个缺口之间的K线均在这段空白区域上方，形似孤岛。

➲ 操作要点

1. 在顶部岛形反转形态中的"孤岛"上，会有大量追高的投资者被套牢。在巨大的套牢盘压力下，股价会持续下跌。因此，顶部岛形反转形态是强烈的看跌信号。一旦出现该形态，说明一轮持续的下跌行情已经基本确立。

2. 在缺口b出现之前，股价运行方向难以判断。因此，顶部岛形反转形态的卖出点只能是在缺口b完成后。

K线顶部形态及卖出点 / 第六章

➲ 实盘分析

如图6—16所示，2015年5月至2015年6月，德赛电池（000049）日K线图上出现顶部岛形反转形态。

5月18日，德赛电池跳空上涨，留下一个跳空缺口，之后股价持续在高位震荡。

6月19日，股价跳空下跌，以向下跳空缺口回补之前的向上跳空缺口，在两个缺口上方形成一个"孤岛"，这是强烈的卖出信号。

看到这个形态后，投资者应该在6月23日尽快将手中的股票全部卖出。

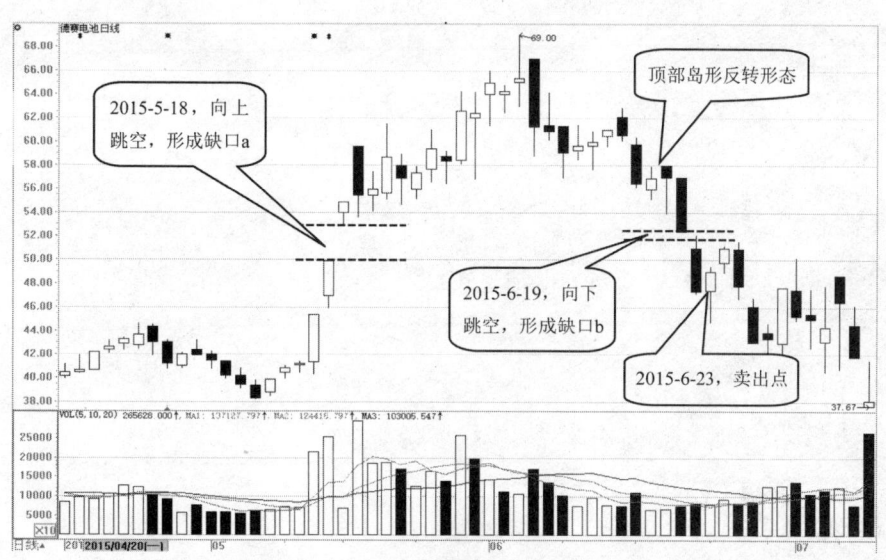

图6—16　德赛电池日K线

➲ 应用规律

1. 顶部岛形反转形态中两个缺口之间的总换手率（既可以是短时间内的大量换手，也可以是长时间内的微量换手）越大，表示被套牢在"孤岛"上的投资者越多，此时该形态的看跌信号就会越强烈。

2. 缺口a和b的间隔时间越短，该形态的看跌信号越强。在实战中，由2~4个交易日构成的"孤岛"，其反转信号最强烈。

3. 顶部岛形反转形态一旦形成，缺口位置会变成重要的压力位，未来股价上涨到这个位置时很可能会遇到较大阻力。

第七章

K线底部形态及买入点

第一节　V形底的买入点

> V形底又称尖底，是股价先跌后涨的一种K线形态，形似英文字母V。

● 形态解析

V形底形态出现在一段下跌行情的尾端。股价首先快速下跌，当下跌到一定幅度时，股价掉头上涨。上涨和下跌之间完全没有整理过渡行情。V形底形态的反转十分尖锐，常在几个交易日内形成，而且在转势点处往往有较大的成交量，如图7—1所示。

在V形底左侧，股价下跌速度很快，表示空方力量较强。但是当股价到达V形底部时，空方力量突然消失，多方力量迅速崛起，股价触底后即一路上涨。

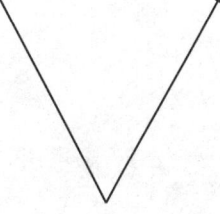

图7—1　V形底形态

● 操作要点

1. V形底形态是较强势的底部反转信号。当股价下跌一段时间后在底部放量反弹时，V形底已经基本形成。此时激进型投资者可以适当买入股票。

2. 当股价上涨到V形底左侧持续下跌开始的价位时，可能会遇到一定阻力。如果股价能突破这个阻力，则可以确定V形底形态成功。此时投资者可以大胆买入股票。

3. 按照V形底形态买入股票后，投资者应该将止损位设定在V形的底端。如果股价跌破这个位置，说明上涨趋势被破坏，空方继续强势。此时投资者应该尽快卖出手中的股票。

● 实盘分析

如图7—2所示，2015年6月、7月，五矿发展（600058）出现一波"急剧下跌—急剧上涨"的走势，形成V形底形态。

7月底，股价冲高回落，但没有再创新低，而是企稳回升，这是新一波上涨趋势形成的标志，投资者可以逢低买入。

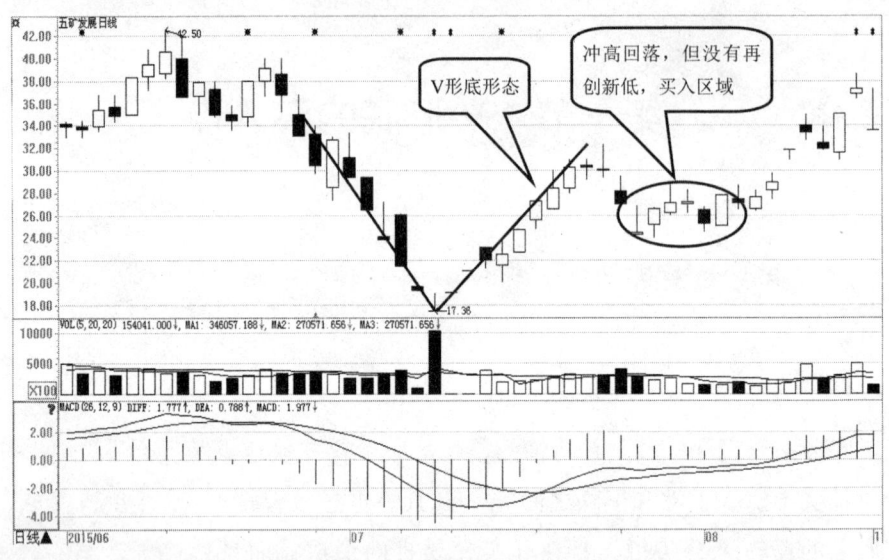

图7—2 五矿发展日K线

➲ 应用规律

1. V形底左侧的快速下跌造成多数投资者被套牢在较高的价位上。因此，在V形底右侧股价上涨时，不会遇到太大的阻力，整个V形底形态的形成过程会很快。

2. V形底形态和倒V形顶形态不同。在倒V形顶形态中，股价见顶后即使是无量下跌，未来的跌幅可能也很大。但是在V形底形态中，股价上涨时必须有成交量放大的配合，否则未来的涨幅不会太大。

第二节　W 底的买入点

> W 底又称双底，是股价连续两次探底形成的形态。

● 形态解析

W 底形态一般出现在下跌行情的尾端。股价连续两次下跌均获得支撑，形成两个底部。从第一次获得支撑反弹的顶点作一条水平线，即得到 W 底的颈线，如图 7—3 所示。

在 W 底形态形成过程中，首先经过一段时间后出现反弹，形成底 b。但这次反弹并没有持续太长时间，股价在上涨一段时间后遇到阻力回调，形成顶 a。

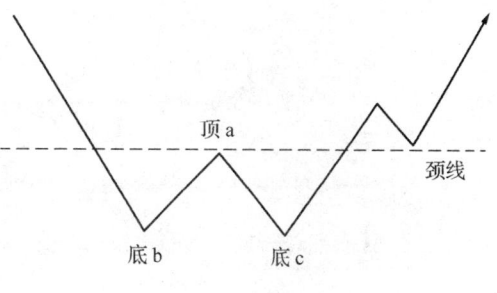

图 7—3　W 底形态

在顶 a 上的水平线就是颈线。这次短暂的上涨说明空方力量未被彻底消化，或者多方力量并没有准备充分。

在股价回调一段时间后，再次获得支撑反弹，形成底 c。在底 c 完成后，股价持续上涨，突破颈线。这说明多方已经准备充分，股价有望出现较大幅度上涨。

股价突破颈线之后常常有回抽，但是回抽到颈线附近时可以止跌回升。这种回抽是对 W 底形态的确认。

● 操作要点

1. W 底形态为股价见底反弹的信号。

2. 当股价向上突破颈线时，为 W 底形态的买入点。此时投资者可以大胆买入股票。

3. 当股价回抽到颈线附近获得有效支撑时，是对双底形态的确认。此时投资者可以加仓买入股票。但并不是所有的 W 底形态都有这样的回抽过程，因此想买入股票的投资者不能将回抽点作为唯一的买入点。

4. 投资者应该将W底形态的止损位设定在颈线附近。如果在W底形态完成后股价又跌破颈线，说明向上突破失败。此时投资者应该尽快将手中的股票卖出。

➡ 实盘分析

如图7—4所示，在经过前期一波下跌走势之后，2016年5月至2016年6月，保利地产（600048）日K线图上出现W底形态，发出看涨信号。

7月4日，该股股价放量突破颈线，买点出现。

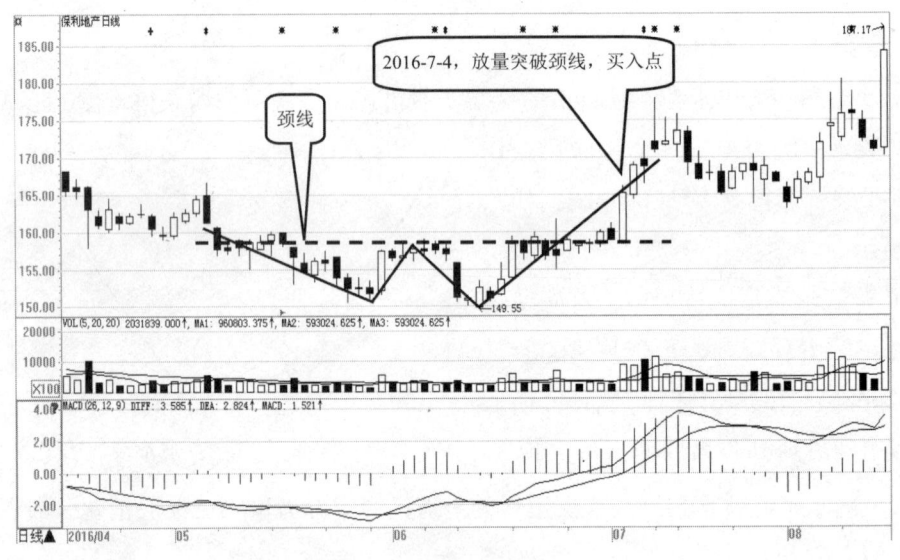

图7—4　保利地产日K线

➡ 应用规律

1. 在W底形态中，底c的最低价是否高于底b的最低价并不重要，但是底c的成交量一定要小于底b的成交量。

2. 在W底形态完成后，股价向上突破颈线时必须伴随有成交量的放大，否则难以形成有效突破，投资者不能贸然买入股票。

3. 底b和c之间的累计换手率越大，则W底形态的看涨信号越可靠，未来股价的上涨空间也会越大。

4. 如果底c位置的成交低迷，在实战中这个底经常会变成圆底，而不是尖底，但这并不影响该形态的看涨信号强度。

第三节　三重底的买入点

> 三重底是三重顶的倒影,是股价在低位出现的连续三个低谷。

◆ **形态解析**

三重底形态出现在一段下跌行情的尾端。股价连续三次下跌获得支撑,形成三个底 c、d、e。形成底 c 和 d 后,股价反弹到一个几乎相同的价位时遇到阻力回调,形成两个顶 a 和 b。顶 a 和 b 高点的连线就是颈线。

在形成底 e 后,股价开始放量上涨,突破颈线,三重底形态完成,如图 7—5 所示。

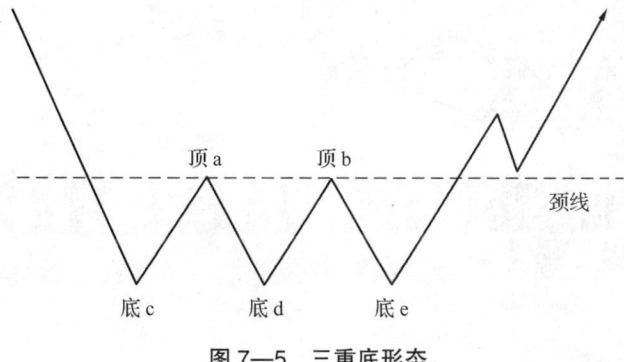

图 7—5　三重底形态

三重底形态的含义与三重顶形态相反,表示空方力量在底部不断衰竭,多方准备拉升股价。一旦股价突破颈线,则预示着空方力量崩溃,未来股票将有可观的涨幅。

◆ **操作要点**

1. 三重底形态为股价见底反弹的看涨信号。

2. 当股价完成对颈线的突破后,投资者可以大胆买入股票。

3. 股价突破颈线后可能有小幅回抽,但一般不会跌破颈线位置。投资者可以趁回抽的机会加仓买入。但并不是所有的三重底形态完成突破后都有回抽,因此投资者不能将回抽点当作唯一的买入点。

4. 按照三重底形态买入股票后，投资者可以将止损位设定在颈线位置。如果未来股价跌破颈线，则说明之前的向上突破失败，股价可能会继续横盘调整甚至下跌。此时投资者应该果断地卖出手中的股票。

● 实盘分析

如图7—6所示，在经过一波下跌走势之后，2015年8月至2015年10月，天津普林（002134）日K线图上出现三重底形态，发出看涨信号。

10月12日，该股股价向上放量突破三重底形态的颈线，表明上涨趋势已经形成，买点1出现。10月22日，股价回抽确认，在颈线处受到支撑作用再次向上，买点2出现。投资者要注意把握这两个买点。

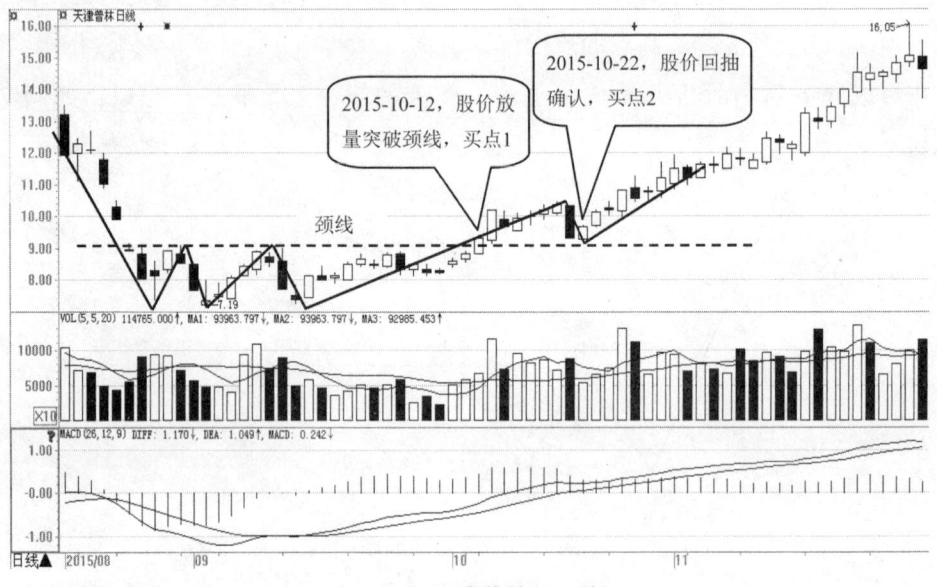

图7—6 天津普林日K线

● 应用规律

1. 在实战中，底d位置的成交量应该小于底c位置，但是底e位置的成交量要比前两个底大幅放大。如果股价最终突破颈线时没有放量，则这种上涨难以持续太长时间。此时投资者不能贸然买入股票。

2. 在三重底形态形成过程中的累计换手率越大，说明空方力量被消化得越充分，该形态的看涨信号就越强烈。

第四节　头肩底的买入点

> 头肩底是与头肩顶完全相反的 K 线组合形态。

◆ **形态解析**

头肩底形态一般出现在下跌行情的尾端，由连续的三个底部组成。三个底部从左到右依次叫作左肩、头部、右肩。左、右两个肩部的最低价基本相同，中间底部的最低价略低。同时，在左肩和头部形成后的两次反弹过程中，股价基本在同一价位受到阻力回调。这个价位上的水平线为颈线，如图 7—7 所示。

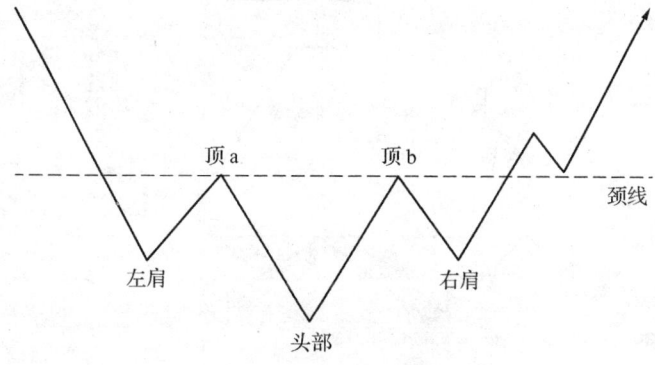

图 7—7　头肩底形态

在头肩底形态形成过程中，头部的成交量与左肩区域大致相等。股价经过头部反弹时很可能出现缩量上涨行情。右肩区域的成交量会大幅放大，经常会出现放量向上突破的行情。

◆ **操作要点**

1. 头肩底形态是十分强势的反转信号，表示空方力量被不断消耗。一旦形态完成，之后持续上涨的空间会很大。

2. 一旦股价放量突破颈线，即形成买入信号，此时投资者可以大胆买入股票。

3. 在突破颈线后，股价可能会有小幅回抽。如果股价回抽到颈线附近获得支撑，则是对头肩底形态的确认,此时投资者可以加仓买入股票。

4. 按照头肩底形态买入股票后,投资者可以将止损位设定在颈线上。如果股价跌破颈线位置,说明空方重占上风,下跌趋势很可能会继续,此时投资者应该尽快将手中的股票卖出。

ᗡ 实盘分析

如图7—8所示,2015年1月至2015年4月,中联重科(000157)日K线图上出现头肩底形态。

3月17日,股价放量向上突破颈线,此时投资者可以积极买入。

之后股价略有回调并再次冲高,这是对头肩底形态的确认,此时投资者可以加仓买入。

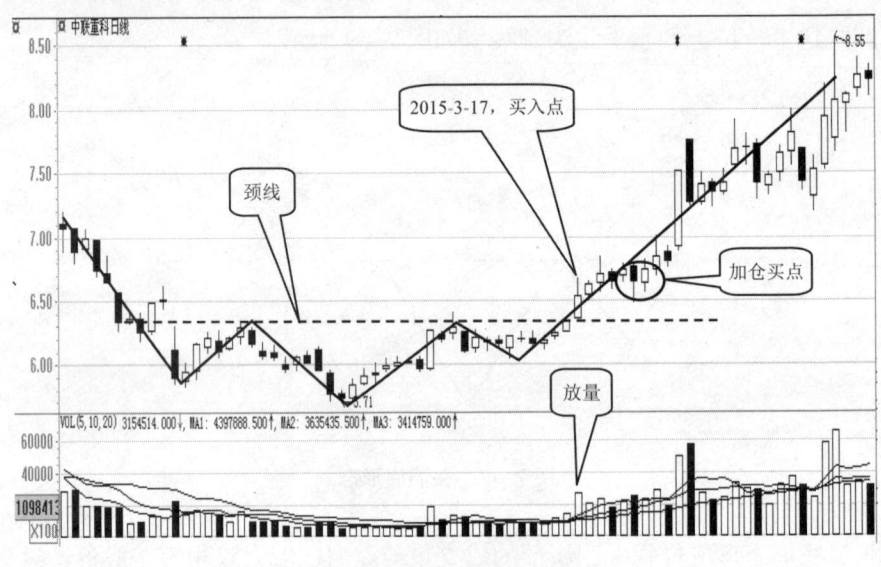

图7—8　中联重科日K线

ᗡ 应用规律

1. 股价突破颈线时的成交量越大,头肩底形态的看涨信号越强烈。

2. 如果股价向上突破颈线时没有放量,可能之前只是一个假突破。在这样的情况下,投资者不能贸然买入股票。

3. 股价突破颈线后可能回抽,也可能没有。因此,投资者不能单纯地将回抽信号作为唯一的买入点。

4. 在实战中，头肩底形态可能演变出多个头部或者多个肩部。这些图形构成复合头肩底形态，如图7—9和图7—10所示，它们与标准的头肩底形态的技术含义相同。

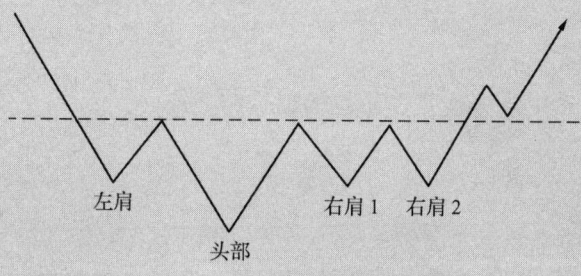

图7—9　多个肩部的头肩底形态

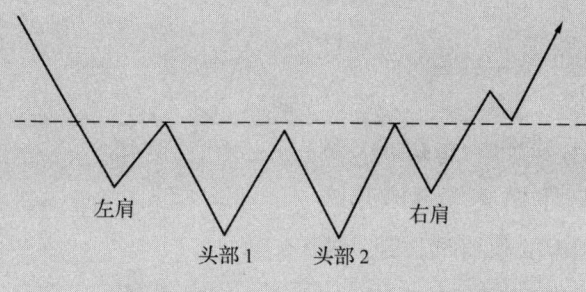

图7—10　多个头部的头肩底形态

第五节　圆弧底的买入点

> 圆弧底是股价在下跌行情底部出现的圆弧形态。

◐ 形态解析

圆弧底形态往往出现在一段下跌行情的尾端。股价下跌一段时间后，下跌的速度逐渐减缓，开始在低位反复震荡。如果将反复震荡的低点用线连接起来，就会形成一个向下凹陷的圆弧形状，如图7—11所示。

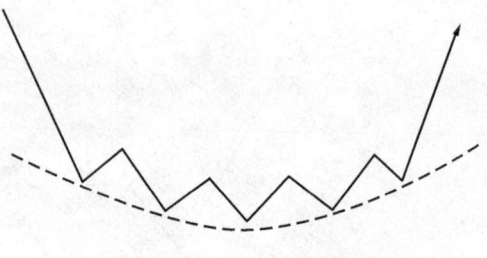

图7—11　圆弧底形态

在圆弧底形态中，股价先是在成交量逐渐减少的情况下，下跌速度越来越缓慢，直到成交量出现极度萎缩时，股价才停止下跌。然后多方力量开始逐渐入场，成交量温和放大，股价由缓慢上升逐渐转变为加速上升，从而形成股价走势的圆弧形态。

◐ 操作要点

1. 圆弧底形态表示市场由空方主导行情逐渐变成多方主导行情，为股价见底反弹的信号。

2. 圆弧底形态没有颈线，因此并没有明显的买入点。当股价结束下跌、出现加速上涨趋势时，投资者就可以积极买入股票。

3. 按照圆弧底形态买入股票后，投资者可以将止损位设定在圆弧形的底端。如果股价跌破这个位置，则上涨趋势被破坏。此时投资者应该尽快将手中的股票卖出。

◐ 实盘分析

如图7—12所示，2015年7月至2015年10月，中国宝安（000009）日K线图上出现圆弧底形态。

10月12日，股价放量上涨。此时圆弧底形态已经基本确立，投资者可以买入股票。

10月23日，股价再次放量上涨，突破前期高点，并开始脱离底部整理区域。此时圆弧底形态已经完成，投资者可以大胆加仓买入。

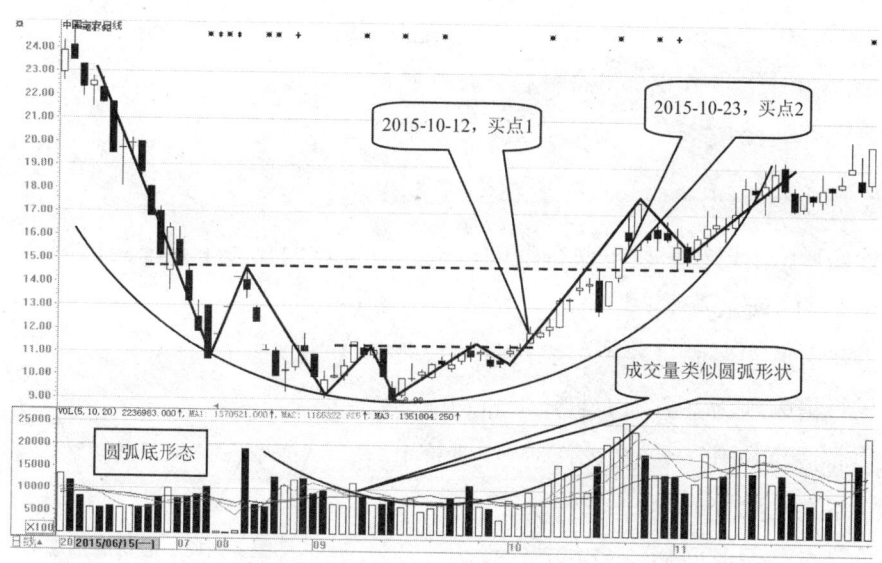

图7—12　中国宝安日K线

应用规律

1. 圆弧底形态形成的时间越长，表示多空力量转换得越彻底，该形态发出的看涨信号就越强烈。

2. 如果在股价减速下跌的同时成交量逐渐萎缩，在股价加速上涨的同时成交量逐渐放大，使成交量和股价形成类似的圆弧形状，则该形态的看涨信号会大大增强。

3. 如果在股价上涨的同时成交量萎缩，投资者不能贸然介入，可以等到放量上涨行情出现后再买入股票。

4. 圆弧底形态与K线组合的圆底形态有所不同。圆底形态是短线看涨的K线组合，所有K线均处于圆弧上；而圆弧底形态属于中长线看涨的K线组合，只是股价反复波动过程中的最低点处于一个圆弧之上。

第六节　潜伏底的买入点

> 潜伏底比喻多方在底部潜伏，伺机拉升股价。

● 形态解析

潜伏底形态出现在一段下跌行情的尾端，股价长期在一个狭窄的区间内小幅波动，如图7—13所示。

在潜伏底形态形成过程中，成交量一般很小。市场行情表现为空方无力打压股价，而多方也无力将股价拉升，多空双方僵持。股价上有压力，下有支撑。

股价横盘一段时间后，多方突然发力，将股价向上拉升。这说明在长期僵持过程中多方已经积累了足够能量，而空方则消耗严重。一旦股价成功突破上方压力位，股价可以被持续拉升。

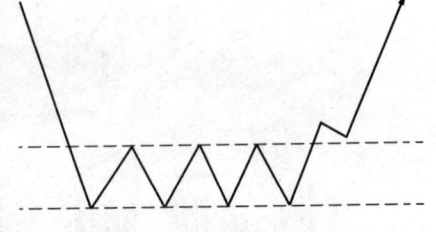

图7—13　潜伏底形态

● 操作要点

1. 潜伏底形态为股价经过一段时间的调整后，进入上涨行情的信号。

2. 当股价成功突破上方压力位后，投资者可以大胆买入股票。

3. 股价向上突破后，可能会遇到阻力小幅回抽。这种回抽难以改变上涨趋势。当股价回抽到前期压力位获得支撑时，投资者可以加仓买入股票。

4. 投资者按照潜伏底形态的信号买入股票后，可以将止损位设定在前期横盘整理的压力位上。如果股价回到这个价位以下，说明突破失败，投资者应该将手中的股票卖出。

● 实盘分析

如图7—14所示，2016年1月至2016年6月，深科技（000021）日K线图上出现潜伏底形态。

2016年6月底，股价下调到下方支撑位附近时开始放量上涨。6月27日，股价突破前期压力位，潜伏底形态完成，这表示多方在僵持中胜出，股价有望被持续拉升。此时投资者可以积极买入股票。

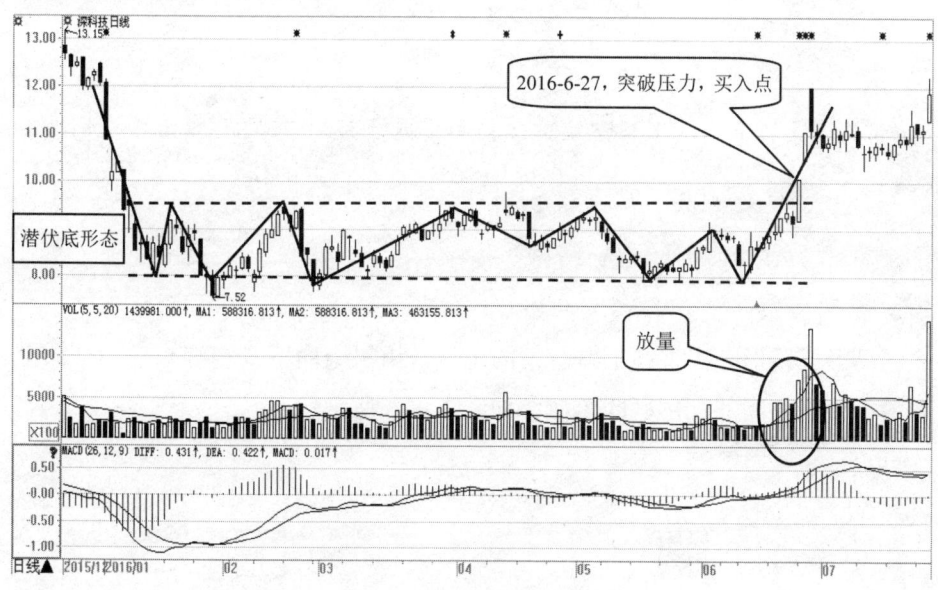

图7—14　深科技日K线

应用规律

1. 股价在底部持续整理的时间越长，则该形态的看涨信号就越强烈。

2. 在潜伏底形态完成后，股价可能回抽，也可能没有。因此，投资者不能等待回抽点作为唯一的买入点。

3. 在股价向上突破压力位时需要伴随成交量的放大。如果是缩量上涨，则突破后的上涨行情难以持续，投资者最好不要买入股票。

第七节 底部岛形反转的买入点

> 底部岛形反转是以向上跳空缺口弥补向下跳空缺口,在底部留下一个"孤岛"的 K 线组合形态。

⇨ 形态解析

底部岛形反转形态出现在下跌行情的尾端,由一个向下跳空缺口、一个向上跳空缺口和两个缺口之间的整理区间组成,如图 7—15 所示。

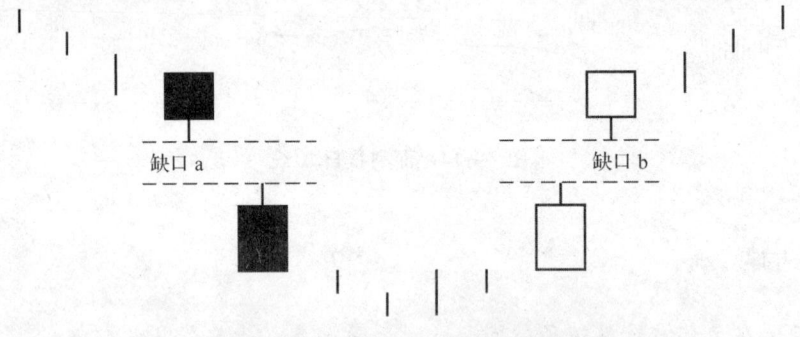

图 7—15 底部岛形反转形态

在股价下跌过程中,出现一个缺口 a。之后股价进入底部整理行情,但是缺口 a 并没有被补回。当股价在底部整理一段时间后,逐渐进入上涨行情。当上涨到缺口 a 附近时,出现一个向上跳空缺口 b。缺口 b 的位置与缺口 a 基本相同,补回缺口 a 的跳空跌幅。

缺口 a 和 b 在 K 线图上形成一段价格空白区域。两个缺口之间的 K 线均在这段空白区域下方,形似孤岛。

⇨ 操作要点

1. 底部岛形反转形态表示多空力量转换。在回补缺口 a 后,股价将进入多方主导的上涨行情,而跳空上涨的缺口 b 更加确认了多方强势。

2. 在形成缺口 b 后，投资者可以大胆买入股票。

3. 按照底部岛形反转形态的信号买入股票后，投资者可以将止损位设定在缺口 b 的底端。如果股价跌破这个价位，则缺口 b 被回补，此时突破失败，投资者应该尽快将手中的股票卖出。

➲ 实盘分析

如图 7—16 所示，2015 年 9 月，好利来（002729）日 K 线图上出现底部岛形反转形态。

9 月 15 日，好利来经过一段时间下跌后又跳空下跌，在 K 线图上留下一个向下跳空缺口。

经过一段时间整理后，好利来逐渐止跌反弹。10 月 26 日，股价跳空上涨，在 K 线图上留下向上跳空缺口。这个缺口的位置与之前的缺口基本保持水平，将底部整理区域的 K 线留在"孤岛"上。

看到这个底部岛形反转形态后，投资者接下来可以关注该股，在 11 月 2 日回调未补缺口放量上涨时买入股票。

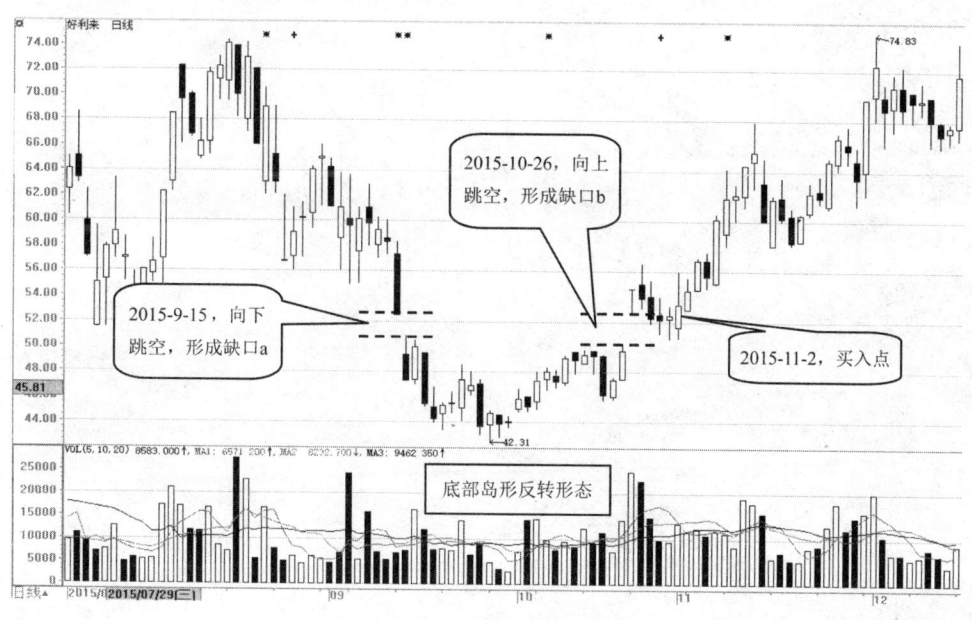

图 7—16　好利来日 K 线

应用规律

1. 底部岛形反转形态中两个缺口之间的总换手率越大，表示空方力量被消耗得越彻底，该形态的看涨信号就会越强烈。

2. 在形成缺口 b 的同时往往伴随有很大的成交量。如果成交量很小，则突破难以持续，这时投资者最好不要买入股票。

第八章

K线整理形态及买卖点

第一节　上升三角形的买入点

上升三角形是股价上涨遇到阻力时反复震荡出现的三角形区域。

● 形态解析

上升三角形形态出现在一段上涨行情之后，是股价反复震荡形成的一个三角形区域，如图8—1所示。

在反复震荡过程中，股价每次上涨的高点基本处于同一水平位置，而每次回落的低点逐渐上移。如果将上边的高点和下边的低点分别用直线连接起来，就构成一个向上倾斜的三角形。在完成突破后，股价可能会有小幅回抽，但是在原来高点连线位置处就可以止跌回升。这种回抽是对有效突破的确认。

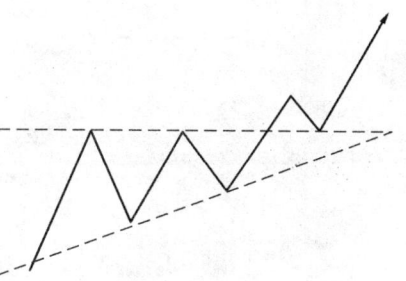

图8—1　上升三角形形态

● 操作要点

1. 上升三角形形态为看涨信号。虽然股价多次在同一价位遇到阻力回抽，但回抽的低点越来越高，说明空方实力越来越弱。一旦股价向上突破，未来可以有比较大的涨幅。

2. 当股价突破压力位时，为上升三角形形态的买入点。此时投资者应该积极买入股票。

3. 当股价突破压力位后，可能有小幅回抽。如果股价回抽到之前压力位时获得支撑，投资者可以加仓买入。

4. 按照上升三角形形态的信号买入股票后，投资者可以将止损位设定在前期的压力位上。如果股价跌破这个价位，说明突破失败。此时投资者应该尽快卖出手中的股票。

实盘分析

如图8—2所示，2014年11月至2015年2月，天顺风能（002531）日K线图上出现上升三角形形态。

在几个月中，天顺风能股价连续两次在一个几乎相同的价位遇到阻力回调，但每次回调的低点越来越高，形成上升三角形形态。

2015年3月2日，股价放量向上突破压力位，形成买入信号。此时投资者可以买入股票。3月9日，股价回抽确认，也是一个买点，投资者要注意把握。

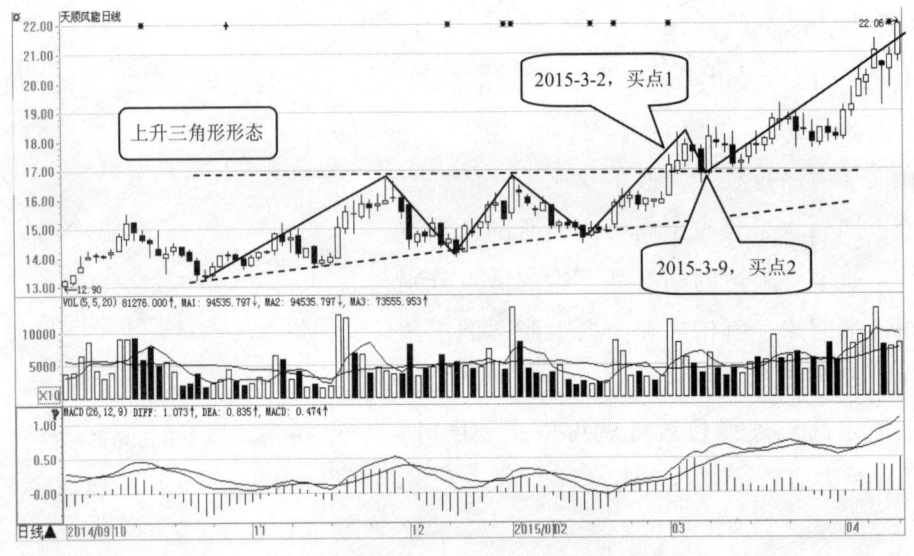

图8—2 天顺风能日K线

应用规律

1. 一般来说，在上升三角形形态形成过程中，成交量不断萎缩。只有在股价最后向上突破时才会大量放出。

2. 股价在向上突破时需要成交量的配合，成交量越大，看涨信号越强烈。如果股价在向上突破时成交量没有放大，则上涨行情难以持续，投资者不可以贸然买入。

3. 上升三角形形态越早往上突破，则后劲越足。那些走到三角形顶点位置还迟迟不能突破的形态，表示多方力量拉升的意愿不足。这样的形态即使最终向上突破，投资者也应该谨慎操作。

4. 如果股价最终没有突破上方压力位，而是跌破下方支撑位，该形态可能会演变成 M 头形态或者三重顶形态。此时投资者应该尽快将手中的股票卖出。

5. 上升三角形形态完成突破后，可能有小幅回抽，也可能没有。因此，投资者不能将回抽点作为唯一的买入点。

第二节 下降三角形的卖出点

> 下降三角形是股价下跌遇到支撑时反复震荡出现的三角形区域。

● 形态解析

下降三角形形态出现在一段下跌行情之后，是股价反复震荡形成的一个三角形区域，如图8—3所示。

在反复震荡过程中，股价多次下跌都在同一水平位置获得支撑，而每次反弹的高点却不断变低。如果将每次波动的高点和低点分别用直线连接起来，则会形成一个向下倾斜的三角形。

股价在向下突破后，可能还会有小幅回抽，但回抽的动能明显不足，在到达前期支撑位之前就会再次被打压。这种回抽是对下降三角形形态的确认。

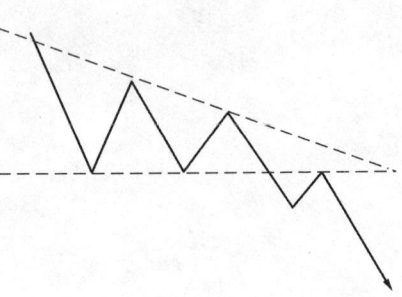

图8—3 下降三角形形态

● 操作要点

1. 下降三角形形态为卖出信号。虽然股价多次在同一价位获得支撑，但每次反弹的高点却越来越低，说明多方力量不足。当空方积攒足够的力量后，股价将跌破支撑位，之后持续下跌。

2. 一旦股价跌破支撑位，投资者就应该尽快卖出手中的股票。

3. 当股价跌破支撑位后，可能有小幅回抽，但这种回抽不会持续太长时间。当股价在前期支撑位遇到阻力回调时，市场弱势已经形成。如果这时投资者手中还有股票，应该尽快卖出。

● 实盘分析

如图8—4所示，2016年10月至2016年11月，云图控股（002539）日K线图上出现下降三角形形态。

在反复震荡行情中，云图控股股价多次在同一价位获得支撑，但获得支撑后反弹的高点却越来越低。这表示多方力量不足，已经渐渐无力支撑股价。如果此时投资者手中持有股票，虽然不必急于卖出，但应该密切关注股价变化。

12月2日，股价放量跌破支撑位，下降三角形形态完成。此时投资者应该尽快将手中的股票卖出。

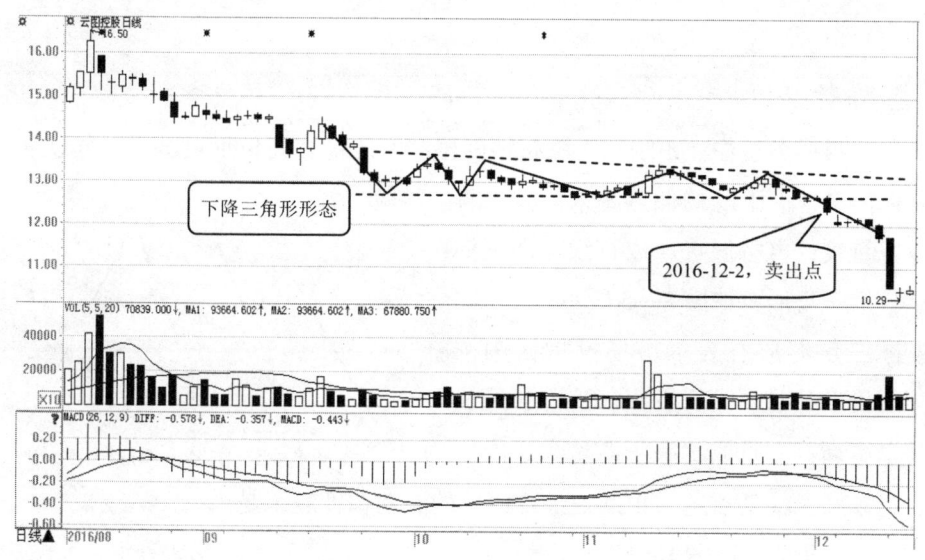

图8—4　云图控股日K线

⮕ 应用规律

1. 在下降三角形形态形成期间，成交量会持续萎缩。最终在股价向下突破时，成交量可能放大，也可能萎缩。即使股价缩量向下突破，未来的跌幅也可能会很大。上升三角形形态和下降三角形形态在这一点上有很大不同，投资者应该注意。

2. 如果股价最终没有跌破支撑位，而是突破上方的压力位，说明多方力量聚集，此时下降三角形形态可能会演变成W底形态或者三重底形态，投资者可以寻找机会买入股票。

3. 股价跌破支撑位后，可能有小幅回抽，也可能没有。因此，投资者不能死等回抽点作为卖出点。

第三节 扩散三角形的卖出点

> 扩散三角形是顶点在左侧,右侧敞口不断扩大的三角形。

⊃ 形态解析

扩散三角形形态往往出现在上涨行情的尾端。股价在高位反复波动,每次上升的高点越来越高,而下跌的低点越来越低。将高点连成直线,再将低点连成直线,即可形成一个扩散三角形,如图8—5所示。

扩散三角形形态表示市场投机氛围浓郁。当股价上升时,投资者疯狂追涨,造成高点越来越高;一旦股价有下跌迹象,投资者就盲目杀跌,使低点越来越低,最终股价的波动幅度越来越大。

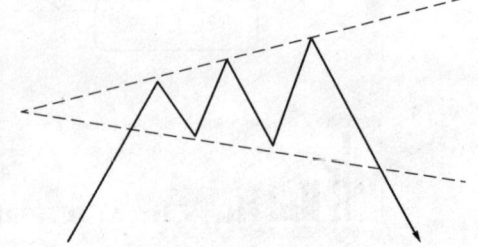

图8—5 扩散三角形形态

⊃ 操作要点

1. 扩散三角形形态往往是投资者逐渐丧失理性的表现,是大跌的先兆。

2. 在扩散三角形形态中,几乎每次股价波动都有成交量的配合,这是投资者不断追涨杀跌的反映。如果在某次股价反弹的同时成交量没有放大,则表示投机氛围已经消失。这次上涨很可能是多方的最后一搏,股价往往达不到上方压力位就会受阻回调。

3. 一旦扩散三角形形态出现,即使股价未跌破支撑位,投资者也应该尽快卖出股票。这是因为三角形的下边向下倾斜,如果等股票跌破这根边线位置,可能已经有了较大跌幅。

⊃ 实盘分析

如图8—6所示,2015年11月至2015年12月,亚夏汽车(002607)日K线图上出现扩散三角形形态。

在反复震荡过程中，亚夏汽车股价的高点逐渐变高，而低点逐渐变低，形成扩散三角形形态。这个形态说明股票交易过程中的投机氛围越来越浓。

2016年1月7日，股价跌破三角形下边的支撑位。此时投机泡沫破灭，投资者应该尽快将手中的股票卖出。

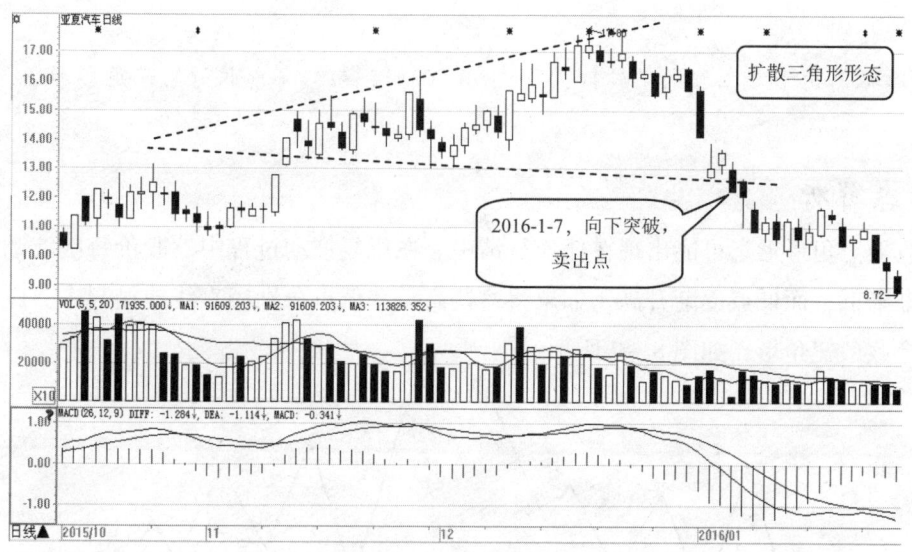

图8—6　亚夏汽车日K线

➲ 应用规律

1. 扩散三角形形态的扩散速度越快，说明市场投机氛围越浓，该形态的看跌信号就越强烈。

2. 在扩散三角形形态形成期间，一般会伴随有成交量的放大。成交量越大，则该形态的看跌信号越强烈。

3. 在股价反复震荡过程中，可能会出现一些短线炒作的机会。参与这类炒作的盈利空间很小，但风险较大。因此，一般投资者最好不要参与。

第四节 收敛三角形的买卖点

> 收敛三角形是上边向下倾斜，下边向上倾斜，敞口不断收敛的三角形形态。

➲ 形态解析

收敛三角形形态可能出现在任何行情中。在反复波动过程中，股价每次波动的高点逐渐降低，而低点逐渐升高。如果将这些高点和低点分别用直线连接起来，就会形成一个收敛三角形，如图8—7所示。

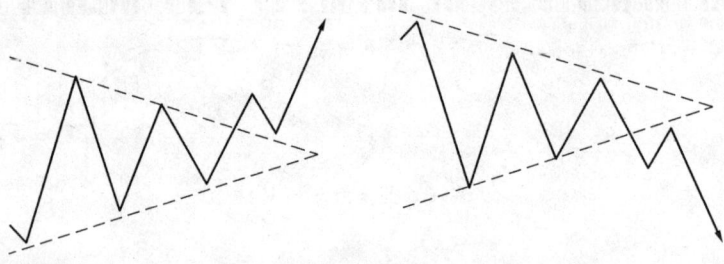

图8—7 收敛三角形形态

收敛三角形形态表示多空双方进入僵持阶段。在僵持过程中，成交量会持续萎缩，这说明多空双方力量均消耗严重。此时只要一方能有新力量进入，股价就将突破三角形边线，进入持续上涨或下跌行情。当股价接近三角形顶点时，如果多空双方力量都没有增强，则股价缩量下跌的可能性较大。

➲ 操作要点

1. 收敛三角形形态是一个整理形态，整理的结果是向上突破或向下突破均有可能。

2. 在收敛三角形形态形成过程中，持币的投资者可以持续观望，持股的投资者也不必急于卖出。当股价朝一个方向突破后，投资者可根据突破方向确定操作策略。

3. 当股价最终向上突破时，为买入信号。此时投资者可以买入股票。

4. 当股价最终向下突破时，为卖出信号。此时投资者应该将手中的股票卖出。

5. 在日 K 线图中，衡量收敛三角形有效突破的标准是股价突破 3%，或者连续三个交易日没有跌回三角形内部。在其他周期 K 线图中，投资者可以按照相同比例确定有效突破的标准。

⊃ 实盘分析 1

如图 8—8 所示，2016 年 8 月，蒙发利（002614）日 K 线图上出现收敛三角形形态。

在反复波动过程中，每次波动的高点逐渐降低，而低点逐渐升高。这说明多空僵持，双方力量均消耗严重。

9 月 8 日，股价放量突破三角形上边线并逼近涨停，这表示多方有新力量进入，股价将进入持续上涨行情。同时，当日股价突破涨幅远远大于 3%，这验证了突破有效，投资者可以在当天积极买入。

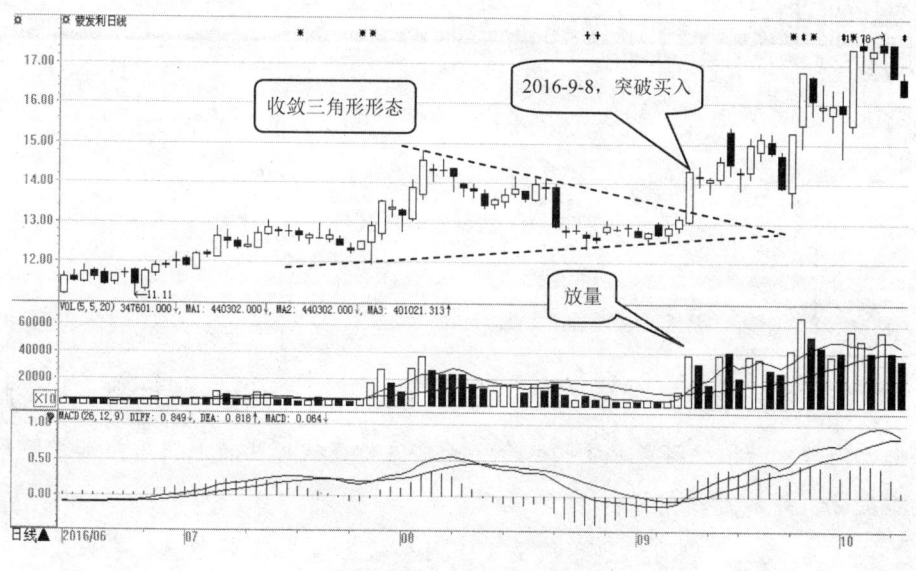

图 8—8 蒙发利日 K 线

⊃ 实盘分析 2

如图 8—9 所示，2016 年 11 月至 2016 年 12 月，成都路桥（002628）日 K 线图上出现收敛三角形形态。

在反复波动过程中，每次波动的高点逐渐降低，而低点逐渐升高。这说明多空僵持，双方力量均消耗严重。

2017年1月16日，股价跌破三角形下边线。这表示多方在三角形上边线徘徊多日后，终究无法向上突破，继而被空方力量吞噬，股价急转下跌。投资者应及时卖出股票，股价随即进入持续下跌行情。

之后，该股出现反弹确认行情，股价两次反弹到三角形下边线，但都受到阻力作用而再次向下，这验证了股价向下突破有效。此时投资者应卖出所有股票。

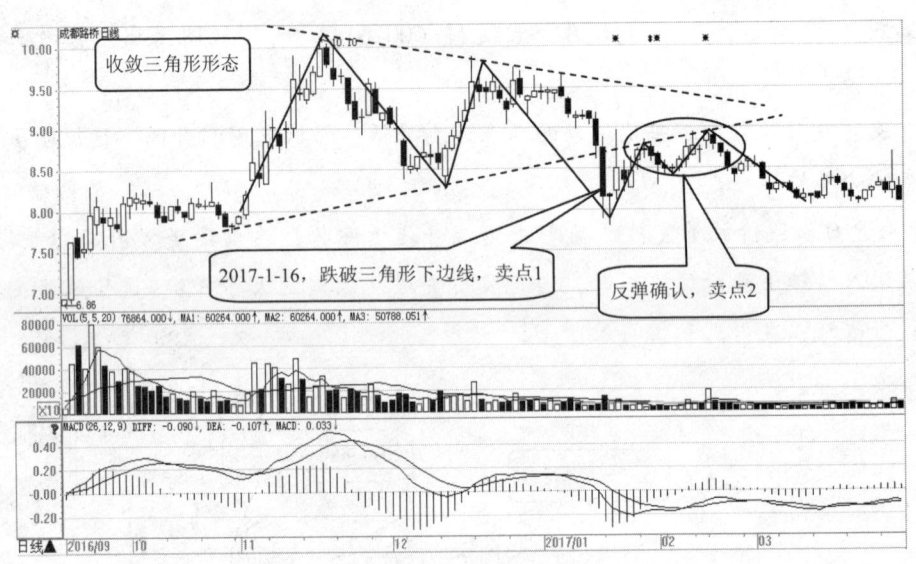

图8—9　成都路桥日K线

➡ 应用规律

1. 一般来说，在收敛三角形形态形成过程中，成交量会不断萎缩。如果股价最终向上突破，必须要有成交量的配合，否则这种突破可能是假突破。如果股价最终向下突破，并不需要有成交量的配合。

2. 如果收敛三角形的上边线很平缓，则类似上升三角形形态，未来股价向上突破的可能性较大；如果收敛三角线的下边线很平缓，则类似下降三角形形态，未来股价向下突破的可能性较大。

3. 收敛三角形形态出现在上涨趋势中，最终选择向上突破的可能性略大。如果该形态出现在下跌趋势中，则选择向下突破的可能性略大。

4. 收敛三角形形态向上突破的时间往往选择远离右侧顶点的位置，而向下突破的时间往往选择顶端附近。因此，股价越接近顶点，最终选择向下突破的可能性越大。

第五节 上升楔形的卖出点

> 上升楔形是一个形似向上倾斜的木楔的整理区间。

◎ 形态解析

上升楔形形态出现在一段大幅下跌后的震荡反弹过程中。股价在震荡中上涨，上方压力线和下方阻力线均为向上倾斜的直线，但压力线要比支撑线平缓，如图8—10所示。

上升楔形形态中，通道的上边比下边平缓，说明多方虽然能对股价形成比较有力的支撑，但并没有太多力量拉升股价。经过一段时间的震荡整理后，股价向下突破的可能性较大。

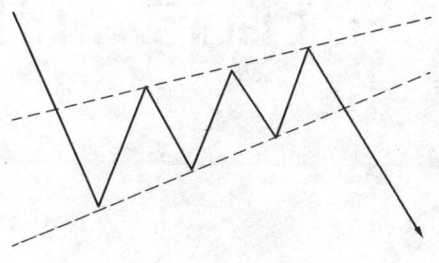

图8—10 上升楔形形态

◎ 操作要点

1. 上升楔形形态只是多方在遭到持续打压后的一次无力挣扎，属于长期下跌过程中的短暂反弹行情。

2. 当上升楔形形态出现时，持有股票的投资者可以趁反弹的高点分次减仓。当股价跌破下方支撑位时，投资者应该将剩余的股票卖出。

3. 因为上升楔形形态的涨幅一般不会很大，而股票随时会有掉头下跌的可能，所以未持有股票的投资者最好不要入场抢反弹或者进行波段操作。

◎ 实盘分析

如图8—11所示，2017年1月中旬至2017年3月底，泰合健康（000790）股价经过一段时间的下跌后出现反弹走势，且反弹中出现的阶段性高点和低点都在不断抬高，振幅都在不断收窄。用直线将高点和低点分别连接，可以看出反弹走势呈现出一个上升楔形形态。

2017年3月30日,该股股价向下跌破上升楔形的下边线,表明反弹走势终结,股价将要继续下跌,卖点出现。

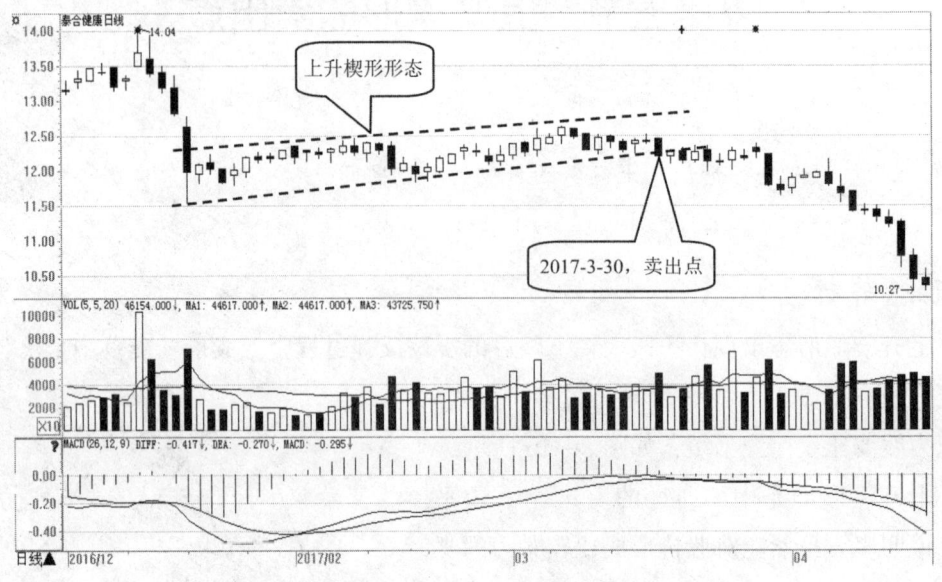

图8—11 泰合健康日K线

➲ 应用规律

> 1. 在上升楔形形态形成过程中,成交量往往会持续萎缩,市场趋势表现为缩量上涨行情。如果成交量持续放大,则上升楔形形态可能会演变成V形反转形态。
>
> 2. 在实战中,使用RSI指标的顶部背离信号判断上升楔形形态比较有效。当股价在反弹过程中不断创出新高时,RSI指标的高点却不断降低,此时基本可以确定多方弱势,投资者应该尽快卖出股票。

第六节 下降楔形的买入点

下降楔形是一个形似向下倾斜的木楔的整理区间。

◆ 形态解析

下降楔形形态出现在股价大幅上涨后的震荡回调过程中。在反复震荡下跌过程中，股价上方压力线和下方阻力线均为向下倾斜的直线，但支撑线要比压力线平缓，如图8—12所示。

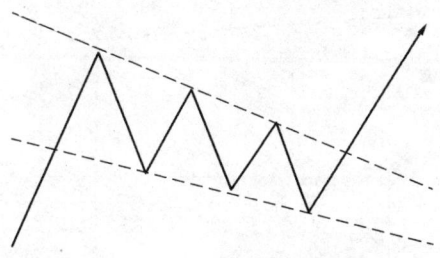

图8—12　下降楔形形态

在下降楔形形态中，上方压力线比较陡峭，说明市场的承接力量不强。但下方的支撑位比较平缓，说明抛盘压力也有所减弱。这个形态说明造成股价下跌的抛盘力量只是来自上升行情中的获利回吐，并没有新的空方力量进场。经过震荡整理后，股价继续上涨的可能性较大。

◆ 操作要点

1. 下降楔形形态只是股价上涨一段时间后的获利回吐行情，不仅不会影响长期的上涨趋势，而且还会使未来股价的上涨更加强烈。一旦下降楔形形态确立，持股的投资者就不必急于卖出股票，可以继续观望。

2. 当股价向上突破压力线时，持币的投资者可以买入股票，持股的投资者也可以适当加仓。

3. 按照下降楔形形态的信号买入股票后，投资者可以将止损位设定在楔形的压力线上。如果股价向上突破后未能继续上涨，反而向下跌破前期压力线，说明上攻失败，此时投资者应该尽快将手中的股票卖出止损。

● 实盘分析

如图8—13所示，在经过一波上涨走势之后，2016年5月上旬至2016年5月下旬，五粮液（000858）缩量回调，以下降楔形形态不断震荡。

2016年5月31日，该股股价放量向上突破楔形上边线，买点出现。

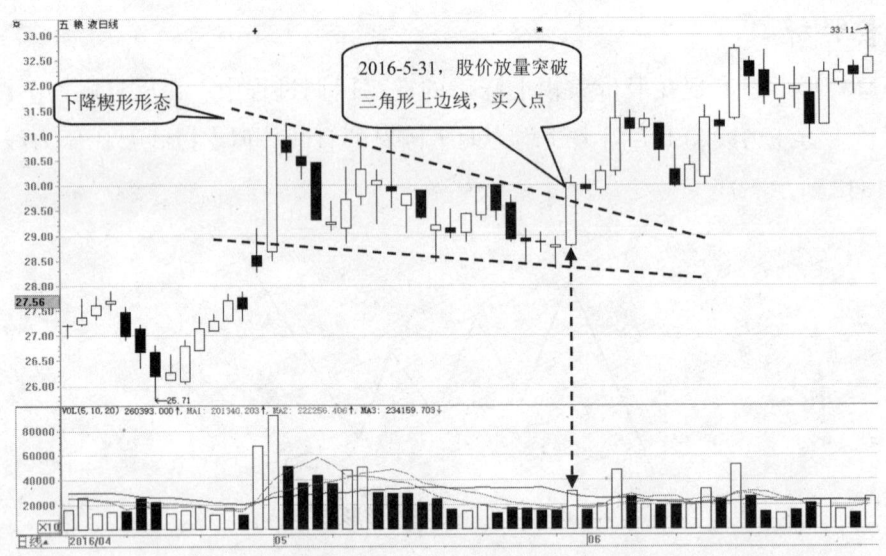

图8—13 五粮液日K线

● 应用规律

1. 在下降楔形形态形成过程中，成交量往往会持续萎缩。
2. 当股价最后完成突破上涨的时候，必须有成交量的放大做配合。成交量越大，该形态的看涨信号越强烈。

第七节 上升旗形的买入点

> 上升旗形是股价在上涨途中，在一个旗面形区域内波动的形态。

◉ 形态解析

上升旗形形态出现在股价经过一段时间上涨后遇到阻力回调的时候。在回调过程中，股价不断波动。如果投资者将每次波动的高点和低点分别用直线连接起来，可以发现这两根直线基本保持水平，如图 8—14 所示。

上升旗形形态是庄家在洗盘时常用的形态。在股价上涨一段时间后，会积累大量获利筹码。为了继续拉升股价时不会遇到太大阻力，庄家会制造这样一个类似下降通道的旗形，使投资者看空后市。

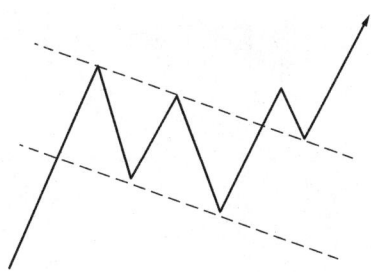

图 8—14 上升旗形形态

当投资者纷纷看空并卖出股票后，庄家会将股价继续向上拉升。由于上方压力已经被充分消化，当庄家再次拉升时，股价的涨幅可能会很大。

◉ 操作要点

1. 上升旗形形态是上涨趋势将会持续的信号。当看到上升旗形形态时，持股的投资者不必急于卖出，可以继续观望。

2. 如果投资者在下跌开始时就将手中的股票卖出，或者从来没有买入股票，可以等到股价向上突破时再买入股票。

3. 股价向上突破后可能有小幅回抽，但回抽的力量往往很弱。如果股价回抽后在之前的压力位获得支撑，投资者可以考虑加仓买入股票。

◉ 实盘分析

如图 8—15 所示，从 2015 年 3 月下旬开始，原本处于上涨趋势的康达尔（000048）进入调整走势。在调整过程中，K 线走势呈现上升旗形形态。

2015年4月21日，股价放量向上突破旗形上边线，预示着调整结束，买点出现。这时投资者要注意把握买入时机。

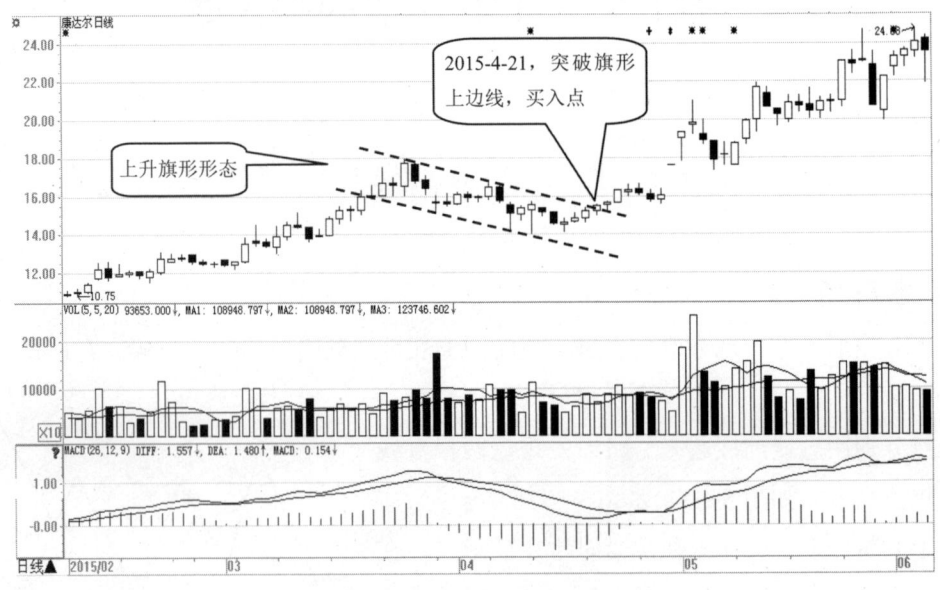

图8—15　康达尔日K线

➲ 应用规律

1. 上升旗形形态只有出现在一段上涨行情的尾端才有意义。有些投资者将之前的上涨行情形象地比喻为上升旗形的"旗杆"。

2. 上升旗形形态形成过程中的累计换手率越高，说明获利盘被消化得越彻底，此时该形态的看涨信号就越强烈。

3. 股价向上突破后，可能有小幅回抽，也可能没有。因此，投资者不能将回抽点作为唯一的买入点。

第八节 下降旗形的卖出点

> 下降旗形是股价在下跌途中，在一个旗面形区域内波动的形态。

⊙ 形态解析

下降旗形形态出现在股价经过一段时间下跌后获得支撑反弹的时候。在反弹过程中，股价反复波动。最终每次波动高点的连线平行于波动低点的连线，而且两者均向上倾斜，如图8—16所示。

下降旗形形态是庄家在出货时常用的形态。当庄家连续打压股价一段时间后，发现下方承接盘不多，于是为了顺利出货，就会制造这样一个类似上升通道的旗形。当投资者受到诱惑纷纷买入股票时，庄家就可以达到顺利出货的目的。

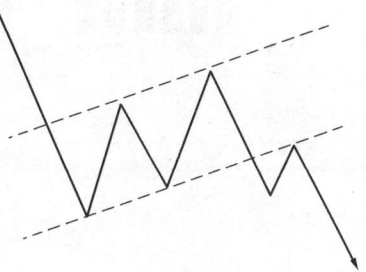

图8—16 下降旗形形态

⊙ 操作要点

1. 下降旗形形态为卖出信号。在股价跌破支撑位后，表示庄家派发完成，市场上刚刚聚集的多头气氛会再次消失，此时股价会受到持续打压。

2. 如果投资者在旗形整理过程中持有股票，一旦股价跌破下方支撑位，应该尽快将手中的股票卖出。

3. 在股价跌破支撑位后可能有小幅回抽，但回抽动能不足，往往会在下方支撑位附近遇到阻力而继续下跌。这次回抽是投资者的另一个卖出机会。

⊙ 实盘分析

如图8—17所示，2016年1月底至2016年2月下旬，新开源（300109）日K线图上出现下降旗形形态。这属于庄家制造多头陷阱，伺机出货的形态。看到这个形态后，投资者应该谨慎操作。

2月24日，股价跌破下降旗形的下边线，支撑位被破，此时投资者应该尽快将手中的股票全部卖出。

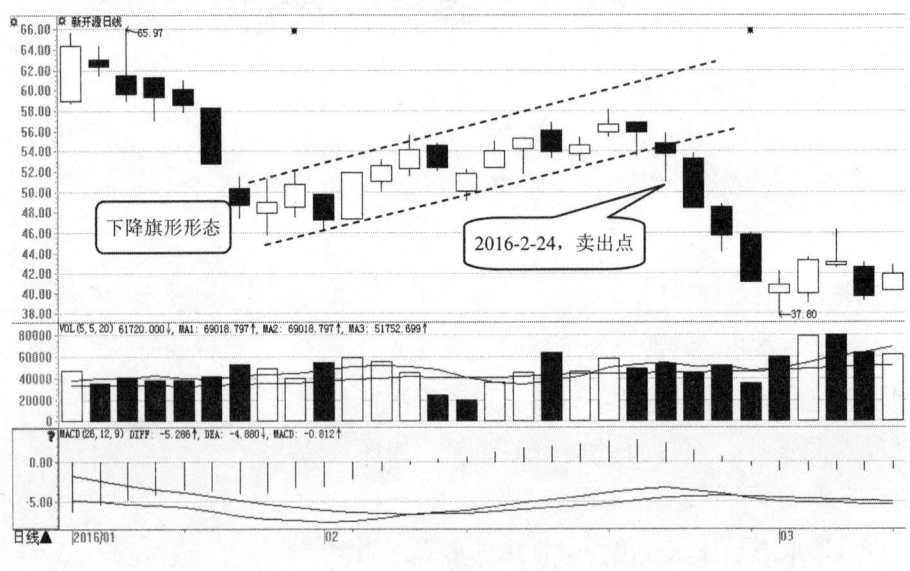

图8—17　新开源日K线

◆ 应用规律

1. 如果在下降旗形形态形成过程中出现价量背离，即股价一顶比一顶高，成交量一顶比一顶低，则该形态的看跌信号会大大增强。

2. 股价跌破支撑位后，可能有小幅回抽，也可能没有。因此，投资者不能将回抽点作为唯一的卖出点。

3. 少数下降旗形形态会演变成看涨信号。当股价放量向上突破压力位时，投资者可以适当买入股票。

第九节　矩形整理的买卖点

> 矩形整理又称长方形、箱形整理，是股价在一个矩形区间内横盘整理的形态。

⊃ *形态解析*

矩形整理形态可能出现在各种行情中。在经过一段时间的横盘整理行情中，如果分别将股价最高点和最低点连接起来，即可画出两条水平直线，如图8—18所示。

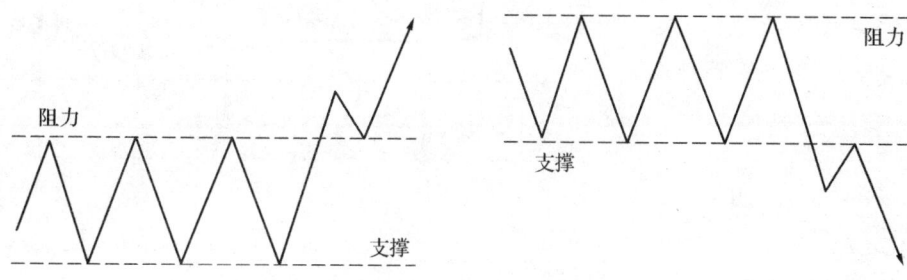

图8—18　矩形整理形态

矩形整理形态表示一段上有阻力、下有支撑的行情。当股价上升到上方阻力位时就会往下回落，而回落到下方支撑位时就会往上弹升，这预示着多空双方僵持。直到一方力量耗尽，股价就会选择向上或向下突破。

⊃ *操作要点*

1. 矩形整理形态属于整理行情，日后股价向上或者向下突破都有可能。在日K线图中，衡量有效突破的标准是股价突破3%，或者连续三个交易日股价没有再跌回（向上突破时）或者涨回（向下突破时）原来的运行区间。

2. 当股价经过一段时间的整理向上突破阻力线时，表示多方力量胜出，这种形态为看涨信号。看到这种形态后，投资者可以买入股票。

3. 当股价向上突破、投资者买入股票后，止损位可以设定在原来的阻力位置。如果股价跌破这个价位，说明突破失败，投资者应该尽快将手中的股票卖出。

4. 如果股价经过一段时间的调整跌破下方支撑位，表示空方力量胜出，这种形态为看跌信号。此时投资者应该尽快卖出股票。

5. 在股价完成突破后，可能会有小幅回抽。如果在回抽过程中股价没有回到原来的运行区间，则形成第二个买入点或者卖出点。

➲ 实盘分析1

如图8—19所示，2016年11月底至2017年1月下旬，晨鸣纸业（000488）以矩形形态不断震荡，同时伴随着成交量的降低。在这个过程中，股价出现多次在矩形下边线处止跌回稳的形态。

2017年1月24日，股价向上突破矩形上边线，表明上涨趋势仍将延续，买点出现。

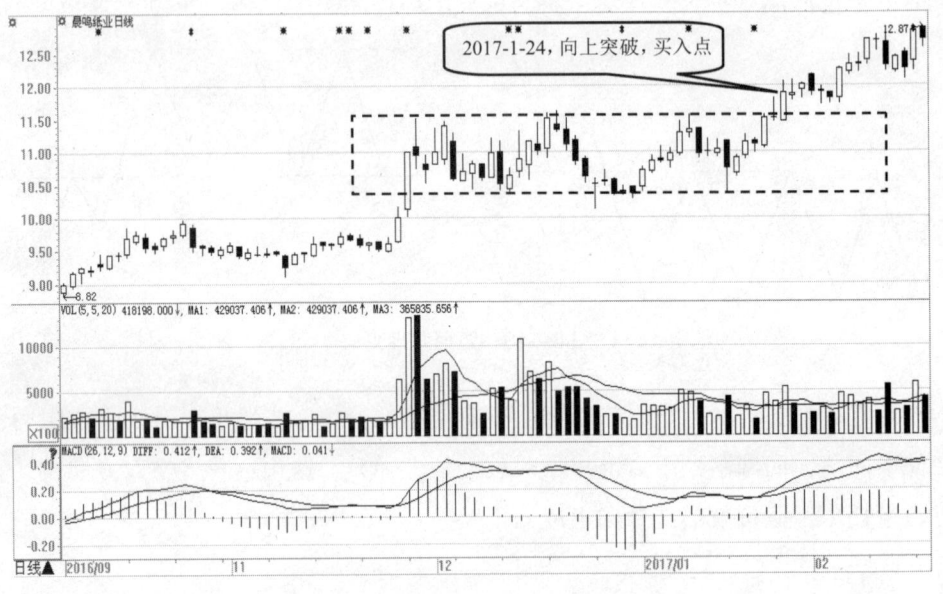

图8—19 晨鸣纸业日K线

➲ 实盘分析2

如图8—20所示，2017年1月下旬，华媒控股（000607）股价经过一段时间的下跌后进入震荡整理走势，且震荡中产生的阶段性高点和低点分别处于同一水平价位上，用直线将这些高点和低点分别连接，形成矩形整理形态。它表明多空双方正在激战，投资者可以观望，防范风险。

2017年3月30日，股价向下跌破矩形下边线，表明下跌动能占据优势，卖点出现。

K线整理形态及买卖点 / 第八章

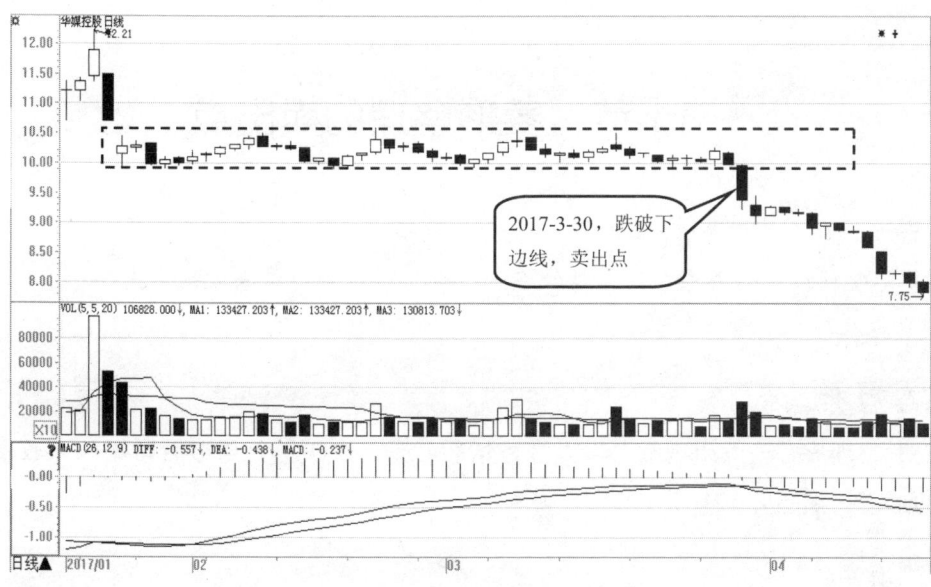

图8—20 华媒控股日K线

⊃ 应用规律

1. 所谓"横有多长，竖有多高"，股价横盘整理的时间越长，则日后上涨或者下跌的空间就越大。

2. 在股价向上突破阻力线时，必须成交量同步放大才能算是有效的突破。而股价向下跌破支撑位时，则不需要成交量的配合。

3. 在实战中，矩形整理形态有可能成为反转形态，但通常是作为持续形态出现，即股价上涨一段时间后，经过矩形整理继续上涨，或是股价下跌一段时间后，经过矩形整理继续下跌。

4. 在矩形整理形态完成后，股价可能有小幅回抽，也可能没有。因此，投资者不能将回抽点作为唯一的买卖点。

5. 矩形整理和潜伏顶、潜伏底虽然形态相似，但是有明显区别。矩形整理形态的整理区间较大，整理期间成交量的波动幅度也很大。这表示多空双方僵持不下，都希望战胜对方，但暂时都没办法战胜对方。而在潜伏顶和潜伏底形态中，股价波动幅度很小，成交量也持续萎缩，这种行情表示市场交易清淡，多空双方均无意改变股价当前走势。

第十节　菱形整理的卖出点

菱形整理又称钻石形态，是股价在一个菱形区域内持续整理的形态。

→ **形态解析**

菱形整理形态一般出现在一段上涨行情后，是一个扩散三角形后紧跟一个收敛三角形的形态，如图8—21所示。

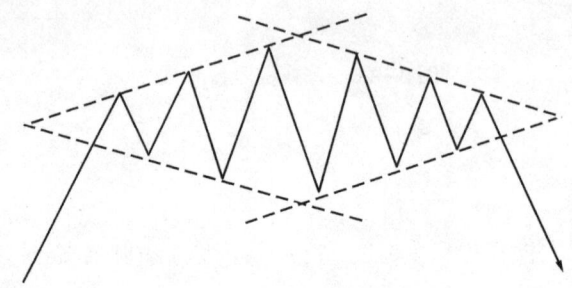

图8—21　菱形整理形态

在菱形整理形态中，左侧的扩散三角形和右侧的收敛三角形反映了两种不同的投资者的心理变化。一开始，投资者的炒作心理越来越重，使股价波动幅度加大。股价在加速波动的同时，也预示着市场风险越来越大。

当风险积累到一定程度时，虽然没有崩盘，但是有越来越多的投资者转向观望。市场由活跃期逐渐转向萎缩期，股价波动幅度也越来越小。

当股价运行到菱形右侧顶点时，市场交易已经极度萎靡。因为缺乏买盘进入，此时股价多数会选择向下突破。

→ **操作要点**

1. 菱形整理形态表示市场交易清淡，为股价见顶下跌的信号。

2. 在菱形整理形态左侧的扩散三角形区域，投资者应该尽快将手中的股票卖出。当股价运行到菱形右侧顶点并向下突破时，如果投资者的手中还有股票，应该果断清空。

实盘分析

如图8—22所示，2016年3月至2016年4月，东方明珠（600637）日K线图上出现不规则的菱形整理形态。

在多个交易日内，股价的波动幅度逐渐变大。2016年3月28日，股价见顶下跌。这表示扩散三角形形态已经基本确立，投机氛围浓郁，此时投资者可以逢高减持股票。

在扩散三角形形态完成后，股价波动幅度开始逐渐减弱，形成收敛三角形形态。这个收敛三角形形态和之前的扩散三角形形态组成了菱形整理形态。4月18日，股价跌破菱形右下角的边线。4月19日，股价高开低走，此时投资者应该尽快将手中的股票卖出。

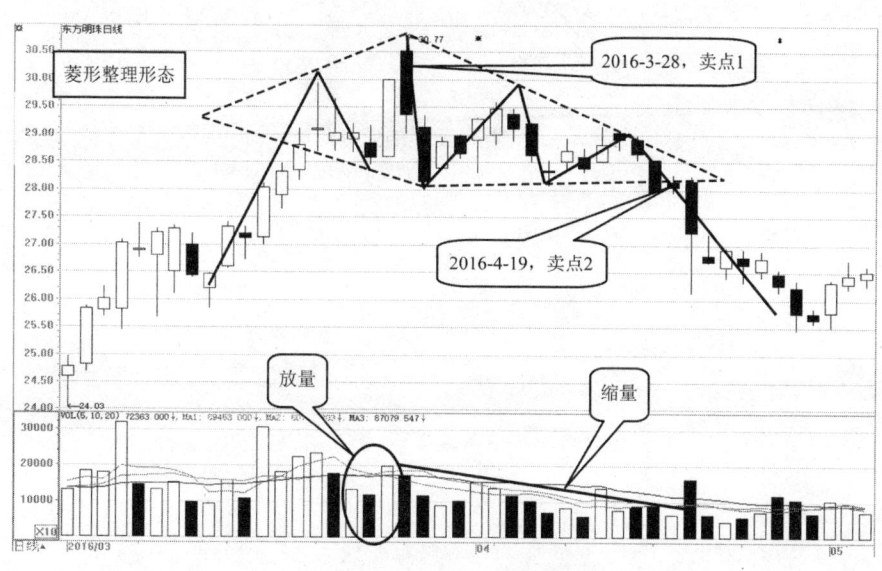

图8—22 东方明珠日K线

应用规律

1. 在菱形整理形态形成过程中，理想的成交量变化应该是：在扩散三角形阶段，成交量逐渐放大；在收敛三角形区域，成交量逐渐萎缩。

2. 当菱形整理形态完成，股价最终向下突破时，常常会伴随有成交量的放大，但这并不是有效突破的必要条件。

3. 有时菱形整理形态也会作为下跌中继出现。在下跌行情的尾端出现菱形整理形态，经过整理后股价向下突破，继续下跌。

4. 在菱形整理形态中，股价整理区间并不一定是标准的菱形。只要出现股价波动幅度由小变大、之后再慢慢变小的形态，就可以认为是菱形整理形态。实战中常见的菱形整理变形形态如图 8—23 所示。

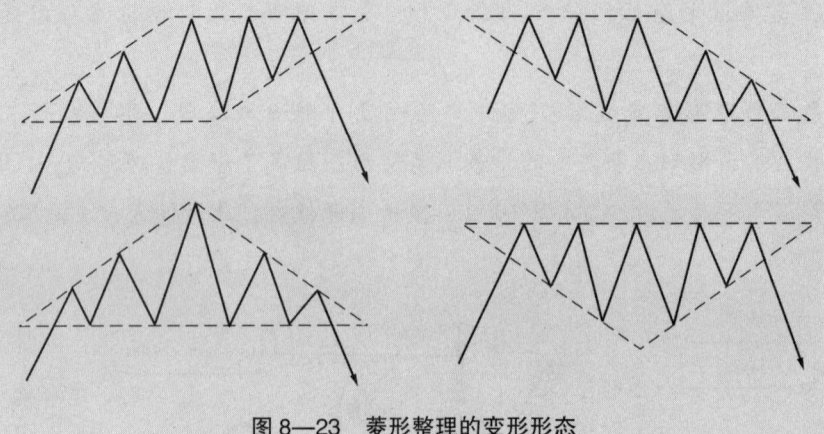

图 8—23　菱形整理的变形形态

第九章

K线图与成交量综合分析技法

第一节　放量上涨的买入点

> 放量上涨是指股票价格上涨的同时，成交量也稳步增加的一种量价配合形态。

放量上涨形态大都出现在上涨行情初期，也有可能出现在上涨行情中期。这种形态表示经过一轮较长时间的下跌和底部横盘整理后，市场上逐渐出现各种利好因素。这些利好因素使股价稳步上涨，同时增强了投资者的信心，人气聚集，成交量也稳步放大。

◆ 操作要点

1. 放量上涨形态是一种理想的上涨状态。看到这样的形态后，投资者可以大胆追涨买入。

2. 当成交量经过一段时间放大后有萎缩迹象，股价也出现小幅回落时，投资者可以卖出部分股票，轻仓观望。

3. 如果成交量持续萎缩超过三个交易日，而在此期间股价也持续下跌，则说明放量上涨形态已经结束。按照此形态买入股票的投资者，应该尽快将手中的股票全部卖出。

◆ 实盘分析

如图9—1所示，从2015年9月开始，华西股份（000936）股价经过一段时间下跌后开始见底反弹。在股价反弹的同时，成交量也逐渐放大，两者组成了低位放量上涨形态。这样的形态说明多方力量逐渐积累起来，是股价会持续上涨的信号。

2015年11月4日，股价经过小幅调整后再次加速上涨，此时买点出现。

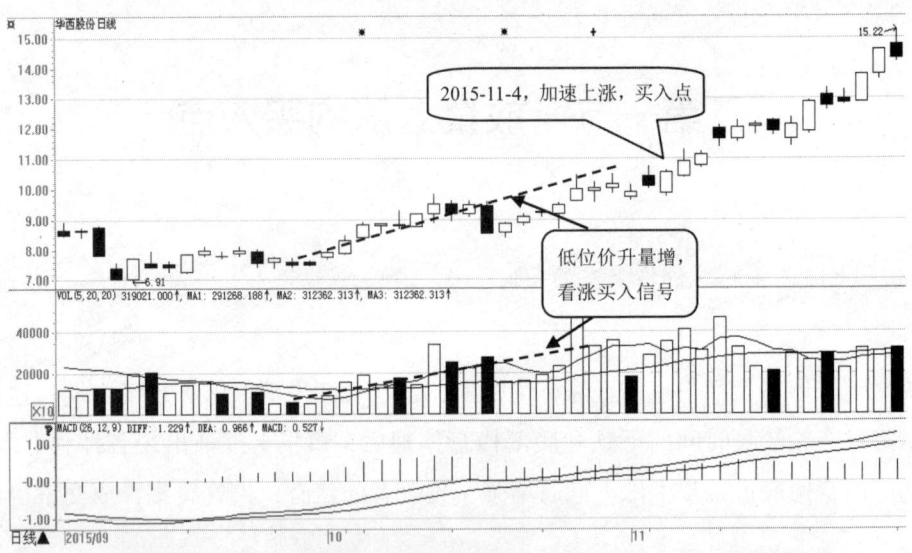

图9—1 华西股份日K线

应用规律

1. 在成交量持续放大过程中，可能有个别交易日的成交量是萎缩的，但只要整体成交量呈上升趋势，就可以认为是放量上涨行情。

2. 投资者可以利用均量线指标来判断成交量是放大还是萎缩。当日成交量值大于5日均量值、5日均量值又大于10日均量值时，就可以认为市场处于放量上涨行情中。

第二节 放量下跌的卖出点

> 放量下跌是指股票在下跌的同时，成交量也大幅放大的一种量价配合形态。

放量下跌形态一般出现在一段上涨行情之后，表示市场上积累了较多的获利盘，一旦出现利空，就会有大量投资者卖出股票。投资者的抛盘会使股价继续下跌，之后又会引发更大规模的抛盘。

操作要点

1. 放量下跌形态出现在一段上涨行情之后，是股价见顶下跌的信号。看到这个形态后，投资者应该尽快将手中的股票卖出。

2. 与上涨行情不同，下跌行情并不一定需要成交量的配合。有些情况下，缩量下跌行情的跌势同样十分凶猛。

实盘分析

如图9—2所示，2016年11月至2017年1月，科力远（600478）股价持续下跌。

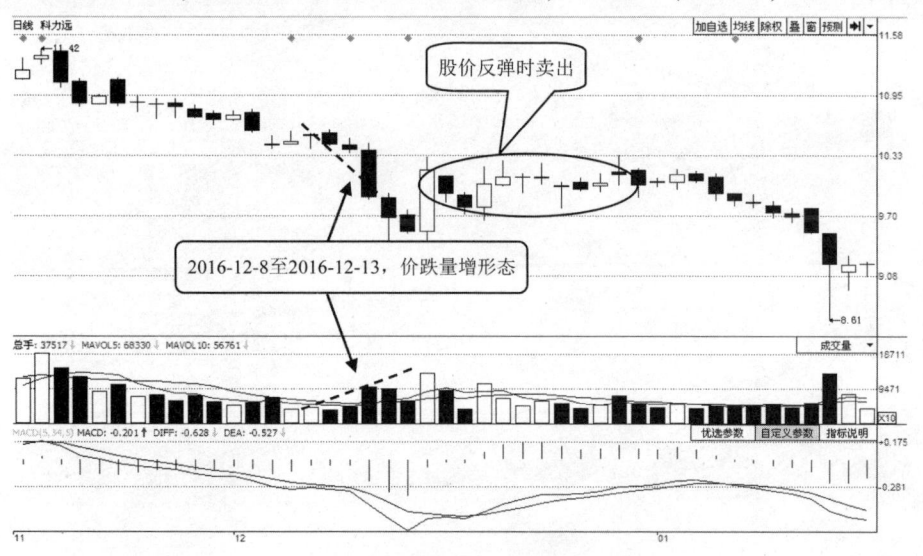

图9—2 科力远日K线

2016年12月8日至2016年12月13日,股价加速下跌,同时成交量也逐渐放大,形成了放量下跌形态。

这个形态说明投资者的信心在顶部崩溃,大量股票被抛出,是股价会继续下跌的信号。看到这个形态后,投资者应该尽快将手中的股票卖出。

➲ 应用规律

1. 在成交量持续放大过程中,可能有个别交易日的成交量是萎缩的,但只要整体成交量呈上升趋势,就可以认为是放量下跌行情。

2. 投资者可以利用均量线指标来判断成交量是放大还是萎缩。当日成交量值大于5日均量值、5日均量值又大于10日均量值时,就可以认为市场处于放量下跌行情中。

第三节 顶部放量滞涨的卖出点

> 顶部放量滞涨是指股价经过一段时间上涨后，逐渐进入顶部横盘整理阶段。在股价滞涨的同时，成交量却没有萎缩，依然处于比较高的水平上。

➲ 操作要点

1. 顶部放量滞涨形态是庄家在顶部出货的信号，待庄家出货完成后，股价可能有较大幅度的下跌。

2. 看到这个形态后，投资者应该尽快卖出手中的股票。

➲ 实盘分析

如图9—3所示，2015年8月17日，在前一个交易日涨停之后，首商股份（600723）出现高位震荡走势，K线收出一根带有长下影线的星线，放量滞涨非常明显，卖点1出现。

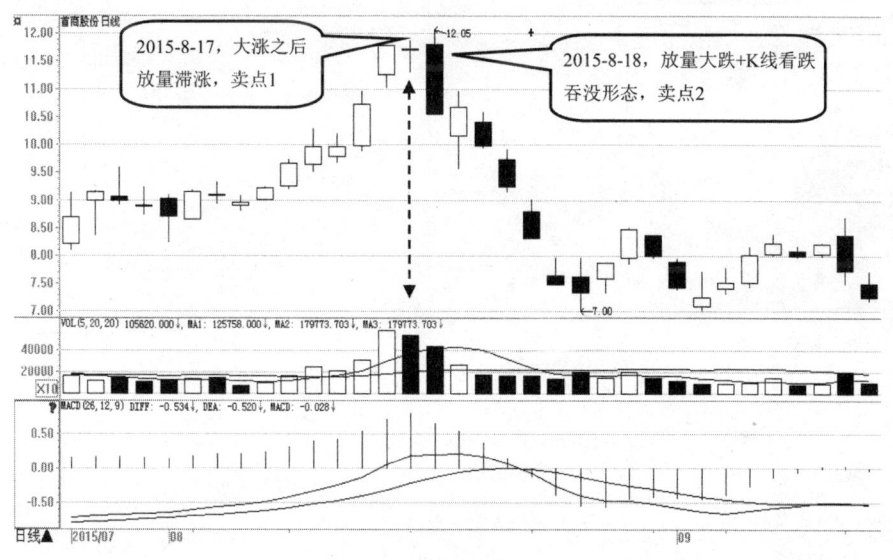

图9—3 首商股份日K线

8月18日,该股股价放量大跌,K线形成看跌吞没形态,卖点2出现。

➲ 应用规律

1. 在顶部整理前股价的涨幅越大,经过整理后股价的跌幅就会越大。

2. 在顶部整理过程中,累计换手率越大,说明庄家出货越彻底,该形态的看跌信号也就越强烈。

3. 经过顶部放量滞涨后,股价的下跌往往是缩量的。这时成交量萎缩得越快,说明下方承接盘越稀少,该形态的看跌信号就越强烈。

第四节 底部放量止跌的买入点

> 底部放量止跌是指股价经过一段时间的下跌后，进入底部横盘整理行情。在股价横盘整理过程中，成交量逐渐放大。

底部放量止跌形态与顶部放量滞涨形态相同，只是出现的位置不同，其形态含义也完全不同。

➲ 操作要点

1. 底部放量止跌形态是庄家在底部区域打压减仓的信号。
2. 一旦未来股价能够放量上涨，表示庄家开始拉升，此时投资者可以大胆跟进。
3. 如果股价经过短暂的上涨后又重新回到整理区间，说明之前的拉升很可能是庄家的诱多陷阱。此时投资者应该尽快将手中的股票卖出止损。

➲ 实盘分析

如图9—4所示，2016年12月20日至2016年12月28日，中国国贸（600007）

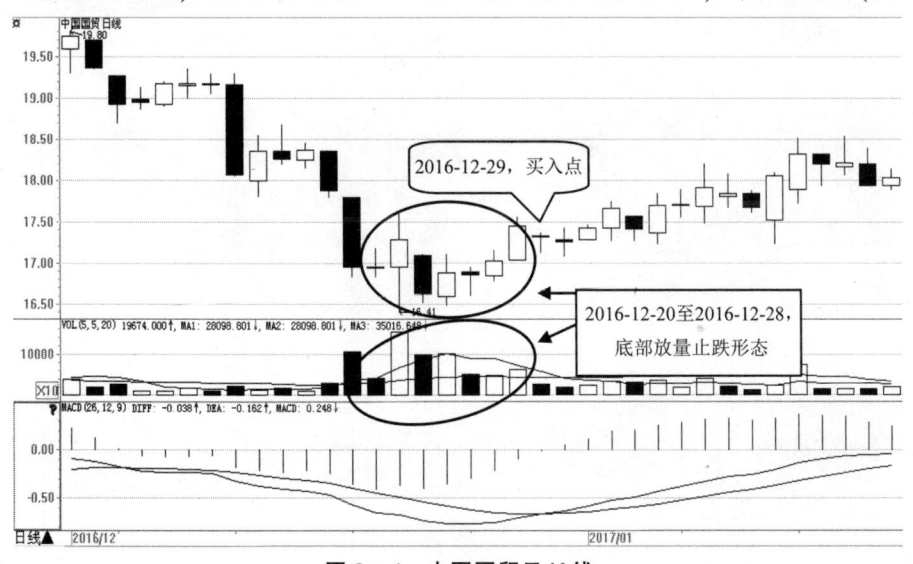

图9—4 中国国贸日K线

在下跌一段时间后逐渐止跌，进入底部整理行情。在整理过程中，成交量不断放大。这是庄家在加仓买入股票的同时又不断对股价进行打压的信号，投资者可以在12月29日开盘后买入。

➲ 应用规律

1. 在底部整理过程中，累计换手率越大，该形态的看涨信号就越强烈。
2. 股价突破整理区域时往往会伴随成交量的放大，没有成交量配合的突破很可能是假突破。

第五节 缩量上涨的卖出点

> 缩量上涨是指股价上涨的同时成交量没有放大,甚至可能出现萎缩的量价配合形态。缩量上涨行情大都出现在一段上涨行情之后,也有可能出现在下跌行情的反弹过程中。

⊃ 操作要点

1. 这种量价配合形态表示后续买盘力量不足,当前上涨行情难以持续太长时间。

2. 有时股价在缩量上涨后会有一个再次放量上涨的走势,这种重新的放量往往是庄家开始出货的迹象,此时投资者应该尽快将手中的股票卖出。

⊃ 实盘分析

如图9—5所示,2015年5月19日至2015年6月5日,皖通高速(600012)股价持续上涨,但成交量却没有明显放大,反而呈现不断萎缩的态势。这是多方后续力量不足的表现。

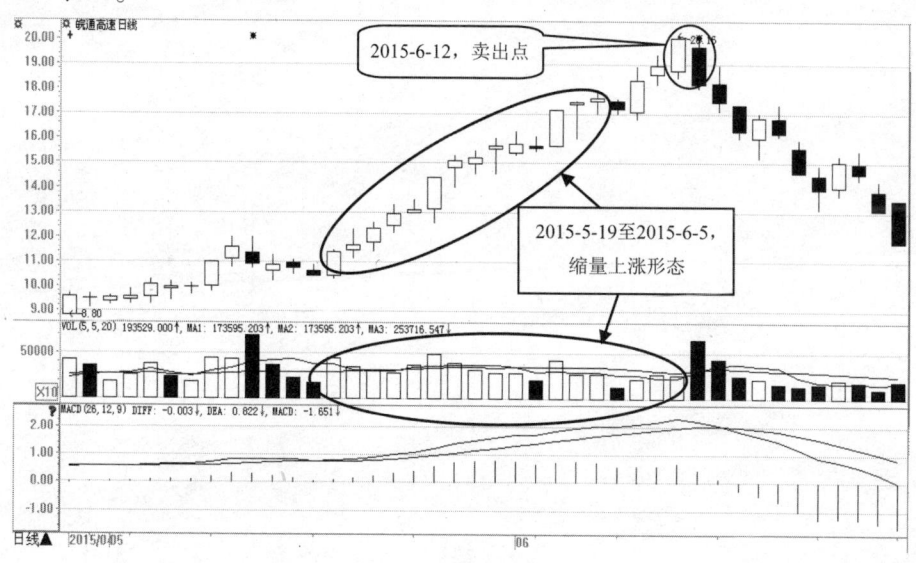

图9—5 皖通高速日K线

6月12日,股价在高位放量大跌,K线形成倾盆大雨形态的看跌信号,此时投资者应该尽快将手中的股票卖出。

● 应用规律

1. 在缩量上涨阶段,成交量萎缩越快,上涨行情的持续时间就会越短。

2. 如果经过一段时间的缩量上涨后,成交量又持续放大,则该形态可能会演变成底部放量反转形态,此时投资者可以追高买入。

第六节 缩量下跌的买入点

> 缩量下跌是指股价下跌的同时成交量没有放大，而且可能出现萎缩的量价配合形态。

● 操作要点

1. 缩量下跌形态表示空方力量逐渐衰竭，为股价止跌的先兆。当看到这样的形态时，投资者应该以持币观望为主。

2. 如果未来能出现放量上涨行情，表示多方资金进入，此时投资者可以试探性地买入股票。

● 实盘分析

如图 9—6 所示，2017 年 1 月 4 日至 2017 年 1 月 16 日，日照港（600017）股价持续下跌，成交量也持续萎缩。此时投资者可以保持适当关注，尤其是 1 月 16 日 K 线出现长下影线，1 月 17 日 K 线出现曙光初现形态。

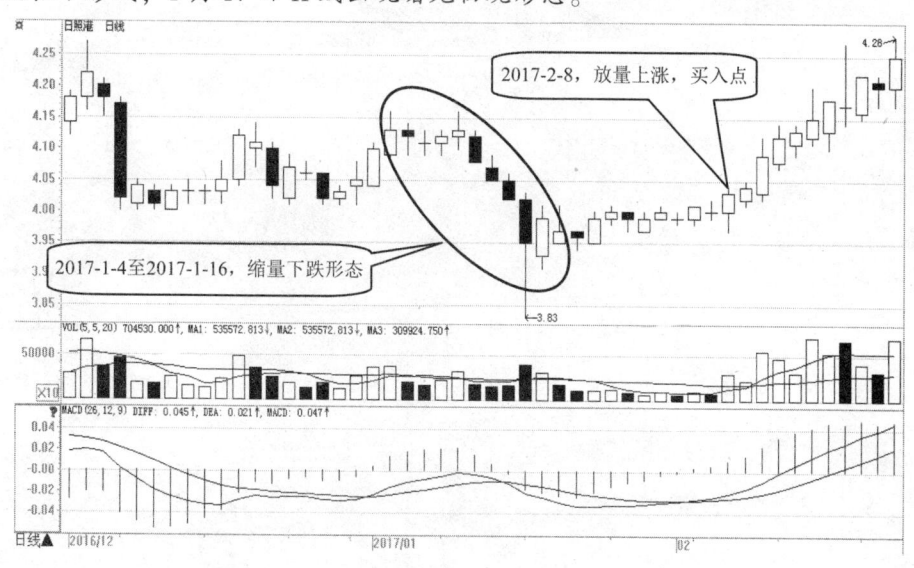

图 9—6　日照港日 K 线

之后，该股持续在低位缩量震荡。2月8日，股价放量上涨，买点出现。

⊃ 应用规律

> 1. 前期成交量萎缩得越快，则未来股价的上涨行情就会越强势。
> 2. 在缩量下跌和放量上涨之间可能会有一段整理行情，在此期间无论股价涨跌，投资者都应该冷静观望。

第七节　一字 K 线和成交量

在涨跌停板制度下，日 K 线图中的一字 K 线有特别重要的意义。这种形态表示股价开盘即涨停或者跌停，之后全天的股价都没有松动。

操作要点

1. 在股票出现连续的一字涨停行情时，成交量往往很小。这表示市场看多氛围浓厚，已经持有股票的投资者想以更高的价位卖出股票。而市场上又有大量想要买入股票的投资者，他们为了买入股票完全不计成本，从一开盘就将买单挂在涨停板上，等待买入。这种空方极弱、多方极强的形式造成了股价连续涨停。

2. 在股价经过连续的一字涨停后，如果成交量放大，说明当前股价已经达到部分持股投资者的心理价位，他们开始抛出股票。此时股价上涨会遇到一定阻力，希望买入股票的投资者逐渐减少，而想卖出股票的投资者逐渐增多。多空双方力量开始慢慢转变，股价的上涨速度可能减慢。

因此，当股价连续出现一字涨停后成交量放大时，是涨停板即将打开的信号。如果涨停板打开，持股的投资者就可以卖出部分股票，轻仓观望。

3. 与连续的一字涨停行情相反，当股票连续一字跌停时，表示持股的投资者不计成本地抛售，而持币的投资者不愿买入。空方力量极强，而多方力量极弱。此时如果成交量放大，说明有投资者开始买入股票，股价的下跌趋势有望减缓。

4. 在连续的一字跌停后，成交量放大只能表示跌势将减缓，并不是反转信号。因此，看到这样的形态后，想要卖出股票的投资者可以卖出部分股票，留下少量仓位继续观望，而持币的投资者这时不应该贸然买入。

实盘分析 1

如图 9—7 所示，2015 年 10 月 26 日，仍处于低位的东凌国际（000893）突然出现一字涨停线，发出看涨信号。之后该股连续出现一字涨停线，显示出极强的上涨动能。

10 月 29 日，涨停被打开，投资者可以等股价震荡回调时逢低买入。

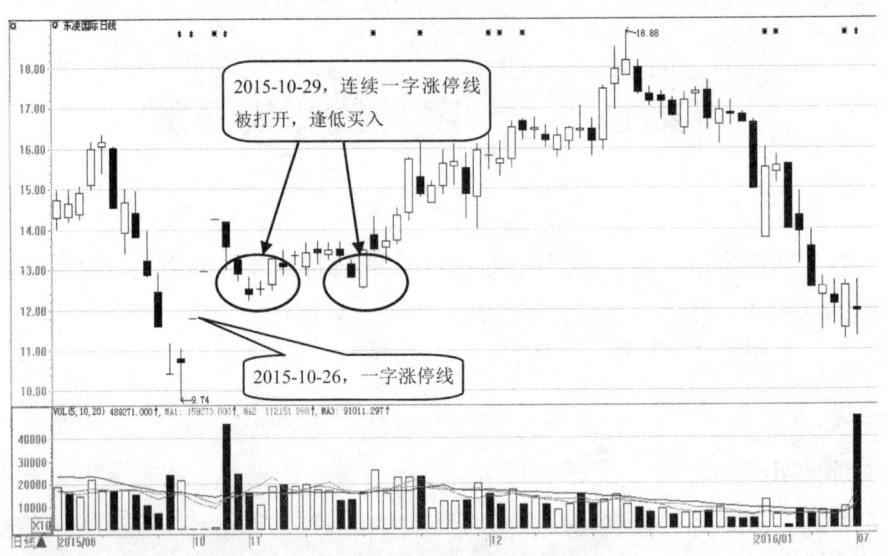

图9—7 东凌国际日K线

➲ 实盘分析2

如图9—8所示，2015年6月17日，汇鸿集团（600981）发布信息称并购重组委将审批公司资产重组事项，从6月18日起停牌。

6月26日，该股复牌，并公告称重组获无条件通过，但由于同期大盘正在暴跌，当天收出一根一字跌停线。随后又出现一根一字跌停线，直到6月30日，该股当天

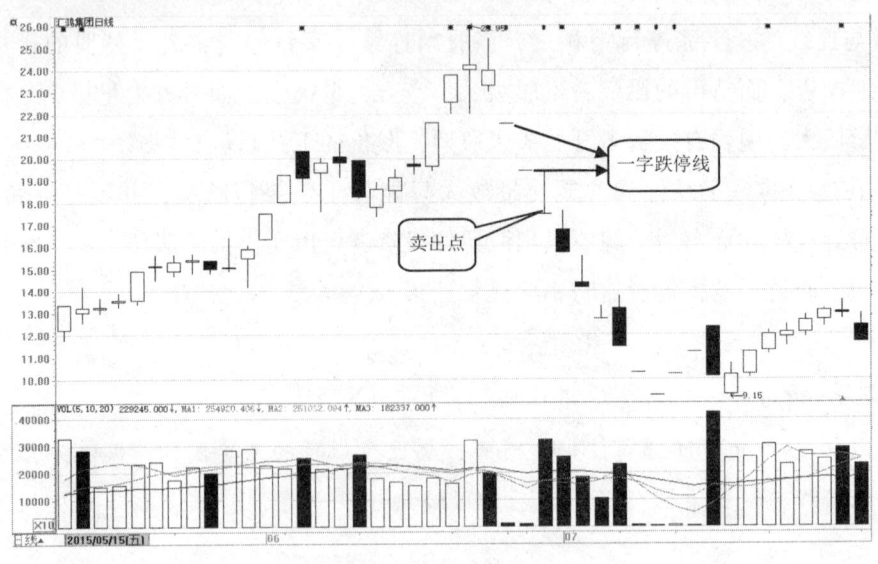

图9—8 汇鸿集团日K线

虽然以跌停价开盘，但是盘中打开了跌停。鉴于当时处于震荡中的大盘走势，投资者应该及时将手中的筹码卖出，以规避风险。随后该股在震荡中不断下行，屡创阶段新低。

● 应用规律

1. 无论是一字涨停行情还是一字跌停行情，都属于不正常的股价波动。普通投资者参与这类行情的风险较大，应该注意规避。

2. 一字涨停行情或者一字跌停行情，往往是由重大利好或者利空造成的。此时投资者应该多观察消息面因素，不能过分依赖技术分析方法。

第十章

K线图与均线
综合分析技法

第一节 一阳穿多线的买入点

在股价横盘整理一段时间后，多根中短期均线（多指 5 日均线、10 日均线和 30 日均线）往往会纠缠在一起。此时如果出现一根放量上涨的大阳线，同时向上穿越这些 K 线，即形成一阳穿多线形态。

操作要点

1. 一阳穿多线形态表示多方在僵持中胜出，是十分强烈的买入信号。
2. 在阳线完成向上突破后，如果第二个交易日成交量继续放大，并且股价仍处在均线上方，则投资者可以建仓买入股票。

实盘分析

如图 10—1 所示，2016 年 5 月 31 日，佛塑科技（000973）突然上涨，一举突破 5 日均线、10 日均线和 30 日均线，形成一阳穿多线形态。

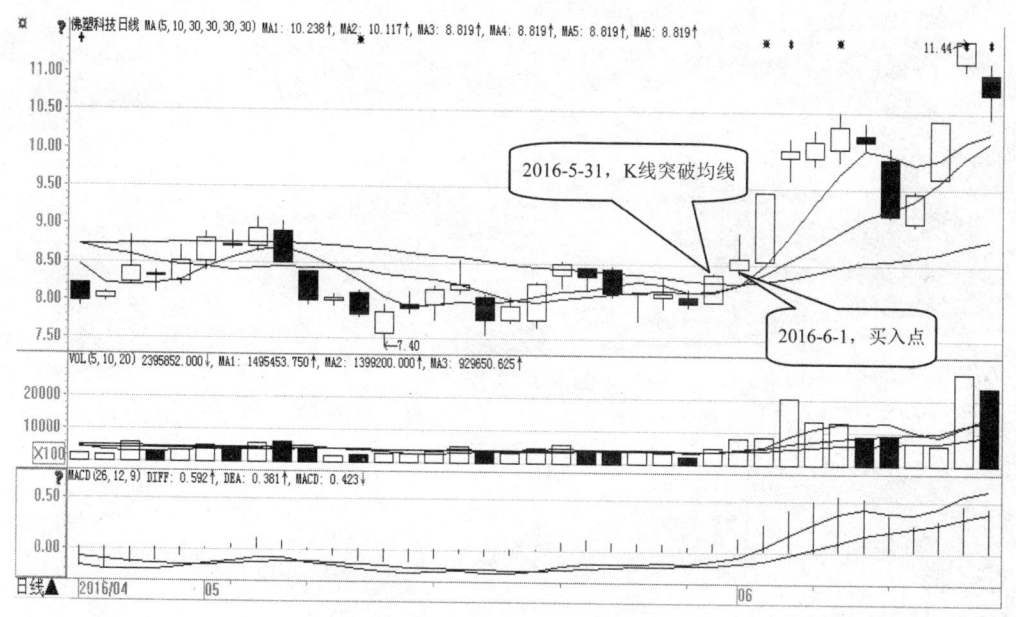

图 10—1 佛塑科技日 K 线

6月1日，股价跳空高开，此时均线系统即将形成明显的多头排列形态。看到这样的形态，投资者可以积极买入股票。

● 应用规律

> 1. 向上突破的阳线实体越长，则看涨信号越强烈。如果在股价向上突破的同时成交量明显放大，则该形态的看涨信号更加强烈。
>
> 2. 如果在阳线向上突破的同时，之前纠缠在一起的多根中短期K线发散开，形成多头排列形态，则转势信号会更加强烈。有些投资者将这种形态形象地称为"出水芙蓉"。

第二节 一阴破多线的卖出点

一阴破多线形态与一阳穿多线形态相反。当股价在顶部横盘整理一段时间后，多根中短期均线（多指5日均线、10日均线和30日均线）纠缠在一起。此时如果出现一根大阴线，同时跌破这些K线，就形成一阴破多线形态。

➡ 操作要点

1. 一阴破多线形态表示空方突然发力，开始主导行情，是看跌卖出信号。
2. 在一阴破多线形态完成后的一个交易日，如果股价继续下跌，无法突破均线位置，则投资者应该尽快将手中的股票卖出。

➡ 实盘分析

如图10—2所示，2016年1月4日，鸿达兴业（002002）大幅下跌，同时跌破5日均线、10日均线和30日均线，形成一阴破多线形态，这是强烈的看跌信号。

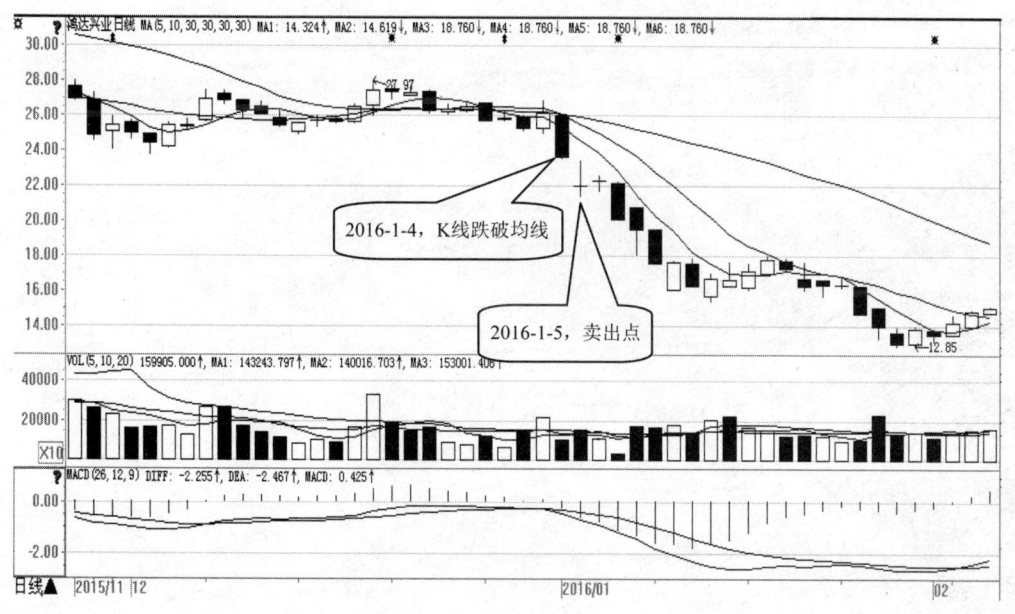

图10—2 鸿达兴业日K线

1月5日,股价低开低走,均线系统也形成明显的空头排列形态。此时投资者应该尽快将手中的股票卖出。

➲ 应用规律

1. 与一阳穿多线形态不同,在一阴破多线形态中,无论向下突破的阴线是否放量,均形成卖出信号。

2. 如果在K线向下穿越的同时均线也发散开,呈现空头排列形态,则该形态的看跌信号更强。

第三节　均线支撑位的买入点

在实战中，均线可能在一段时间内对股价形成有效支撑。当股价运行至某根均线上方时，如果连续两次回调都在同一根均线位置获得支撑并回升（一般使用中期均线，如 30 日均线、50 日均线），投资者就可以认为这根均线是有效的支撑线。

操作要点

1. 在确定一根均线作为支撑线后，当股价再次下跌到这根均线位置时，就有望获得支撑并回升，形成买入信号。

2. 当股价获得均线支撑并回升时，成交量往往也会同步放大。投资者可以将放量上涨的 K 线作为买入点。

3. 如果股价运行一段时间后跌破均线，说明上涨行情结束，此时投资者应该卖出手中的股票止损。

实盘分析

如图 10—3 所示，2015 年 1 月中旬至 2015 年 2 月初，华润双鹤（600062）股价

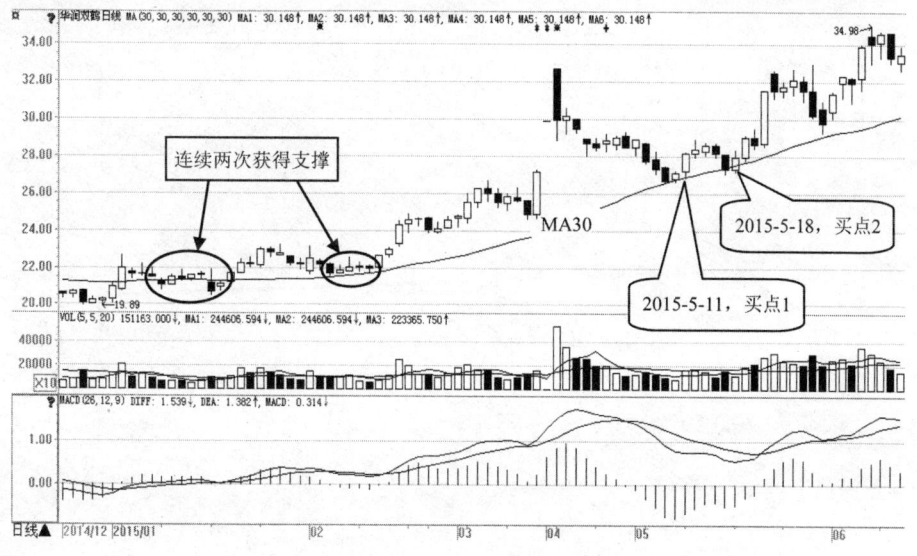

图 10—3　华润双鹤日 K 线

连续两次在30日均线上方获得支撑并回升。这验证了30日均线可以作为股价上涨的一根有效支撑线。

5月11日和5月18日，股价又连续两次回调到30日均线上方。对照前两次股价获得支撑并回升的行情，此时投资者可以大胆买入股票。

➲ 应用规律

1. 有时股价会跌破均线，但只要未形成有效突破，投资者就可以认为支撑线仍然有效。在日K线图中，区分一个突破是否为有效突破的标准是股价突破3%，或者三个交易日没有回到均线上方。

2. 在股价获得支撑并回升时，成交量越大，则该形态的看涨信号越强烈。

3. 投资者可以根据自己的操作计划灵活选择对股价形成有效支撑的均线。短期均线可以作为短期支撑线，适合短线投资者使用；中长期均线可以作为中长期支撑线，适合中长线投资者使用。

第四节 均线阻力位的卖出点

均线不仅能对股价形成有效支撑，还有可能成为股价上涨的阻力。当股价运行至某根均线下方时，如果连续两次在同一根均线位置遇到阻力回落（一般使用中期均线，如 30 日均线、50 日均线），投资者就可以认为这根均线是有效的阻力线。

操作要点

1. 当一根均线成为股价的有效阻力线后，股价再次上涨到这根均线位置时还可能会遇到阻力回落，这时形成卖出信号。

2. 如果股价在遇到阻力后并没有马上下跌，而且成交量有所放大，则是多方蓄力准备突破的表现。此时投资者可以先卖出部分股票，如果突破不成功，再将剩余股票卖出；如果突破成功，则可以加仓买入。

实盘分析

如图 10—4 所示，2016 年 10 月中旬，青山纸业（600103）股价在顶部跌破 30 日

图 10—4 青山纸业日 K 线

均线并反弹确认。

之后，青山纸业股价连续三次在30日均线上方遇到阻力而再次向下，投资者要注意把握这三个卖点。

➲ 应用规律

1. 有时股价会短暂突破均线的阻力线，但只要没能形成有效突破，投资者就可以认为均线的阻力线有效。在日K线图中，区分一个突破是否为有效突破的标准是股价突破3%，或者三个交易日没有回到均线上方。

2. 股价遇到阻力回落和成交量并没有明显的关系。在股价下跌过程中，成交量可能放大，也可能萎缩。

3. 投资者可以根据自己的操作计划灵活选择对股价形成有效阻力的均线。短期均线可以作为短期阻力线，适合短线投资者使用；中长期均线可以作为中长期阻力线，适合中长线投资者使用。

第十一章

K线图综合实战技巧

第一节　分时K线图实战技巧

与常用的日K线相比，分时K线的周期更短。这使得分时K线图上出现的买卖信号会比其他周期的K线图更加频繁，而出现错误信号和无效信号的可能性也就更大。因此，当投资者使用分时K线选股时，必须将多种分析方法综合运用。在实战中，投资者可以参考以下四种分析技巧。

技巧1：多种分时K线综合选股

投资者可以将5分钟线、15分钟线、30分钟线和60分钟线综合起来分析。通过对比各个形态在同一时期发出的买入、卖出信号，投资者应该选择在多个分时K线图上同时发出相同买卖信号的股票来操作。

如图11—1所示，2017年3月29日上午开盘后2小时，上汽集团（600104）股价先跌后涨。这段行情在30分钟K线图上表现为早晨之星形态，为买入信号；而在60分钟K线图上，这段行情为旭日东升形态，也是看涨信号。

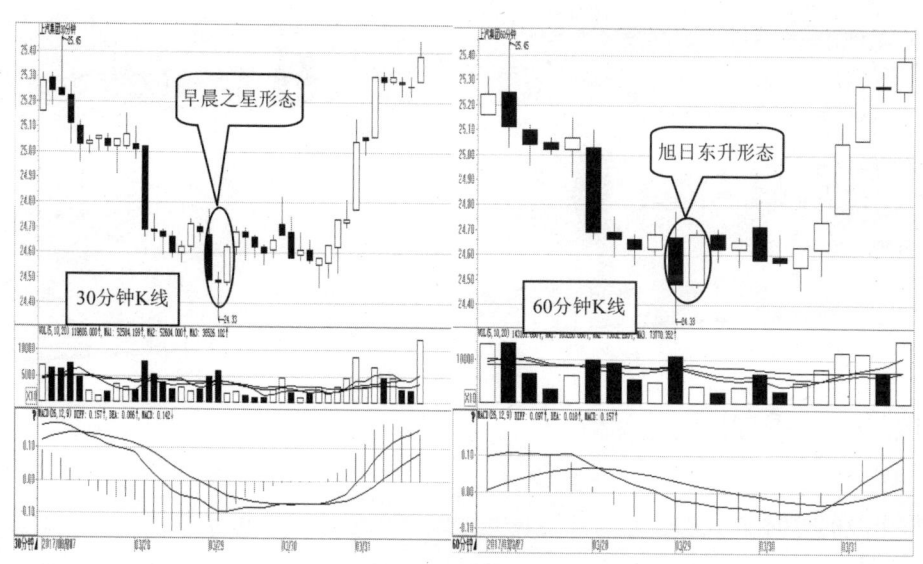

图11—1　上汽集团30分钟K线和60分钟K线

当看到不同周期分时 K 线图上均出现看涨信号时，投资者应该在当日收盘前尽快买入股票。

技巧 2：结合成交量判断走势强弱

看 K 线一定要看成交量。在分时 K 线图上的成交量往往会呈现出周期性的特点。在每个交易日的开盘时段，个股的成交量往往会有所放大。投资者在操作时要注意这个周期性的特点。

如图 11—2 所示，2017 年 3 月 17 日上午开盘以后，东睦股份（600114）股价延续前一个交易日的涨势，继续放量上涨。但随后一根 K 线低开低走，与前一根 K 线形成看跌吞没形态。这说明之前获利的投资者正在卖出股票，股价继续上涨会有较大阻力。此时投资者应该尽快卖出手中的股票。

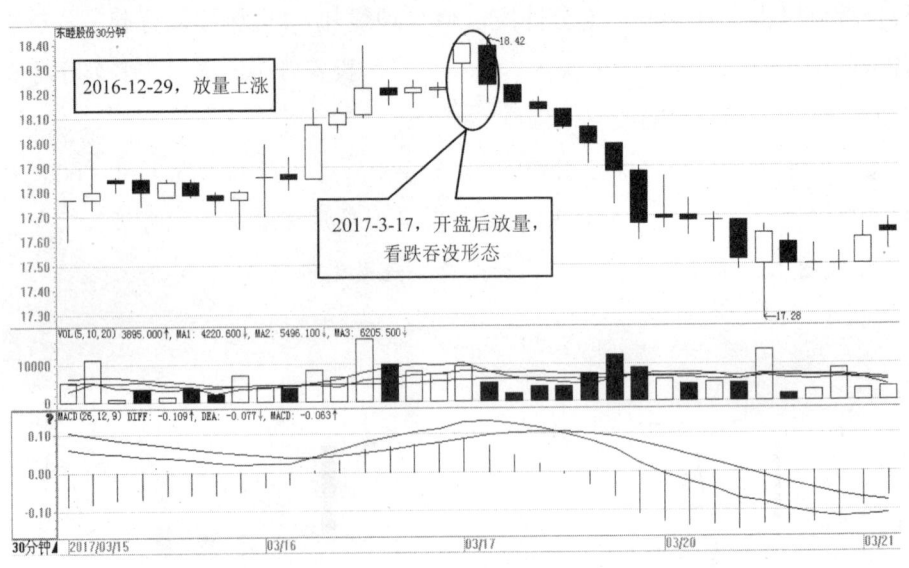

图 11—2　东睦股份 30 分钟 K 线

技巧 3：叠加大盘走势

将个股的分时 K 线与大盘叠加分析是短线选股时的一个重要技巧。当大盘持续下跌时，那些能够走稳或者走强的股票是弱势行情中很好的选择。一旦大盘反弹，这类股票的反弹幅度有望大大超过大盘。

如图 11—3 所示，2017 年 3 月，大盘震荡中略有下跌，而中南传媒（601098）股价的跌幅小于大盘，表现出强于大盘的走势。

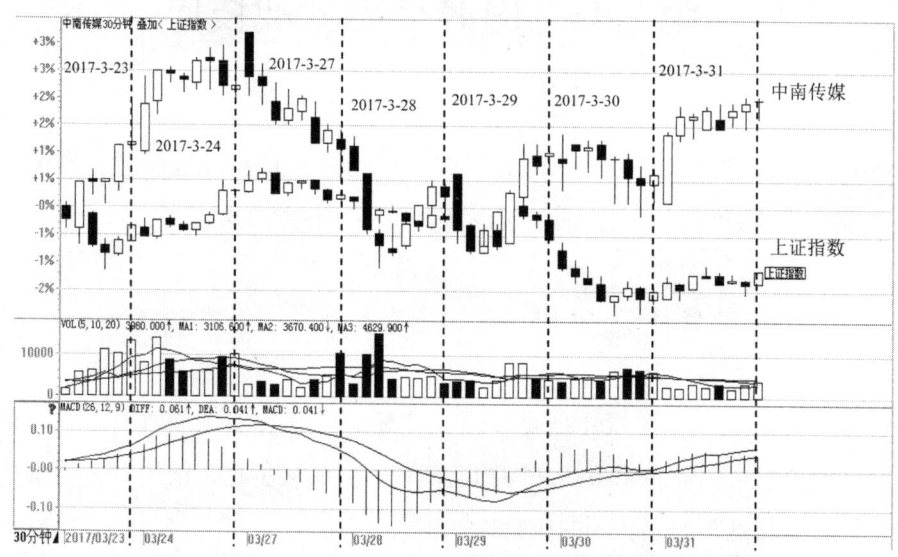

图 11—3　中南传媒 30 分钟 K 线与大盘叠加

技巧 4：合理调整均线周期

分时 K 线图上的均线周期与日 K 线图上常用的均线周期不同。投资者需要尽量按照自然时间周期选择均线周期。例如，12 根 5 分钟线是 1 小时，而 4 根 60 分钟线是 1 个交易日。

在选择股票时，投资者可以参照表 11—1 制定具体的均线参数。

表 11—1　　　　　　　　　分时图上的均线周期选择

	30 分钟	1 小时	2 小时	1 个交易日	2 个交易日	5 个交易日	10 个交易日	30 个交易日
5 分钟 K 线	MA6	MA12	MA24	MA48	MA96			
15 分钟 K 线		MA4	MA8	MA16	MA32	MA80		
30 分钟 K 线			MA4	MA8	MA16	MA40	MA80	
60 分钟 K 线				MA4	MA8	MA20	MA40	MA120

第二节 日K线图实战技巧

日K线是投资者最常使用的一种K线图。在使用日K线图选股时,投资者不能将目光局限在图形中的K线上,而是应该结合多种分析方法共同使用。

技巧1:价量分析选时机

无论是分时K线、日K线还是周K线、月K线,看K线的同时一定要注意成交量的变化。成交量可以反映出市场交易的活跃程度。成交量越大的股票,受市场关注的程度越高,参与这类股票获利的机会也就越大。

如图11—4所示,2016年7月26日至2016年7月27日,新华联(000620)出现看跌吞没形态,但是股价正处于盘整震荡阶段,成交量极低,表明这个看跌形态只是短时间的调整,投资者还要继续观望才能确定最终的市场方向。

2016年8月19日至2016年8月22日,新华联出现倾盆大雨的看跌形态。该信

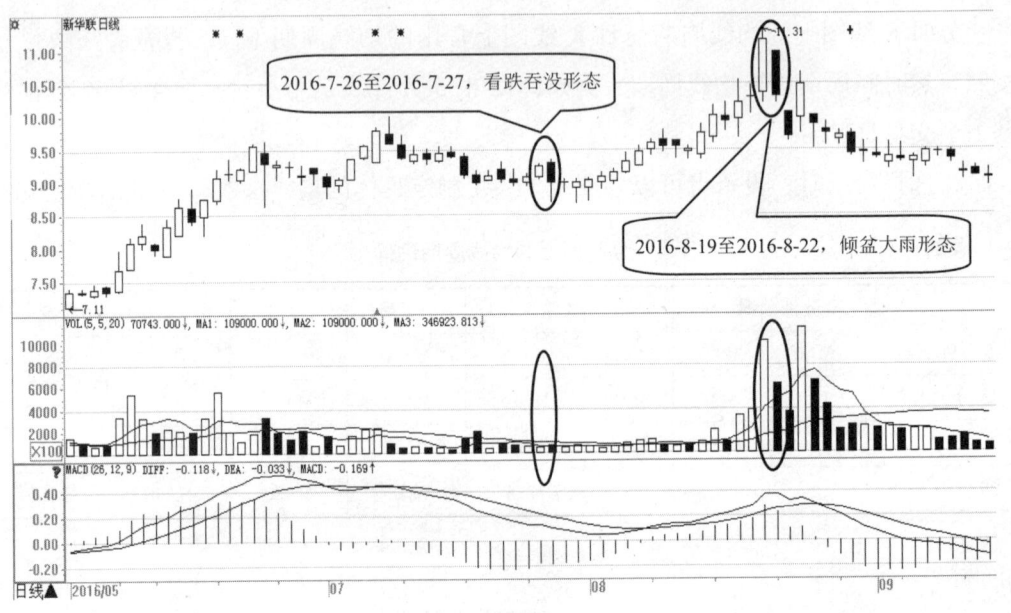

图11—4 新华联日K线

号的看跌意义与 7 月 27 日的看跌吞没形态类似，但成交量明显放大，表明做空动能正蓄势待发。随后的交易日，股价重心下移，成交量逐渐萎缩，进一步证明此处的倾盆大雨形态是卖出信号。

技巧 2：观察 K 线形态位置

同样的 K 线形态出现在不同的位置，其含义可能会完全不同。例如，带长下影线的小 K 线出现在股价连续下跌的尾端叫作锤头线，为股价见底反弹的信号。而这种 K 线出现在连续上涨行情的尾端就叫作上吊线，为股价见顶下跌的信号。

因此，投资者在使用 K 线形态选股时，一定要注意这些形态所处的位置。

如图 11—5 所示，2016 年 11 月 25 日，沈阳机床（000410）日 K 线图上出现一根带长下影线的小阴线。这根小阴线出现在上涨行情的尾端，称为上吊线。上吊线是经过一段上涨行情后多空陷入僵持，股价将见顶下跌的信号。

2017 年 1 月 26 日，沈阳机床日 K 线图上再次出现一根带长下影线的小阳线。这根小阳线出现在下跌行情的尾端，称为锤头线。锤头线是经过一段下跌行情后多空陷入僵持，股价将见底反弹的信号。

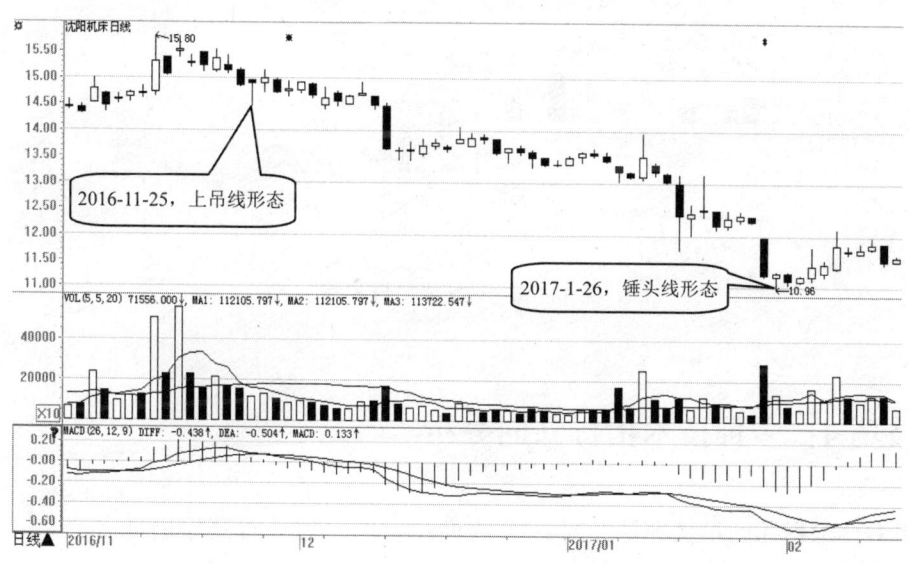

图 11—5　沈阳机床日 K 线

技巧3：与分时图结合分析

日K线包括一个交易日内的四个最重要价位，但对股价当天盘中波动形式的表现不够。投资者在使用日K线分析股票时，可以结合分时走势图，从而更加准确地把握股价在一个交易日内的具体波动。

如图11—6所示，2016年7月12日，前期处于上涨走势中的东旭光电（000413）开始加速。当天成交量大幅放大，从分时走势图中可以看出，开盘1小时内股价冲击涨停，但随后冲高回落，在均价线附近受到支撑，显示出极强的上涨动能。投资者可以在股价到达均价线附近时买入股票。

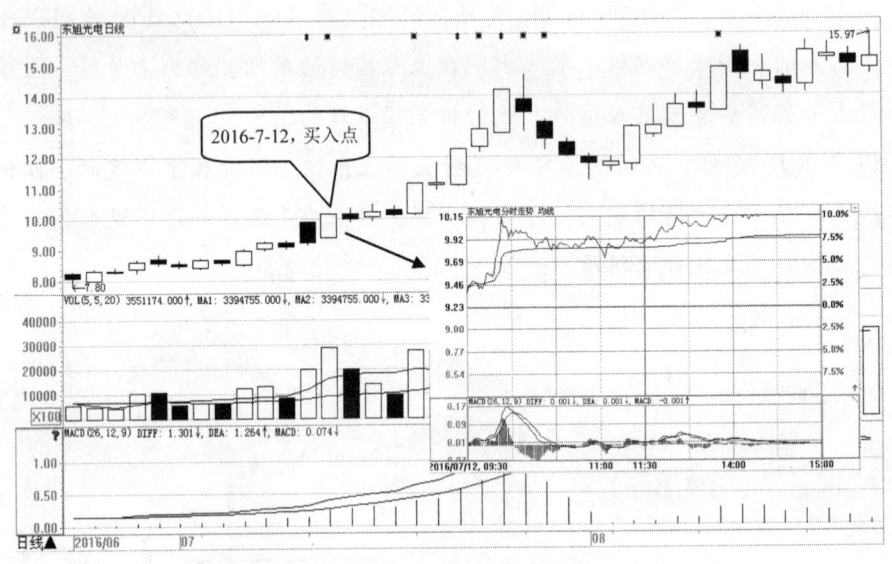

图11—6　东旭光电日K线

技巧4：多种技术指标共同分析

很多技术指标的参数都是针对日K线而设定的，而针对其他周期K线图上各种技术指标参数设定的研究很少，因此，在日K线图中，投资者可以更加方便地使用各种技术指标对股价进行综合分析。

如图11—7所示，2015年2月26日，经过前期一波震荡上涨行情后，湖北宜化（000422）5日均线上穿20日均线，5日均量线向上突破20日均量线，同时在两个交易日之前，MACD指标的DEA线与DIFF线形成金叉的技术形态。

这种形态称为"三金叉"形态，表示市场由弱转强，是一种典型的由多个指标配合所发出的买入信号。看到这个信号，投资者可以在2月26日开盘后积极买入股票。

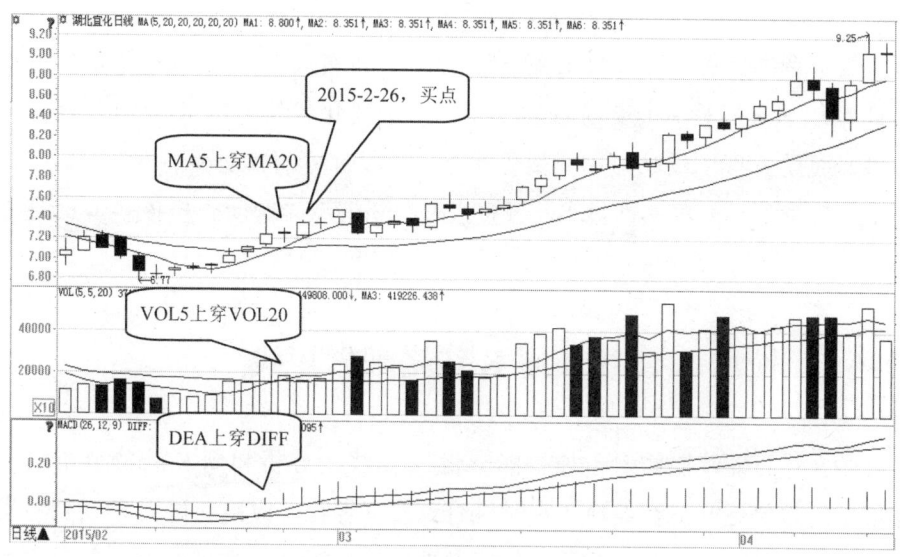

图11—7　湖北宜化日K线

第三节　周K线图实战技巧

很多投资者都特别重视对日K线图的分析，而对周K线图并不是十分留意。实际上，日K线图只是对一个交易日的记录，由于变化较快，日K线图上容易出现技术性陷阱。而周K线图反映一周的交易状况，受股价短期波动影响不大。因此，周K线图上出现各种陷阱的可能性很小。投资者在分析股票走势时，应该多留意周K线图上的行情。

技巧1：使用日K线和周K线搭配做短线

投资者在进行短线操作时，如果能够将日K线的分析和周K线的分析结合，会使操作指导的效果更好。在选择买卖时机时，投资者首先应该通过周K线判断当前市场趋势，确保自己操作安全。此后，投资者再通过分析日K线的组合、价量关系和各种指标是否合理，来决定自己的具体操作。

如图11—8和图11—9所示，2015年2月13日（周五）收盘后，华天酒店

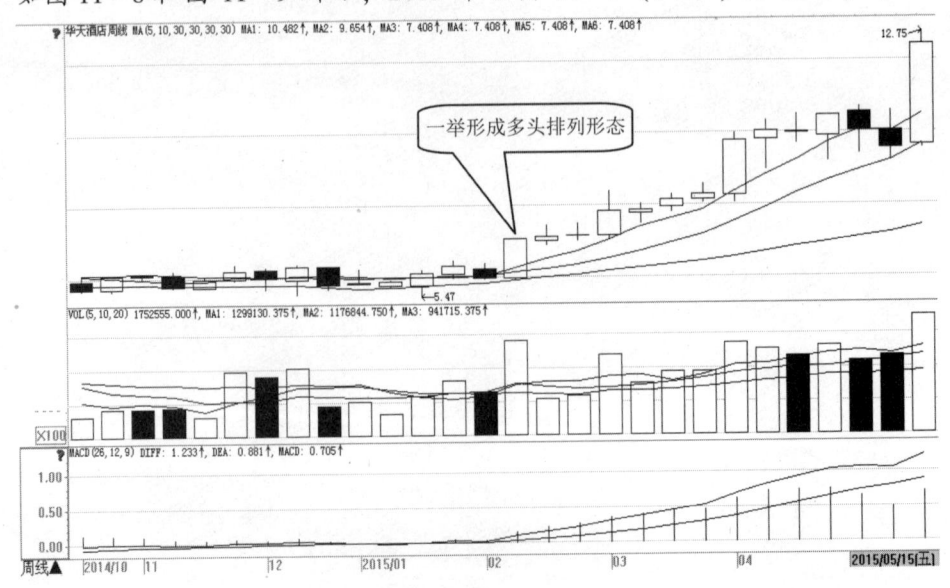

图11—8　华天酒店周K线

（000428）周 K 线图上的均线系统呈现多头排列形态（MA5>MA10>MA30）。这说明华天酒店的周 K 线已经开始持续上涨，是市场行情整体转强的信号。

在此前的三个多月时间里，华天酒店日 K 线图一直处于震荡状态，而这周的周 K 线出现了多头排列形态，是对于中线走势的积极信号，投资者可以在日 K 线图上待机做多。

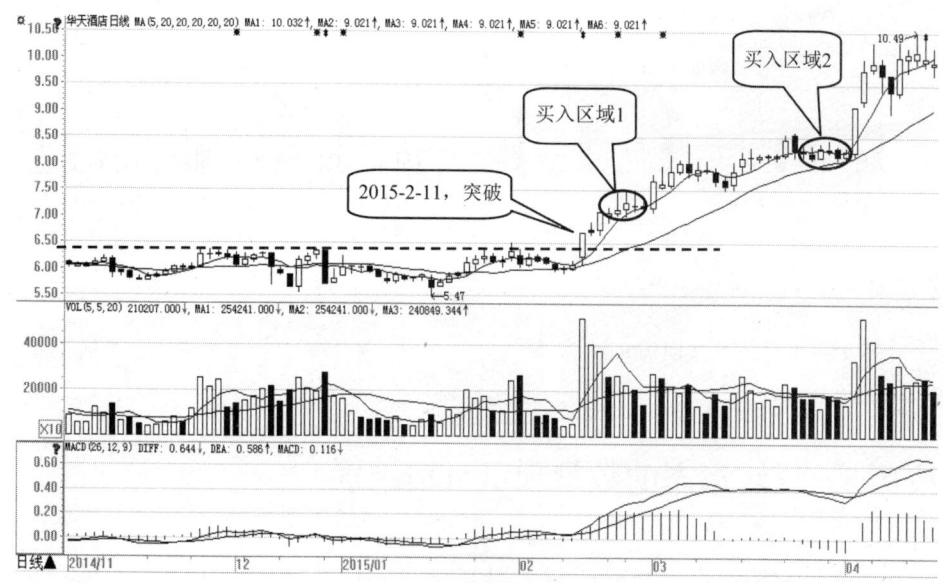

图 11—9　华天酒店日 K 线

技巧 2：周 K 线价量齐升

当周 K 线出现价量齐升的行情时，往往预示着市场将有较强的上涨趋势。此时如果日 K 线图上出现卖出信号，很可能是庄家的陷阱，投资者不必急于卖出股票。

如图 11—10 和图 11—11 所示，2015 年 4 月 20 日，方大集团（000055）股价低开低走，最终跌幅超过 6%，在日 K 线图上留下一根大阴线。这样的大阴线属于看跌卖出信号。

但是在周 K 线图上，这之前一段时间，方大集团一直处于放量上涨行情中。这种短暂的下跌并没有影响股价中期趋势。因此，投资者不必因为这一根大阴线而卖出股票。

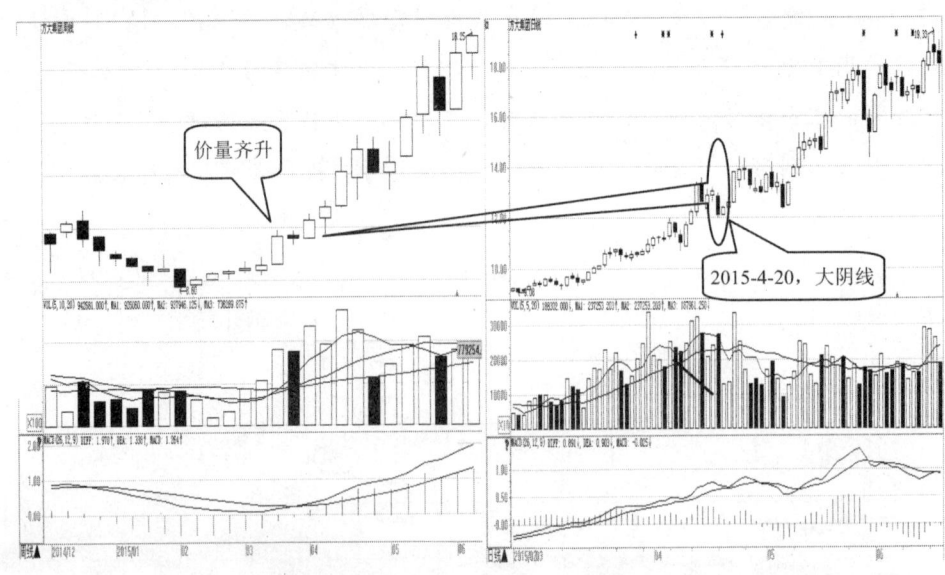

图 11—10　方大集团周 K 线　　　　图 11—11　方大集团日 K 线

技巧 3：反转形态的数量预示行情级别

在第一章周 K 线看点中介绍了利用周 K 线反转信号的汇聚来判断市场反转区域的看点。当行情上涨或者下跌至某个区域时，如果在这个区域中出现了多个周 K 线的反转形态，那么行情在这个地方发生中长期反转的概率就比较大。

我们可以利用周 K 线反转形态的数量多少来判断行情反转的级别。反转形态越多，意味着反转行情的级别就越高。例如，在某个顶部位置如果连续出现了超过五个周 K 线的反转形态，那么这个位置成为市场长期顶部的可能性就非常大。

如图 11—12 所示，从 2015 年 5 月份的最后一周开始，到 6 月份前三周，华锦股份（000059）共形成了四根周 K 线。投资者应该不难看出，在这四根周 K 线中包含了多个反转形态。

首先是 5 月份最后一周形成的流星线形态，且其上影线非常长，表明下跌动能非常强劲。

其次是 6 月份第三周形成的看跌吞没形态，大阴线的实体比较长，表明下跌动能已经占据优势。它预示着该区域成为一个中长期重要顶部的概率非常大。

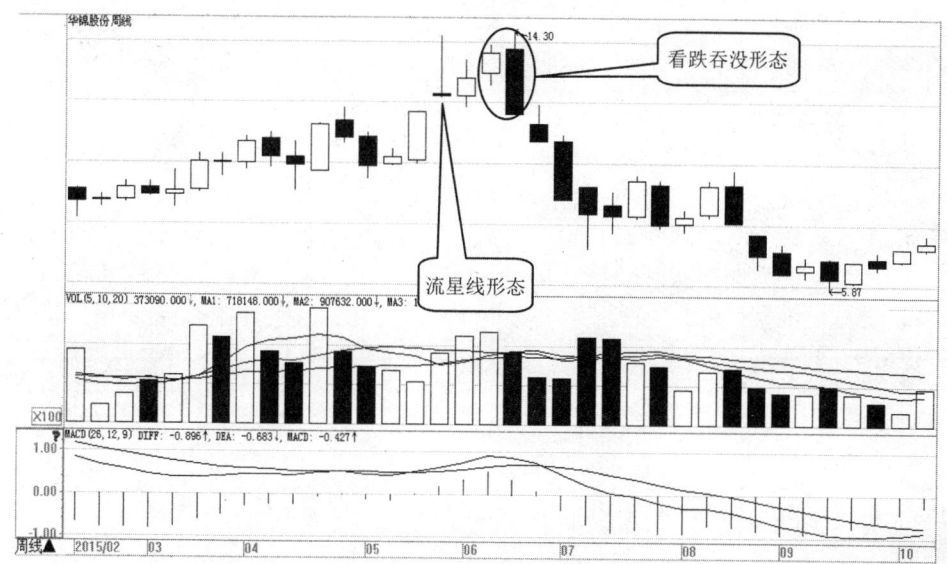

图 11—12 华锦股份周 K 线